Miguel Caballero • Fabian Torres

El ADN de Power Pivot

Primera Edición

Libro de la Colección ADN

Colección **ADN**
De **EFB**

Página Web & Blog
http://www.excelfreeblog.com/

YouTube Channel
https://www.youtube.com/user/ExcelFreeblog

Excel Free Blog

Bogotá, D.C. - Colombia

Catalogación

MIGUEL CABALLERO & FABIAN TORRES

El ADN de Power Pivot. Primera Edición
COLECCIÓN ADN, Colombia 2016

ISBN: 978-958-46-8524-7
Área: Software de Oficina

Formato: 21.50 cm x 27.94 cm   Páginas: 467

Versión digital autorizada por la marca Excel Free Blog, Titulada: **El ADN de Power Pivot.** 1era Edición., *(Capítulo 1 al 14 + 3 Anexos)* por: *Miguel Caballero Sierra* y *Fabian Torres Hernandez*, autores de la Obra. Perteneciente a Excel Free Blog (EFB) en su *Colección ADN* y distribuido por los mismos y sus afiliados.

Edición en español

Autores: *Miguel Caballero*   Editor: *Miguel Caballero Sierra*
                  Fabian Torres   *excelfreebymcs@gmail.com*

                                                 Diseño de Portada: *María Alejandra Ramírez*

TERCRA DISTRIBUCIÓN DE LA VERSIÓN DIGITAL, PRIMERA IMPRESA. 08/06/2016

El ADN de Power Pivot © Copyright por Excel Free Blog.

17 de marzo del 2016; *Fecha de Publicación.*
Bogotá, Colombia; *Registro de Derechos de Autor.*

La Colección ADN
Es una librería de

www.excelfreeblog.com

ISBN
978-958-46-8524-7

Contenido Breve

El ADN de Power Pivot

Colección **ADN**
De **EFB**

Miguel Caballero & Fabian Torres

Contenido Detallado

Sobre los Autores

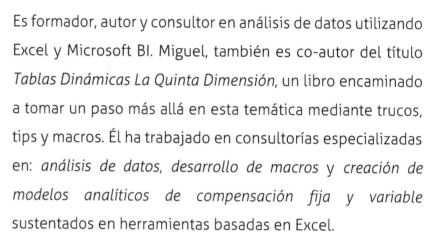

Miguel Caballero Sierra

Es formador, autor y consultor en análisis de datos utilizando Excel y Microsoft BI. Miguel, también es co-autor del título *Tablas Dinámicas La Quinta Dimensión*, un libro encaminado a tomar un paso más allá en esta temática mediante trucos, tips y macros. Él ha trabajado en consultorías especializadas en: *análisis de datos, desarrollo de macros y creación de modelos analíticos de compensación fija y variable* sustentados en herramientas basadas en Excel.

Adicionalmente es fundador del canal de YouTube y sitio web: Excel Free Blog (EFB).

Fabian Torres Hernandez

Es creador de contenido, autor y consultor. Miembro del equipo en EFB y co-autor del libro *Tablas Dinámicas La Quinta Dimensión*. Fabian, Es Ingeniero Industrial con experiencia en calidad de empresas y visualización de datos. Él cuenta con un recorrido importante en aplicación y estudio en las áreas de *análisis de datos con enfoque en inteligencia de negocios*, desarrollando gráficos y cuadros de mandos significativos con métricas e indicadores orientados a la toma de decisiones.

Dedicatorias

Miguel Caballero Sierra,

A la memoria de mi primo: Nilson Solano Sierra (22 de agosto 1993 – 7 de septiembre 2015). Mi hermano y Mi amigo.

¡Siempre en Nuestros Corazones!

Fabian Torres Hernández,

Para Laura, mi hermana, por su amor y apoyo incondicional a través del tiempo.

Introducción

Desde el primer instante en que empezamos a conocer, estudiar y profundizar en *Power Pivot*, la *construcción de modelos de datos* junto con el *Lenguaje DAX; ¡fue revelador y extraordinario!* un viaje estremecedor, fantástico y palpitante; es como si nos hubieran traído una tecnología de veinte años en el futuro para utilizarla hoy en día. La capacidad de resumir cantidades masivas de datos, crear expresiones de todo tipo para extraer gemas de información, acompañado de la posibilidad de crear tablas dinámicas como nunca antes se había soñado, era el primer indicio de que Power Pivot era el poder para las personas, la herramienta del futuro puesta en nuestras manos ahora. *¡Business Intelligence para Todos!*

¿Exageramos con esto? – Por supuesto que no, después de casi dos años en una fase académica para dominar Power Pivot y el Lenguaje DAX llena de descubrimientos, llego la época de aplicación; allí fue aún más increíble, la facilidad para resolver problemas, construir modelos en Excel y/o cuadros de mando para que ayudaran a la toma de decisiones empresarial que funcionara de manera autónoma y acertada, es una catapulta a otra dimensión.

Power Pivot admite tomar múltiples orígenes de datos, que pueden venir de diversas fuentes e integrarlos de una manera óptima, elegante y sencilla, permitiendo actualizaciones con un par de clics, para posteriormente poder tomar estos datos y obtener información de alto valor de una forma tan rápida que es oportuna para la toma de decisiones, además de acertada para aplicarla a la realidad y oriente en un camino positivo los objetivos de negocio.

Entonces, Power Pivot permite tomar decisiones, con bases fundamentadas, que si llega un momento crítico puede llevar a una mayor eficiencia en las operaciones, impactar en mayor rentabilidad para la empresa, o incluso, incrementar el nivel de satisfacción del cliente.

Con todo el aprendizaje intenso, pero emocionante durante casi dos años, acompañado ulteriormente de una época de palpar con nuestras propias manos aplicaciones reales, nos dimos cuenta que no nos podíamos quedar con esto.

Sorprendentemente hoy en día Power Pivot, antes escrito como: PowerPivot sin espacios, y el DAX engine son poco conocidos e inconscientemente ignorados, a pesar de ser una pieza revolucionaria, que ha estado presente desde finales del año 2009, *muchísimas personas que se pueden beneficiar con Power Pivot y escalar profesionalmente de forma abrumadora, no saben que existe. ¡De Verdad!*

Queremos aportar nuestro pequeño granito de arena para cambiar esto y, lo que es seguro es que tú mi amigo@, ya no eres unas de estas personas que están dejando pasar tiempo sin conocer y dominar las maravillas de Power Pivot y el DAX Engine. La pieza mágica que cambia por completo las reglas del juego.

El presente libro es una guía paso a paso por Power Pivot, la construcción de modelos sofisticados y completos, al lado del potentísimo lenguaje DAX *(Expresiones para Análisis de Datos)* que abre las puertas a universos paralelos llenos de nuevos colores y experiencias. Todo eso se abarca de manera detallada desde los fundamentos básicos hasta los aspectos más avanzados y complejos, todo orientada a extraer información valiosa para la toma de decisiones, en definitiva, Inteligencia de negocios, *Business Intelligence o BI.*

Acerca De Este Libro

¡Estudia, Práctica, Interioriza y Aplica!

Este libro es una guía paso a paso sobre *Power Pivot, construcción de modelos de datos* y el *lenguaje DAX*; desde sus fundamentos esenciales hasta los conceptos profesionales, todo esto con la mira puesta en desbordar todo el poder de esta herramienta de inteligencia de negocios.

Por lo anterior, este NO es un libro para leer y pasar página por página; ¡Oh! No, No, No, No, No. Este es un texto para estudiar, practicar, interiorizar y aplicar; para que así, puedas ser un gran maestro en Power Pivot, debes estudiar la temática detenidamente sin dejar ninguna fisura, practicar con los archivos proporcionados, por ti mismo y experimentar con ellos, mirar otros escenarios, variar los presentados y generar soluciones alternas, encontrar y arreglar errores que se te presenten. Todo esto te ayudará a interiorizar la temática, para que posteriormente lo puedas aplicar en tu trabajo, en tu día a día.

Recuerda: ¡Estudiar, Practicar, Interiorizar y Aplicar!

¿Es Este Libro para Ti?

Este libro está orientado hacia los *usuarios de Excel que quieran catapultarse a otra dimensión* con miras a aprender una herramienta que les permita tener un proceso de toma de decisiones certero, con lo cual también va enfocado a: gerentes, ingenieros, gerentes de proyectos, emprendedores que quieren ver insights en sus métricas o cualquier persona que tenga enfoque al alcance de objetivos.

Todo profesional que quiera desatar un enorme poder y desea potenciar Excel como nunca antes, también es un libro perfecto.

Versiones De Software

Microsoft Office 2016 y 2013 • Este Libro NO Aplica para Excel 2010

Las temáticas aquí tratadas son desarrolladas en Excel 2016 donde se dejan referencias claras para uso en Excel 2013 si hay diferencias considerables, por lo que sería ideal que el lector contará con algunas de estas dos versiones: **Excel 2013 O 2016**, cuya edición incluya Power Pivot. A continuación, las resaltamos:

- **Para Excel 2013:** Power Pivot solamente está disponible para la versión de *Office Professional Plus (Se Activa en complementos COM)*, si tienes *Standalone* u *Office 365 Professional Plus*, puede ser instalado.

- **Para Excel en Microsoft Office 2016:** Power Pivot está disponible en diferentes ediciones, estas son: *Office 365 Enterprise E2, Office 365 Enterprise E3, Office Professional Plus y Office Standalone.*

Convenciones Usadas En El Libro

Ayudas Visuales y Otros Elementos

A lo largo del libro, utilizamos cuadros con un borde café tenue que en su parte izquierda tienen un icono, esto lo hacemos para resaltar alguno de los siguientes aspectos:

- Pausemos un Momento: Este cuadro lo tomamos como una pausa activa para señalar temáticas externas, otros recursos, aclarar conceptos, resaltar conclusiones de lo que se está tratando en este momento o mencionar algún punto relacionado con el tema o capítulo.

Pausemos un Momento

Podemos decirte con total sosiego que este capítulo y los posteriores no son nada complejos, a pesar en entrar en el mundo de lo avanzado, más bien, lo que si requiere es de especial atención y un buen café para estar activos.

- ¡Toma Nota!: Como su nombre lo indica, este es un cuadro clave para recalcar cosas importantes, puede ser un concepto, una conclusión, un ejercicio, etc.

¡Toma Nota!

No confundas la función VALUE con VALUES, aparte de diferenciarse en la S al final, son funciones bien diferentes. VALUE es una función de conversión que transforma un valor de tipo texto en número; mientras que la función VALUES retorna la lista de elementos únicos.

- Referencia Cruzada: Este cuadro aparece muy pocas veces a lo largo del libro, no obstante, tiene como objetivo marcar a otro libro o artículo, en miras a brindar fuentes para profundizar en la temática que se está tratando si se quiere ir aún más allá.

Referencia Cruzada

LIBRO: EL ADN de Power BI (.com) y Desktop – Miguel Caballero & Fabian Torres. Este libro tiene la particularidad que aparte de dedicarse fuertemente a visualización de datos y BI, pasa un buen rato en la inmersión de las funciones de filtro más avanzadas (Las funciones de tablas complejas)

A parte de los cuadros encontraras notas en los extremos de las páginas cuyo fin es: completar, apoyar, advertir, reforzar o recalcar la temática tratada.

NOTAS

Recuadro ¡Toma Nota!: *Son notas claves, prácticamente, saca tu cuaderno de apuntes de Power Pivot y DAX y anótala.*

Notas Extra: *Completar, apoyar, advertir, reforzar o recalcar.*

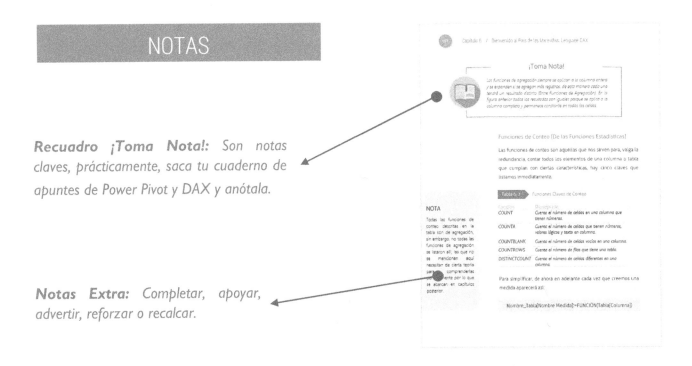

También podrás notar diversos elementos visuales de apoyo, cuya meta es hacer la explicación lo más amena, detallada y amigable para que así la temática presentada se puede absorber con facilidad.

AYUDAS VISUALES

Hay Elementos enfocados a atraer la atención en aquellos detalles que no se pueden dejar pasar por alto.

Elementos Visuales de Apoyo para recorrer paso a paso lo que está sucediendo y así brindar el detalle suficiente para absorber la temática de la mejor manera posible.

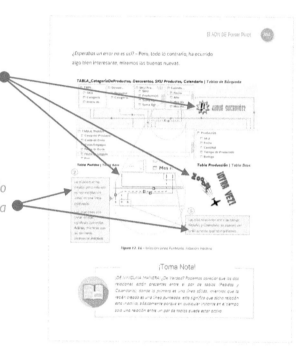

ELEMENTOS QUE RESALTAN

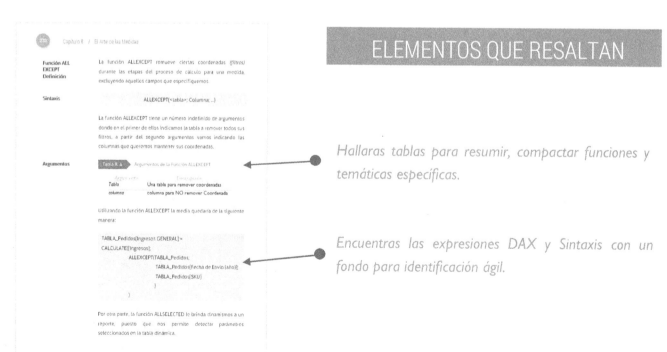

Hallaras tablas para resumir, compactar funciones y temáticas específicas.

Encuentras las expresiones DAX y Sintaxis con un fondo para identificación ágil.

Cómo está Organizado el Libro

Capítulo a Capítulo

CAPÍTULO 1 • Fundamentos y Conceptos Esenciales.

En este capítulo mostramos al desnudo todas las limitaciones y dificultades de las tablas dinámicas, hasta el punto de desbaratar lo que es la funcionalidad más importante de Excel, pues de esta manera entenderemos como tecnologías tales como Power Pivot surgen como un salvavidas, además, teniendo esto en mente se hace un recorrido a través del nuevo armamento de posibilidades que ha puesto en nuestro arsenal Microsoft.

CAPÍTULO 2 • Tablas Dinámicas a la Velocidad de La Luz *(Opcional)*

Es importante para el desarrollo del libro que se tenga un conocimiento intermedio en tablas dinámicas, de hecho, es un requisito de este texto, a pesar de ello dedicamos este capítulo al lector que por distintos motivos no tiene un nivel básico en esta temática, para resaltar aspectos sobre esta funcionalidad que serán transcendentales en diferentes momentos. También puede servir como un repaso fugaz para refrescar la temática de tablas dinámicas si se desea.

CAPÍTULO 3 • Interfaz y Propiedades de Power Pivot.

Para que el viaje a través del maravilloso mundo de Power Pivot y el lenguaje DAX sea satisfactorio, es necesario familiarizarnos con la interfaz y sus diferentes elementos, además de destacar propiedades importantes exclusivas de la herramienta.

CAPÍTULO 4 • Agregar Bases de Datos.

Power Pivot pone a nuestra disposición la posibilidad de tomar bases de datos de múltiples fuentes como: *Access, Azure Market Place, SQL Server*, entre muchos otros; para después integrarlos mediante relaciones. Este capítulo se dedica a explorar los orígenes de datos más comunes y como cargarlos a Power Pivot viendo sus ventajas y desventajas, lo cual es un aspecto supremamente importante cuando se desea realizar modelos de datos complejos y óptimos.

CAPÍTULO 5 • Entretejiendo Tablas: El Modelo de Datos.

Vemos como relacionar las tablas con Power Pivot y un caso especial con Power Query, también, estudiamos que es DAX y cuál es la nomenclatura de tablas en este lenguaje, para así dar el primer vistazo a los dos tipos de cálculos personalizados: Columnas Calculadas y Medidas.

CAPÍTULO 6 • Bienvenido al País de las Maravillas: El Lenguaje DAX.

Comenzamos a entrever el gran potencial del lenguaje DAX junto con las medidas, viendo las funciones más comunes, los tipos de datos, manejo de errores y buenas prácticas para fórmulas extensas.

CAPÍTULO 7 • Back-Office, Contextos: DAX Engine Detrás de Cámaras.

Capítulo que supone un punto de inflexión ya que constituye las bases teóricas para empezar a recorrer las temáticas avanzadas en DAX y Power Pivot en general. Se estudian detalladamente los distintos tipos de contextos y constrains.

CAPÍTULO 8 • El Arte de las Medidas.

Habiendo adquirido las bases teóricas, este capítulo recorre un buen número de funciones avanzadas en DAX mediante un estudio minucioso acompañado de múltiples ejemplos aplicados. Uno de los capítulos más importantes y críticos para emprender el camino a dominar DAX y el análisis de datos como unos cracks.

CAPÍTULO 9 • Funciones de Filtros y perspectivas del Lenguaje.

Siguiendo las líneas del capítulo previo, veremos aspectos complejos, pero de gran relevancia para crear modelos de datos más robustos y suficientemente autónomos, además, se explora el lenguaje DAX desde diversas perspectivas para aterrizar un poco más lo tratado e interiorizar todos los conceptos avanzados vistos hasta el momento.

CAPÍTULO 10 • Time Intelligence: Calendarios Estándar y Personalizados.

Un capítulo vital, ya que trata como manipular las fechas y en general el tiempo en las tablas relacionadas como nunca antes. Se aborda como construir y emplear calendarios estándar y personalizados.

CAPÍTULO 11 • Tablas Slicers: Parámetros de entradas del usuario.

Una temática divertidísima e igualmente importante, ya que abarca como recibir datos por parte del usuario para que se vean reflejadas instantáneamente en tablas de Power Pivot.

CAPÍTULO 12 • Múltiples Tablas Base y Relaciones Avanzadas.

Un capítulo dedicado a estudiar cómo manejar múltiples tablas con alta densidad de datos, lo cual incide en la profundización de relaciones avanzadas.

CAPÍTULO 13 • Jerarquías & KPIs: Key Performance Indicators.

En este capítulo se exploran dos potentes funcionalidades de Power Pivot, enfocadas en mejorar la experiencia de usuario: hablamos de las jerarquías, que facilitan la búsqueda de información y los KPIs, que son elementos visuales que ayudan a monitorear indicadores, entre otros usos.

CAPÍTULO 14 • DAX como Lenguaje de Consulta.

Como le indica el nombre, estudiamos como utilizar DAX como leguaje de consulta *(As a Query Lenguague)* a un nivel básico e intermedio.

Cómo Utilizar Este Libro

Guía de Estudio y Práctica, También de Consulta

Este libro está estructurado para ser estudiado capítulo a capítulo minuciosamente, en donde en cada uno se asume que se ha entendido el capítulo previo a la perfección, pues Power pivot y el lenguaje DAX lo requiere, para eventualmente llegar a las temáticas complejas y avanzadas. *¡Para llegar a los rincones más mágicos!*

Estudiar los capítulos de manera aleatoria será confuso e inevitablemente frustrante, debido a que si no se tiene pleno conocimiento de temas previos es muy difícil entender los más adelantados.

Una vez termines este libro, puedes utilizarlo como consulta para refrescar conceptos, estudiar nuevamente puntos específicos o enriquecer ciertas temáticas con una nueva lectura, pues desde este punto de vista ya tienes todas las bases sólidas y el conocimiento.

Perfilando Tu Viaje a Través De Power Pivot

De lo anterior *(Cómo utilizar este libro)* se pueden hacer excepciones, como a casi toda regla, ya que si el lector tiene un conocimiento básico de Power Pivot en: *Cargar Bases de Datos de diversas fuentes, Relacionarlas, Creación de Medidas y Columnas Calculadas*; entonces puedes empezar a partir del capítulo 6, pero de allí en adelante se recomienda que sea en orden.

Si tu conocimiento es a prueba y error, te recomendamos darles un vistazo a los capítulos iniciales.

- Perfil #1: *A partir de Cero,* Capitulo1,2,3,4,5, ..14 *en orden.*

- Perfil #2: *Conocimiento Básico,* Capítulo 6,7,8,9,10,...14 *en orden.*

Feedback y Actualización de Contenido

Tu como el lector de este libro eres uno de los críticos más valiosos, por esto es muy importante para nosotros escuchar de tu parte cualquier opinión, critica, corrección, sugerencia, mejoras, ilustraciones, consejos, complementos, etc. En cuyo caso puedes escribirnos a cualquiera de los siguientes correos electrónicos:

- **E-mail 1**: excelfreebymcs@gmail.com
- **E-mail 2**: feedback@eladndepowerpivot.com

También te invitamos a que una vez finalices la lectura de este libro o en el momento que lo consideres oportuno nos regales tu feedback, es invaluable para nosotros, puedes hacerlo al siguiente correo:

- **E-mail 2**: excelfreebymcs@gmail.com

Actualización: Cada vez que se hagan correcciones relevantes o se agregue material, recibirás vía correo electrónico la última copia. Esto será así indefinidamente hasta que llegue en algún momento en el futuro la publicación de una segunda edición.

¿Qué Piensas de Este Libro?

Agradeceríamos de todo corazón que nos dieras a conocer tanto a nosotros como a toda la comunidad Que piensas y como ha sido tu experiencia con este libro, cuando lo consideres necesario.

Material Complementario

El ADN de Power Pivot cuenta con todos los archivos utilizados a lo largo del texto, dejando tanto los *archivos iniciales* para que el lector pueda seguir paso a paso y en paralelo las diversas temáticas, además, cuenta con los *archivos finales* para poder contrastar y apoyarse en momentos de dificultad.

Puedes Descargarlo en:

COMPENDIO DE ARCHIVOS

Compendio de Archivos:

Incluye Archivos Iniciales, Finales e Ilustraciones Extras

(Clic Aquí Para Descargar) **Contraseña:** *micdaadnpwpefb9926*d2*

Te recomendamos que descargues los archivos, repliques lo visto y practiques.

MINI-SERIE EN VÍDEO

Nociones Power Pivot:

Mini-Serie enfocada a explorar algunas de las bondades de Power Pivot.

(Clic Aquí Para Ver) **100% Gratuita.**

Serie: Nociones Power Pivot (Sino la has visto, ve y mírala ahora mismo) - 100% Gratuita.

¡IMPORTANTE! Tener esto en cuenta antes de Empezar

SEPARADOR DE LISTA

En este libro utilizamos el separador de lista: (;) tanto para los argumentos de las fórmulas normales de Excel como las fórmulas DAX de Power Pivot. Si tu computador está configurado para utilizar (,) como separador de lista te recomendamos no cambiarlo, puede ser tentador hacerlo para copiar las líneas DAX y pegarlas para que funcionen directamente, no obstante, recomendamos NO hacer esto si es tu caso, recuerda que este es un libro, para: *estudiar, practicar, interiorizar y aplicar.*

IDIOMA DE FUNCIONES

El idioma de las funciones DAX es en inglés, independiente de la configuración regional y de idioma, igualmente Power Pivot cuenta con sus propias configuraciones de lenguaje, sin embargo, estas aplican solo a comandos y elementos de la interfaz gráfica de usuario y, no para el lenguaje DAX.

Por tal motivo las funciones a lo largo del libro son en inglés, si encontramos una alternativa o Microsoft proporciona la traducción haremos las correspondientes equivalencias.

La Presente Página se ha dejado en Blanco de forma deliberada.

Capítulo 1

Fundamentos y Conceptos Básicos

Verdad Incómoda, Límites en Reportes

Las tablas dinámicas, son sin duda alguna, la piedra angular para crear reportes interactivos y potentes; su dinamismo, velocidad y versatilidad para hacer resúmenes, la convierten en el arma más poderosa, en la "artillería pesada", en nuestro arsenal de Excel. Esta trituradora de datos permite entender que está sucediendo en nuestro negocio en cuestión de minutos, llevar a cabo acciones y direccionar hacia los objetivos establecidos.

Lo anterior es la razón por la cual es una funcionalidad tan demandada en el catálogo de habilidades de un profesional. Sin embargo, una oscura verdad aflige*(ía)* esta sofisticada funcionalidad.

¡La Oscura Realidad!

Para resumir esta limitación, ¡esta oscura verdad!: Las tablas dinámicas tienen una caja de herramientas para crear fórmulas o cálculos personalizadas tan diminuta que prácticamente es nula, y ata nuestras manos al punto de no poder *"extraer"* perlas de información de la *"mina de datos"* que la alimenta.

Para entender esta limitación, vamos a desglosarlo en cuatro partes fundamentales:

- Limitaciones en Funciones de Resumen
- Limitaciones en Visualización de Valores
- Limitaciones en Elementos y Campos Calculados
- Limitación para alimentarse con datos de entrada del usuario

NOTA

No sería demasiado drástico decir que, para los analistas, consultores, gurús en Excel que tienen un dominio absoluto en tablas dinámicas han vivido con este problema tranquilamente, quizá con demasiada tranquilidad, no es de sorprenderse, pues Excel brinda un sinfín de funcionalidades para abordar este problema por fuera de la caja y llegar una solución. No obstante, sí que requiere de manipulaciones en cierta medida extremas y nunca es lo más eficiente.

Limitaciones en Funciones de Resumen

Cuando creamos una tabla dinámica y agregamos un campo al área de valores tenemos varias posibilidades para resumir los datos que allí se presentan, por ejemplo: *Suma* o *Promedio*. Estas posibilidades que ofrecen las tablas dinámicas se denominan funciones de resumen, existen once de ellas.

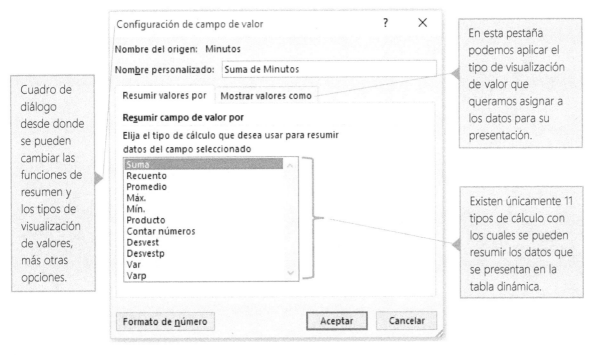

Cuadro de diálogo desde donde se pueden cambiar las funciones de resumen y los tipos de visualización de valores, más otras opciones.

En esta pestaña podemos aplicar el tipo de visualización de valor que queramos asignar a los datos para su presentación.

Existen únicamente 11 tipos de cálculo con los cuales se pueden resumir los datos que se presentan en la tabla dinámica.

Figura 1. 1 – Funciones de Resumen

Pausemos un Momento

En este libro, asumimos que el lector cuenta con un conocimiento por lo menos intermedio en tablas dinámicas de Excel, si el lector no domina esta funcionalidad le recomendamos que estudie el capítulo dos: Tablas Dinámicas a la Velocidad de la Luz., así como ir a las referencias que se señalan en el mismo.

¡Triste pero cierto!

¡Triste pero cierto! Y aunque las once funciones de resumen propuesta por las tablas dinámicas son las más comunes, no es tan extraño encontrar situaciones en las cuales requerimos de otras alternativas. Toma por ejemplo la siguiente tabla de datos.

Núm. Competidor	Nombre Competidor	Certamen	Minutos
9 Vilma	Prueba Italia		3.9
6 Fausto	Prueba Alemania		8.4
10 Greg	Prueba Italia		3.9
4 Alexa	Prueba Portugal		7.0
8 Hank	Pruba España		8.8
1 Eddy	Pruba España		6.0
10 Greg	Prueba Italia		4.7
1 Eddy	Prueba Portugal		6.9
8 Hank	Pruba España		4.8
10 Greg	Prueba Portugal		6.2
6 Fausto	Prueba Portugal		4.2
3 Pedro	Prueba Alemania		6.9
6 Fausto	Prueba Italia		3.3
9 Vilma	Prueba Italia		7.5
8 Hank	Prueba Alemania		5.9

Figura 1. 2 – Tabla de Datos Certamen

Dicha tabla contiene la duración de varias pruebas en distintos certámenes de ciclismo de velocidad, supongamos que de ella queremos ver: la duración más pequeña, la segunda duración más pequeña y la tercera duración más pequeña de cada uno de los certámenes, para así establecer tres categorías de rendimientos.

¿Cómo hacemos esto? Es decir, tenemos a nuestra disposición la función Mín quien nos daría la primera parte *(la duración más pequeña)* pero, *¿cómo detectamos el segundo y tercer más pequeño?,* ya que en las funciones de resumen no contamos con K.ESIMO.MENOR o algo similar. *¡Fórmulas las única Salida!*

A continuación, se presenta nuestra intención de tabla dinámica.

Certamen	1° - Primera Duración Más Veloz	2° - Segunda Duración más Veloz	3° - Tercera Duración más Veloz
Pruba España	4.8		
Prueba Alemania	3.2		
Prueba Italia	3.3		
Prueba Portugal	3.4		

> ¿Cómo encontrar el segundo, tercero, etc. En una tabla dinámica? ¿De la misma manera como encontrar 2,3, mayor?

Figura 1. 3 – Intención de Tabla Dinámica con, primer, segundo y tercero menor

Strike One Tablas Dinámicas. Contar con solo once funciones de resumen pone el primer nudo a nuestras manos para moldear los tipos de cálculo a nuestra necesidad.

Strike One

Limitaciones en Visualización de Valores

Aparte de poder resumir los datos con cierto cálculo, las tablas dinámicas también brindan la opción de ver esos valores de numerosos modos, dicho de una manera diferente, de visualizar los datos con una segunda operación aplicada a la función de resumen. Por ejemplo, si tenemos la función de resumen Suma, podemos indicar posteriormente que queremos visualizar esos valores de tal forma que se presenten como un porcentaje del total general, con lo cual la segunda operación sería dividir "El valor de la celda en la tabla dinámica" entre el "total general de la tabla dinámica actual" y con ello, mostrarlo con formato de porcentaje.

Tenemos a nuestra disposición catorce tipos de visualización de valores, a saber:

1) Porcentaje el Total General
2) Porcentaje del Total de Columnas

3) Porcentaje del Total de Filas

4) Porcentaje de *(Expresar un ítem como porcentaje de otro)*

5) Porcentaje del Total de Filas Principales

6) Porcentaje del Total de Columnas Principales

7) Porcentaje del Total Principal

8) Diferencia de

9) Porcentaje de la Diferencia de

10) Total en

11) Porcentaje del Total en

12) Clasificación de Menor a Mayor

13) Clasificación de Mayor a Menor

14) Índice

Ahora, toma la siguiente tabla de datos.

ID de Cliente	ID Producto	Código Pedido	Fecha	Unidades ($)	Ingreso ($)
181215	IP2	158957	sábado, 8 de Enero de 2005	22	22000
181215	IP3	158958	sábado, 8 de Enero de 2005	20	24000
181215	IP4	158959	sábado, 8 de Enero de 2005	20	28000
181215	IP5	158960	sábado, 8 de Enero de 2005	16	25600
181215	IP6	158961	sábado, 8 de Enero de 2005	16	28800
181215	GS1	158962	sábado, 8 de Enero de 2005	22	18700
181215	GS2	158963	sábado, 8 de Enero de 2005	12	11100
181215	GS3	158964	sábado, 8 de Enero de 2005	22	22000
181215	GS4	158965	sábado, 8 de Enero de 2005	24	25800
181215	GS5	158966	sábado, 8 de Enero de 2005	22	25300

Figura 1. 4 – Tabla de Datos Pedidos

NOTA

Un usuario de nivel intermedio en tablas dinámicas conoce bastante bien los tipos de visualización de valores, sin embargo, el tipo de visualización de valor índice es bastante desconocido y poco usado.

Si tú, mi amigo lector, te encuentras entre los que no conoce el gran poder oculto de este tipo de visualización de valor, te recomiendo el siguiente vídeo:

Índice y Su Poder

Como podemos observar tenemos ciertos productos y una fecha que indica el día que se vendido una o varias unidades, si nos detenemos un segundo, podríamos pensar en hacer un cálculo que nos diga el número de días en que hubo ventas, si bien, la tabla tiene aproximadamente 25K de registros *(filas)*, es probable que tenga un número mucho menor de fechas únicas, dado que un día en específico se pudieron hacer ventas de productos diferentes.

Es más, en la figura anterior que presenta la tabla se puede ver que los primeros siete registros corresponden a la misma fecha, esto correspondería a una fecha única, entonces se contaría uno para estos siete registros y así cada vez que encuentre una fecha diferente.

Qué tal si quisiéramos hacer un cálculo personalizado que nos dijera el número de fechas únicas, pues las tablas dinámicas nos dan una bofetada para despertarnos, ya que este no se puede, por lo menos sin aplicar potentes trucos y funcionalidades diversas para lograrlo.

Ahora bien, vamos un paso más allá; que tal si quisiéramos un tipo de visualización de valor del siguiente estilo: % del Cálculo Personalizado *(Porcentaje del Cálculo Personalizado)*.

$$\% \, del \, Cálc. \, Person. = \frac{Valor \, de \, la \, Celda \, Actual \, en \, la \, Tabla \, Dinámica}{Cálculo \, Personalizado : Número \, de \, Fechas \, únicas} \times 100$$

¡Sí que menos! Pero admitámoslo sería un cálculo y tipo de visualización de valor magnifico, aparte de súper útil.

Strike Two Tablas Dinámicas. Contar con solo catorce posibilidades de tipos de visualización de valores, ¡apesta!, nuevamente agrega otro nudo, y esta vez, más apretado a nuestras manos para poder realizar un análisis más profundo y sofisticado a nuestros datos.

Strike Two

Limitaciones en Elementos y Campos Calculados

Las tablas dinámicas permiten, por supuesto, extender nuestros cálculos para añadir datos basados en operaciones entre campos o elementos existentes.

> Aquí podemos insertar funciones para hacer operaciones entre los campos disponibles que proporciona el origen de datos, sin embargo, el uso de funciones es supremamente limitado, ya que este motor de funciones es completamente independiente del que utilizamos normalmente en la hoja de cálculo, para ponerlo simple, podemos usar SUMA, PROMEDIO, CONTAR, pero funciones potentes como: BUSCARV, SUMAR.SI.CONJUNTO, etc. están por fuera del alcance.

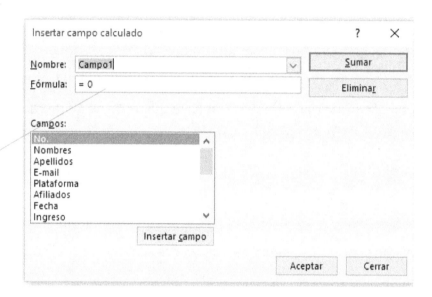

Figura 1. 5 – Cuadro de diálogo para Insertar Campos Calculados

NOTA

El lector puede encontrar el ejemplo del último párrafo extraño y, hasta sin utilidad, no obstante, como veremos en capítulos posteriores el uso de este tipo de escenarios es bastante conveniente y útil para crear reportes de tablas dinámicas más robustas y potentes.

Pero tiene bastantes barreras, básicamente porque:

- No se pueden utilizar referencias a celdas
- Número limitado de funciones a nuestra disposición
- No se pue hacer referencia a los totales generales
- No se puede hacer operaciones entre elementos de distintos campos

Por ejemplo: si quisiéramos hacer un cálculo, el cual hiciera la suma de todos aquellos que cumplan con uno o más criterios, para así crear un filtro interno y darle al usuario una experiencia con Slicer y campos de filtro más cómoda y acotada. Pero evidentemente lo anterior no es posible con campos calculados.

Strike Three Tablas Dinámicas. ¡YOUR OUT PIVOT TABLES! Tu tiempo como el más grande bateador para crear reportes en Excel ha terminado. *¡Y por si fuera poco tenemos esta otra limitación!*

Strike Three

Limitaciones para Recibir Datos de Entrada del Usuario

Supongamos que queremos darle la posibilidad al usuario final del reporte de tabla dinámica la alternativa de ver en ella solamente aquellos productos que tienen un precio mayor o igual al deseado, es decir, al precio que el usuario final guste, realizar esto con tablas dinámicas sí que es posible, sin embargo, con uso de macros o funciones por fuera de la tabla dinámica, pero internamente de una manera amigable y sencilla no es posible y no es tan evidente.

¿¡Las Tablas Dinámicas han MUERTO!?

Significa eso entonces que las tablas dinámicas no son la maravilla como todo el mundo presume. Pues bien, absolutamente NO. Incluso con las limitaciones que tienen, lo que podemos hacer con esta funcionalidad es amplio y ágil, es difícil imaginar todas sus bondades.

Además, **presta atención a este párrafo:** Power Pivot corta estos nudos que tenían las tablas dinámicas y pone en nuestras manos una poderosa arma en nuestro arsenal de Excel que únicamente está limitada por nuestra imaginación; todo lo que queramos hacer, todos los cálculos que queramos desarrollar son ahora rápido, posible y sin temor a exagerar, sencillo y divertido, adicionalmente brinda muchas más posibilidades. Como súper plus: Power Pivot se extiende a otras tecnologías como: SSAS Tabular y Power BI. *"Es como un sueño para la inteligencia de negocios hecho realidad."*

¡ATENCIÓN!

The Big Six, "Los Seis Grandes"

The Big Six, es la denominación que nosotros le damos a las seis funcionalidades que han tenido la trascendencia más importante en los últimos siete años. "Las más importantes e influyentes en Microsoft Business Intelligence Tools".

¿Quiénes son los BIG Six?

¿Cuáles Son?

Tabla 1. 1   Tabla de los integrantes del Big Six

Funcionalidad	Nombre Actual (Office 2016)
Power Query	Obtener y Transformar
Power Pivot	Power Pivot / Modelo de Datos
Power View	
Power Map	Mapas 3D
Power BI Desktop	
Power BI (.com)	

NOTA

Power BI Desktop y Power BI (.com) pertenecen a otro ambiente, es decir, a otro producto o programa que es distinto de Microsoft Excel, sin embargo, todos son parte de una misma familia: Microsoft Business Intelligence o "Self-Services BI", estas tecnologías tienen como meta construir complejas estructuras de datos y analizarlas eficientemente; como, por ejemplo, tablas y gráficos dinámicos.

En seguida vamos a ver una descripción para ver qué rol juega cada uno en la mesa de Business Intelligence, como cada uno es un eslabón para hacer inteligencia de negocios eficientemente.

Sin embargo, antes de entrar en ello, es importante mencionar inmediatamente que: Power Pivot es el centro de todo *"El principal y más astuto estratega"* en este proceso de tomar los datos y transformarlos en información útil, oportuna y accionable para la compañía.

Porqué de las funcionalidades más recientes

Como se mencionó en la nota anterior, *"Los Big Six"* están repartidos en dos ambientes diferentes: Excel y Power BI.

La necesidad y surgimiento de ellos es fácilmente entendible *¿Por qué?* Lo resumiremos en los siguientes puntos:

- El BIG data *(Volúmenes masivos de datos) hoy* en día está presente en todas partes, Excel solo cuenta con un poco más de 1 millón de filas, con la cual la necesidad de expandir su capacidad no era opcional.

- Poder manipular y resumir cantidades masivas de datos también es vital, deriva del punto anterior, el propio Excel se vuelve lento cuando empezamos a trabajar con 100 mil filas de datos.

- La capacidad de tomar "Raw Data" de múltiples fuentes y poder transformarlos y cargarlos tranquilamente.

- Presentar los datos de manera compacta mediante gráficos y otros elementos de forma ágil.

- La opción de un paquete que NO este dirigido exclusivamente a profesionales IT *(Information Technology)* altamente especializados.

- La posibilidad de generar todo tipo de cálculo personalizado, donde la única limitante sea la necesidad y/o imaginación de la persona.

Vamos a dar una brevísima descripción de ellos según su ambiente, empezaremos por los de Excel, estos son:

- Power Query
- Power Pivot
- Power View
- Power Map

RAW DATA

El término "raw data" se utiliza para datos que no han pasado un proceso de limpieza, es decir, no han sido sometidos a ningún tipo de preparación para que queden en un estado óptimo y así llevar acabo análisis a partir de ellos.

Los Big Six que están en el ambiente de Excel

Definición de Power Query

Power Query es una funcionalidad que pone a nuestra disposición las opciones suficientes para tomar Raw Data *(datos no óptimos para llevar acabo análisis acertados)* consolidarlos, transformarlos, enriquecerlos, limpiarlos, estandarizarlos y adaptarlos para que queden de forma óptima y hacer un posterior análisis. En otras palabras, Power Query prepara los datos para el consumo en Excel.

¡Toma Nota!

En la versión de Excel 2016, Power Query pasa a hacer una funcionalidad embebida, así como tablas dinámicas, gráficos, etc. Ahora Power Query se encuentra en la pestaña DATOS grupo OBTENER Y TRANSFORMAR. Esto es un cambio respecto a las versiones anteriores que es un complemento con su propia PESTAÑA.

Definición de Power Pivot

Power Pivot es un potente motor de procesamiento de datos, que permite agrupar datos de múltiples orígenes, de una cantidad diversa de fuentes de una manera supremamente sencilla y a una velocidad sorprende, "como a la velocidad de la luz". Todo ello para obtener información de valor, accionable y oportuna para tomar decisiones en poco tiempo.

¡Toma Nota!

*Power Pivot también se la llama **El Modelo de Datos** ambos son la misma tecnología, sin embargo, hay que distinguirla del **modelo de dato** <u>**interno**</u>, el cual es una parte pequeña de **Power Pivot / El Modelo de Datos** disponible para todas las ediciones de Excel. También es importante anotar que Microsoft está tomando Power Pivot y añadiéndolo a otros productos.*

Power View permite tomar todo ese procesamiento de datos, donde se ha resumido y calculado para derivar información relevante y, presentarla *(Mostrarla)* mediante gráficos, indicadores y distintas ayudas visuales para poder absorber la información de manera sencilla e intuitiva. Es una experiencia interactiva de exploración de información.

Power View

¡Toma Nota!

En la versión de Excel 2016, El comando Power View se tiene que añadir a la barra de herramientas de acceso rápido o crear el grupo artificialmente en opciones, personalizar cinta de opciones. Eso difiere a las ediciones anteriores donde se activaba en complementos COM en el cuadro de diálogo Opciones de Excel.

Power Map es una funcionalidad de Excel que permite representar datos geográficos de forma bidimensional o tridimensional como: direcciones, código postal, países, ciudades, vecindarios, calles y todo aquello que se pueda geo localizar en un mapa, además, de interacción dinámica con datos temporales *(Fechas)*. Power Map tiene el detalle de ser una funcionalidad enfocada a un nicho de mercado muy específico, a pesar de ello, brinda otras posibilidades para análisis de datos *(geográficos)*.

Power Map

¡Toma Nota!

Power Map fue renombrado como Mapas 3D en la versión de Office 2016 y se puede encontrar en la pestaña INSERTAR grupo PASEOS.

INTELIGENCIA DE NEGOCIOS

Bien sea el CEO en la compañía o los cargos de niveles menores, cada minuto del día se están tomando decisiones que tienen un impacto en el rendimiento de la empresa. En ocasiones las decisiones son de nivel estratégico que afectan a la compañía completa, mientras que en otras ocasiones son de tipo táctico, afectando a una sola persona en una ventana de tiempo pequeña. La Inteligencia de negocios se pude pensar como la actividad de utilizar los datos de ayer y hoy para tomar mejores decisiones acerca del mañana o cualquier actividad, herramienta o proceso utilizado para obtener la mejor información que apoye el proceso de toma de decisiones.

El Tejido Unificador de los "POWER EXCEL"

A nosotros nos gusta llamar a los integrantes del Big Six que SE rigen bajo el ambiente de Excel como: **"POWER EXCEL"** todos ellos cómo pudiste detectar en la descripción breve están enlazados mediante un proceso estratégico para hacer inteligencia de negocios. Power Query adecua los datos para el consumo y poder hacer análisis óptimo, después Power Pivot los recibe para llevar a cabo este análisis de forma profunda, y finalmente Power View y/o Power Map proporciona todo lo necesario para mediante representaciones visuales entender de forma sencilla el análisis y poder tomar decisiones.

Todos los Power Excel son una ficha para armar un rompecabezas de datos y ver claramente la información que esta oculta.

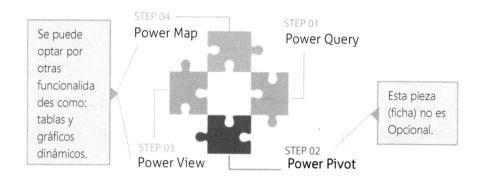

Algunas fichas para armar el rompecabezas de datos son opcionales, por ejemplo, si recibes los datos bien procesados y listos para su uso, lo cual no es muy común, entonces Power Query puede ser omitido, o tal vez prefieras adecuarlos mediante fórmulas, funciones y oras funcionalidades clásicas de Excel; así mismo Power View y Power Map pueden ser omitidos porque también es posible crear gráficos, mini gráficos, formas, etc. De Excel. Por otro lado, Power Pivot es diferente, es la única ficha que siempre se debe incluir para extraer …

... información esencial de los datos, además, su extensión a otros productos lo vuelve vital.

Más Allá de Excel; Power BI (.com y Desktop)

Ahora contamos con otro ambiente para hacer inteligencia de negocios de forma amigable, Power BI está pensado para llevar a cabo el proceso de toma de decisiones en un producto diseñado 100% para ello.

Power BI .com es un servicio en la nube para transformar los datos de una compañía en información rica para la toma de decisiones.

Power BI (.com)

Power BI Desktop pone a disposición todas las herramientas visuales y demás de Power BI en el computador.

Power BI Desktop

En el ambiente de Power BI también contamos con funcionalidades para adecuar los datos y visualizarlos, así como los Power Excel, no obstante, lo más importante a resaltar es que Power Pivot se mantiene intacto, todo el lenguaje es exactamente igual, exactamente la misma tecnología. Por lo anterior llamamos la esencia, el núcleo a la funcionalidad de Power Pivot extendida a otros productos de Microsoft como: Dax Engine.

Atados con el Dax Engine

Power Pivot permanece igual, aprenderlo aquí servirá para los demás productos de Microsoft centrados en BI, además, con esta constante nos podremos mover entre ambientes de forma sencilla ya que están vinculados; atados con el Dax Engine.

Beneficios de Power Pivot

¿LIMITACIONES?

Crear una tabla dinámica de la manera clásica con respecto a crear una tabla dinámica con Power Pivot, tiene sus diferencias, básicamente porque los datos en Power Pivot son una base de datos OLAP (Ver definición de OLAP en el Anexo A). Para tener en cuenta con tablas dinámica de Power Pivot:

Los datos de fecha no se ordenan automáticamente.

Para hacer referencias a celdas una tabla dinámica con Power Pivot solamente se puede hacer con el mouse y no con el teclado.

No soportan los campos y elementos calculados antiguos *(En todo caso con los cálculos DAX no se necesitan)*.

- Podemos vincular datos de múltiples fuentes: Bases de datos, data markets, tablas vinculadas, archivos de texto, etc.

- Podemos trabajar con millones de datos de forma eficiente.

- El Lenguaje DAX permite extender la posibilidad de nuestros cálculos personalizados, cortando todas las limitaciones de las tablas dinámicas y convirtiéndola en el arma letal en nuestro arsenal de Excel.

- El Lenguaje DAX se ha convertido en el núcleo de las tecnologías de Business Intelligence de Microsoft.

- Podemos crear diferentes formas de relacionar las tablas de datos.

- Se pueden ocultar columnas que no queramos ver en el panel de campos de las tabas dinámicas.

- El formato se mantiene constante a lo largo de diferentes tablas dinámicas.

- Se pueden crear indicadores KPI y jerarquías.

- Podemos de manera creativa permitirle al usuario final que inserte datos de entrada permitiendo reportes parametrizables.

¿Cuándo utilizar Power Pivot?

¿Cuándo utilizar Power Pivot? La respuesta es sencilla, cada vez que tengas que analizar datos, hacer resumes de datos. Para ponerlo de forma simple cada vez que tengamos que crear una tabla dinámica y queramos ir más allá en el análisis.

Descifrando: las Versiones, Ediciones y Arquitectura en Power Pivot

Es importante conocer que versiones de Office contienen Power Pivot, así como cuáles ediciones lo tienen disponible, de igual forma la arquitectura, 32-bits o 64-bits tiene sus pros y contra las cuáles mencionaremos a continuación.

Power Pivot está disponible para las Versiones de Excel 2010, 2013 y 2016. Desafortunadamente si únicamente cuentas con la versión 2007, es imposible tener acceso a Power Pivot.

Versiones

Para Excel 2010 se debe descargar el complemento e instalarlo, lo cual no tiene ninguna limitación en edición, es decir, puede ser instalado y utilizado en Excel Professional Plus, Home, etc. ¡" TODOS"!

Ediciones Excel 2010

¡Toma Nota!

Para Excel 2010 salieron dos versiones del complemento, llamadas: Power Pivot V1 y Power Pivot V2. Si el lector está utilizando Excel 2010 le recomendamos descargar y utilizar Power Pivot V2, es la versión más apropiada para 2010 y la que encajará y coincidirá mejor con las explicaciones e imágenes de este libro.

Para Excel 2013, Power Pivot solamente está disponible para la versión de Office Professional Plus *(Se Activa en complementos COM)*, si tienes Standalone u Office 365 Professional Plus, puede ser instalado.

Ediciones Excel 2013

Ediciones Excel 2013

Para Excel en Microsoft Office 2016, Power Pivot está disponible en diferentes ediciones, y para dejar claro cuales la incluyen y cuáles no, se deja la tabla a continuación que detalla una y cada una de las diferentes ediciones.

Tabla 1. 2   Office 2016 que incluye y no incluyen Power Pivot

Incluye o No	Edición
Incluye Power Pivot	Office 365 Enterprise E2
	Office 365 Enterprise E3
	Office Professional Plus
	Office Standalone
NO Incluye Power Pivot	Office Home and Business
	Office Home and Student
	Office 365 Home
	Office 365 Personal
	Office 365 Business Essential
	Office 365 Business
	Office 365 Business Premium
	Office 365 Enterprise E1
	Office 365 University

¡Toma Nota!

Si tienes que manejar cantidades de datos que superan los 10 millones de registros, es recomendable adquirir el Office con arquitectura de 64-bits, esta soporta y ejecuta fácilmente cantidades superiores, 100 millones de registros los trabaja sin ningún inconveniente.

¿Cuál Versión Office se Necesita para este Libro?

Todas las imágenes y explicaciones de ese libro son con la interfaz de usuario de Power Pivot en Excel 2016 bajo arquitectura de 32-bits, no obstante, cada vez que exista una diferencia con Excel 2013, se hará la nota respectiva, lo cual en algunas ocasiones puede aplicar a 2010. Por lo anterior te recomendamos Office 2013 o 2016 para el desarrollo del presente texto.

El Siguiente Paso

Ahora tenemos claro porque ha surgido *Power Pivot / El Modelo de Datos* en Excel y todos los nuevos poderes que nos va a brindar. En el siguiente capítulo haremos un breve tour por tablas dinámicas, porque de cierta manera eso es Power pivot en Excel: *"Tablas Dinámicas con esteroides y más allá"*, a pesar de ello, si el lector tiene un nivel intermedio de tablas dinámicas, puede saltarse el capítulo sin ningún inconveniente, de hecho, si es el caso te recomendamos fuertemente pasar a conocer la interfaz de Power Pivot para Excel en el capítulo tres.

La Presente Página se ha dejado en Blanco de forma deliberada.

Capítulo 2

Tablas Dinámicas a la Velocidad de la Luz (Opcional)

Fundamentos y Conceptos Básicos

Para entender adecuadamente el ADN de Power Pivot, primero, debemos hacer una parada necesaria en la estación Tablas Dinámicas porque aquí se encuentra la esencia de cómo trabaja el Modelo de Datos, así que iniciemos por entender que es una Tabla Dinámica.

¿Qué es una Tabla Dinámica?

Definiendo una Tabla Dinámica

Sabemos que Microsoft Excel tiene a nuestra disposición un completo arsenal de herramientas para resolver diferentes problemas o llevar a cabo una variedad inimaginable de tareas, las tablas dinámicas dentro de nuestro arsenal, funcionan como un potente microscopio. Supongamos que una base de datos, tabla estructurada, o cualquier origen de datos que deseamos analizar es una muestra de laboratorio, que a simple vista no proporciona ninguna información relevante, pero si la observamos a través de nuestro microscopio (un reporte de Tabla Dinámica), se abre la posibilidad de entender su composición, puesto que se puede observar en detalle y en diferentes perspectivas que resultan interactivas, cada segmento de la muestra, sin modificar su estructura, porque el microscopio no modifica la muestra, sino solo crea un reflejo o vista de la misma, sin estar conectada directamente con ella, al igual que una Tabla Dinámica.

Para concluir, una tabla dinámica es una tabla interactiva creada en la memoria cache, la cual permite categorizar, organizar, explorar, resumir, filtrar, calcular y agrupar datos de un origen, para que sean presentados a una velocidad y precisión sorprendente, lo más llamativo de las tablas dinámicas es que, con arrastrar, ubicar o reorganizar los campos en las diferentes áreas de colocación, se cambia la perspectiva del informe, y con ello los totales y valores calculados, por eso, su completo dominio es indispensable para cualquier persona sin importar su profesión o cargo.

¿Por qué utilizar Tablas Dinámicas?

Son muchos los motivos para utilizar un reporte de tabla dinámica, todo depende del escenario en el que nos encontremos, a continuación, puedes ver las razones más fuertes para implementar su uso:

- Son una de las formas más eficientes de calcular, estandarizar y presentar datos.

  Razones para implementar Tablas Dinámicas

- Su flexibilidad y fácil manejo, ayudan a que el usuario cree reportes dinámicos con alta capacidad de análisis y profundidad en los detalles.

- Convierten grandes cantidades de datos en información útil para la toma de decisiones.

- Se pueden hacer cálculos con diferentes funciones, rápidamente.

- Agregar totales, subtotales o filtrar, por categoría requiere poco esfuerzo.

- Ayudan a detectar relaciones y patrones en los datos.

- Es posible implementar otras características de Excel sobre ellas, por ejemplo, formato condicional o personalizado, entre otros.

Cuando es Inminente utilizar Tablas Dinámicas

El uso de las tablas dinámicas depende en su gran mayoría del contexto en el que nos encontremos y las necesidades que se tengan, de ello, depende como podemos abordar el problema y solucionarlo con una Tabla Dinámica, por lo general, te recomendamos utilizar las tablas dinámicas cuando:

- Necesites analizar grandes cantidades de datos.

- Debas encontrar tendencias o comportamientos en tus datos.

- Quieras crear un reporte, con un formato adecuado y ayudas interactivas, para su posterior distribución.

- Necesites hacer comparaciones entre elementos de una categoría, o entre varias categorías.

- Requieras agrupar o categorizar datos, o calcular nuevas columnas a partir de las que ya se encuentran en la tabla.

Anatomía de una Tabla Dinámica

Para aprovechar la flexibilidad de esta herramienta debemos explorar su anatomía y saber cómo está constituida, el esqueleto de una tabla dinámica se compone de cuatro elementos principales o áreas de colocación que, en términos simples, es el lugar donde se ubican los campos del origen, para darle forma al reporte:

- Área de Valores
- Área de Filas
- Área de Columnas
- Área de Filtros

Es el área de la tabla dinámica donde se realizan los cálculos, a través de las diferentes funciones de resumen (más adelante hablaremos de este tema) y por eso, podríamos decir que es el alma de una tabla dinámica, siempre se debe ubicar, por lo menos un campo y un cálculo en esta área.

Área de Valores

Es el área donde se ubica en filas, los campos que posiblemente se quieran agrupar o categorizar, si agregamos un campo en esta área, en la tabla dinámica aparecen los ítems en la parte izquierda, repetidos una sola vez.

Área de Filas

Es el área donde se visualizan los ítems de un campo de una tabla de origen, como columnas y es ideal para ubicar campos con periodos de tiempo, y al igual que el área de filas, los elementos no estarán repetidos.

Área de Columnas

Esta área es opcional en un reporte, aquí se agregan campos de la tabla de origen, para que el reporte filtre información dependiendo de los ítems que tenga y así los cálculos de la tabla dinámica se actualicen automáticamente, dependiendo de la selección.

Área de Filtros

Pausemos un Momento

A los campos del área de filtros se les denominaba campos de página, de hecho, el área de colocación también se solía llamar de esta manera: Área de Páginas. Es bueno saber que hay ciertas funcionalidades que aún conservan este antiguo nombre, que es más por compatibilidad con versiones anteriores que por otra cosa.

No te preocupes si de entrada parece confusa esta terminología, con el siguiente ejemplo de reporte de tabla dinámica vamos a aclarar un poco las ideas.

A continuación, se presenta una tabla dinámica que simplemente representa los ingresos por país, en los diferentes años de una compañía que distribuye teléfonos móviles:

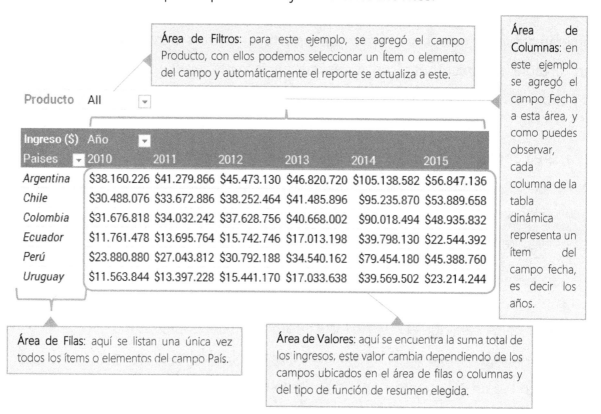

Figura 2. 6 – Áreas de Colocación en una Tabla Dinámica

El reporte de tabla dinámica creado, nos ayuda a analizar la situación relacionada con los ingresos de la compañía, año a año, para cada una de las sedes en los diferentes países, sin embargo, para darle más interactividad y hacer más robusto el reporte, podemos implementar una funcionalidad de Excel que es muy llamativa y a la vez útil, hablamos de los Slicer o también llamados Segmentación de Datos, cabe aclarar que esta herramienta no...

... es exclusiva para tablas dinámicas, se encuentra habilitada para ser utilizada con tablas estructuradas.

Slicer o Segmentación de Datos

Un Slicer es un elemento que funciona igual que un filtro, busca dentro de un grupo de datos, un sub grupo que cumpla con una característica en particular, y en consecuencia oculta las filas o registros que no cumplan con esa condición y deja a la vista las que sí, pero con la diferencia que el diseño es llamativo y su manejo es más intuitivo.

¿Qué es un Slicer?

Para insertar un Slicer que funcione con un reporte de tabla dinámica, debemos dejar la celda activa en algún lugar de la misma, nos dirigimos a la pestaña ANALIZAR, grupo FILTRAR, y elegimos la opción INSERTAR SEGMENTACIÓN DE DATOS.

Agregar Slicer

Figura 2. 7 – Insertar Segmentación de Datos

En el cuadro de dialogo Insertar Segmentación de Datos que aparece, elegimos el campo de la tabla de origen para la cual vamos a crear el Slicer, para este ejemplo, el *Nombre del Producto*, puesto que debemos explorar los ingresos obtenidos año a año para cada producto que distribuye la compañía, por último, presionamos el botón Aceptar.

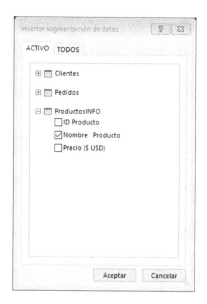

Figura 2. 8 – Cuadro de Dialogo Insertar Segmentación de Datos

Automáticamente aparece nuestro Slicer; como ya lo hemos repetido, su diseño es bastante atractivo y si se quiere podemos personalizarlo aún más.

NOTA

Podemos modificar la forma, color o cualquier característica que viene por defecto con el Slicer, además, existen dos categorías de Slicer, el que ya conocemos, y la Escala de Tiempo, en el video que ya te hemos recomendado, se encuentran a profundidad estas temáticas.

Figura 2. 9 – Slicer o Segmentación de Datos

El funcionamiento de un slicer es muy simple, cada botón que contiene es un ítem o elemento, con lo cual podemos filtrar la tabla dinámica, por ejemplo, si presionamos el botón *Alcatel One* con clic izquierdo sobre él, la tabla recalculara los valores para que muestre la información referente a este producto.

Funcionamiento

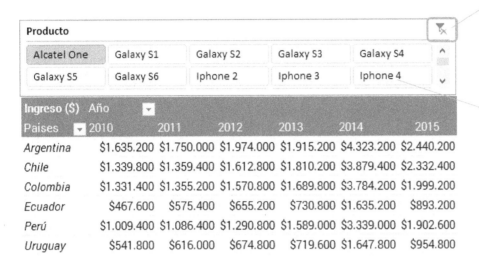

Este botón nos permite eliminar todos los filtros existentes, e implícitamente nos indica que hay un filtro aplicado.

Los botones en blanco, señalan que el ítem no ha sido elegido para filtrar, por el contrario, del botón Alcatel One, que se encuentra resaltado.

Figura 2. 10 – Botones de un Slicer

Para seleccionar varios ítems en el slicer, basta con dar clic sobre cada botón mientras tenemos presionada la tecla *Ctrl*, esto es así en las versiones de Excel 2010 y 2013, para Excel 2016 tenemos una alternativa adicional, la opción Selección de Múltiples Elementos que se encuentra en la parte superior derecha.

Selección Múltiple Excel 2016

Figura 2. 11 – Botón para Seleccionar Múltiples elementos de un Slicer

Ya hablamos un poco sobre slicers, y ahora que entendemos su fuerte relación con las tablas dinámicas, recordemos como se crea un reporte.

Creación de una Tabla Dinámica

Como hemos hablado a lo largo del capítulo, crear una tabla dinámica requiere muy poco esfuerzo, solo basta con hacer un par de clics y la tarea se lleva acabo, todo gracias a que existen dos caminos para construirlas, así que demos un vistazo a cada uno de ellos.

Tablas Dinámicas Recomendadas

Primero, vamos a situar la celda activa sobre la base de datos o tabla estructurada si se encuentra en Excel, luego, en la pestaña Insertar, vamos al grupo Tablas y allí damos clic en el comando Tablas Dinámicas Recomendadas, en el cuadro de dialogo Tablas Dinámicas Recomendadas, aparecen varias sugerencias de cómo queremos que sea creada la tabla dinámica, es decir, nos hace varias sugerencias sobre la composición de la tabla o mejor, que campos deben estar ubicados en las áreas de colocación.

Comando Tablas Dinámicas Recomendadas.

Este es el listado de sugerencias, se muestran diferentes posibilidades de configuración para el reporte *(La configuración de una tabla dinámica se refiere a la organización que tienen los campos en las áreas de colocación)*, si una de estas se ajusta a lo que deseamos de entrada, solo debemos seleccionarla y presionar el botón Aceptar, el reporte será creado automáticamente.

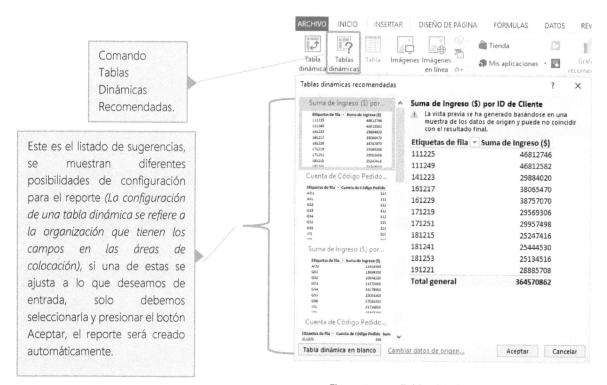

Figura 2. 12 – Tablas Dinámicas Recomendadas

Este método es el más común y utilizado por los usuarios de nuestra hoja de cálculo para crear tablas dinámicas, primero, seleccionamos los datos de origen, posteriormente, en la pestaña Insertar, grupo Tablas, damos clic sobre el comando Tabla Dinámica y automáticamente aparece el cuadro de dialogo Crear Tabla Dinámica.

Creación
Manual

Figura 2. 13 – Cuadro de Dialogo Crear Tabla Dinámica

En dicho cuadro de dialogo definimos los datos de origen para crear el reporte, para este ejemplo, la tabla *Pedidos* que está alojada en el mismo libro, con la tabla elegida, solo falta dar clic en Aceptar, y en una nueva hoja se genera el área para la tabla dinámica, ahora, vamos a situar los diferentes campos en las áreas de colocación.

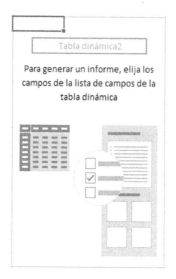

Figura 2. 14 – Espacio para Generar Informe

Cuando ubicamos la celda activa dentro del área de creación del reporte, aparece el Panel de Campos (el lugar donde la magia ocurre), aquí arrastramos los campos a las diferentes áreas de colocación.

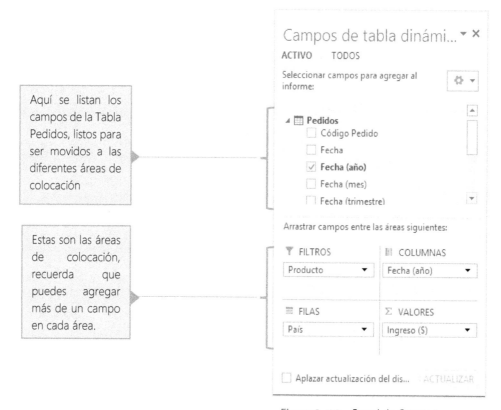

Figura 2. 15 – Panel de Campos

En el panel de campos, ubicamos el campo Producto en el área de Filtros, Fecha en el área de columnas, País en el área de filas y por último Ingreso en el área de valores y el resultado es la tabla dinámica que hemos visto en el transcurso del presente capítulo.

NOTA

Para agregar los campos en las diferentes áreas de colocación, basta con elegir un campo, seleccionarlo con clic izquierdo y manteniéndolo presionado, lo arrastramos al área de colocación de nuestra preferencia, muy simple ¿no te parece?

Producto	All	▾				

Ingreso ($)	Año	▾				
Paises ▾	2010	2011	2012	2013	2014	2015
Argentina	$38.160.226	$41.279.866	$45.473.130	$46.820.720	$105.138.582	$56.847.136
Chile	$30.488.076	$33.672.886	$38.252.464	$41.485.896	$95.235.870	$53.889.658
Colombia	$31.676.818	$34.032.242	$37.628.756	$40.668.002	$90.018.494	$48.935.832
Ecuador	$11.761.478	$13.695.764	$15.742.746	$17.013.198	$39.798.130	$22.544.392
Perú	$23.880.880	$27.043.812	$30.792.188	$34.540.162	$79.454.180	$45.388.760
Uruguay	$11.563.844	$13.397.228	$15.441.170	$17.033.638	$39.569.502	$23.214.244

Figura 2. 16 – Tabla Dinámica de Ingresos

Amigo lector, queremos decirte que esta tabla dinámica no ha sido creada solamente a partir de la tabla de origen *Pedidos*, la verdad se ha construido con la ayuda de varias tablas que han sido relacionadas, a través del modelo de datos, pero no te preocupes en el Capítulo 5, conocerás como realizar este maravilloso procedimiento, por ahora vamos a hablar de los diferentes cálculos que tenemos a disposición para analizar datos con esta herramienta.

Cálculos en Tablas Dinámicas

Al crear un reporte de tabla dinámica se nos abre un abanico de posibilidades para hacer cálculos, en su momento eran apropiados y suficientes para explorar información, pero con la llegada del "Big Data" se complicó el asunto porque salieron a relucir graves limitaciones que tienen las tablas dinámicas en este ámbito, sin embargo, Power Pivot ...

... ha llegado al rescate, en los capítulos posteriores todo tomara sentido, por el momento, hablemos de los cálculos que se pueden hacer con tablas dinámicas

Funciones de Resumen

Las funciones de resumen son los tipos de cálculos que podemos hacer en el área de valores de una tabla dinámica, son realmente útiles y nos ayudan a entender el comportamiento de nuestros datos, a continuación, se muestran nuestras las once funciones:

Tabla 2.3 Listado de Funciones de Resumen

Función	Descripción
Suma	Suma todos los valores existentes en el campo, es decir, calcula un total
Cuenta	Cuenta el número de datos o celdas que tiene el campo
Promedio	Encuentra el promedio del campo
Máx.	Muestra el valor máximo del campo
Mín.	Muestra el valor mínimo del campo
Producto	Multiplica entre sí, todos los valores del campo
Contar Números	Cuenta los datos o celdas de tipo numérico que tiene el campo
Desvest	Encuentra la desviación estándar muestral del campo
Desvestp	Encuentra la desviación estándar poblacional
Var	Calcula la varianza de una muestra
Varp	Calcula la varianza poblacional

Después de insertar o cambiar una función de resumen, podemos modificar la forma en que los datos son visualizados...

Tipos de Visualización de Valores

Los tipos de visualización de valores son el modo o forma en que los datos se ven en el área de valores de una tabla dinámica, a continuación, se listan:

Tabla 2.4 ▶ Listado de Tipos de Visualización de Valores

Visualización	Descripción
% del Total General	Muestra cada dato del área de valores como un porcentaje, teniendo en cuenta que el total general es 100%
% del Total de Columnas	Visualiza cada dato del área de valores como un porcentaje, teniendo en cuenta que el total de la columna es el 100%
% del Total de Filas	Muestra cada dato del área de valores como un porcentaje, teniendo en cuenta que el total de la fila es el 100%
% de	Representa los valores en porcentaje respecto a un Ítem o sub categoría elegida
% de Total de Filas Principales	Muestra cada dato del área de valores como un porcentaje de la suma general de la fila principal
% de Total de Columnas Principales	Muestra cada dato del área de valores como un porcentaje de la suma general de la columna principal
% del Total Principal General	Muestra los datos del área de valores, como un porcentaje respecto al gran total de toda la tabla dinámica
Diferencia de	Muestra la diferencia de un ítem comparado con otro ítem
% de la Diferencia de	Muestra como porcentaje la diferencia de un ítem respecto a otro
Total en	Calcula un total acumulado
% del Total en	Calcula un total acumulado como porcentaje del Total
Clasificar de Menor a Mayor	Clasifica los valores con números enteros consecutivos donde el 1 es el valor más pequeño
Clasificación de Mayor a Menor	Clasifica los valores con números enteros consecutivos donde el 1 es el valor más grande
índice	Cálculo la importancia de un valor respecto al conjunto total de valores en el reporte

NOTA

¿Quieres profundizar en cada uno de estos tipos de visualización de valores?, pues bien, mi amigo, ¡tenemos el vídeo! Es una mini serie de tres vídeos donde se explora cada una de las posibilidades, explicando su teoría e implicaciones detrás, donde además se van plasmando todo con ejemplos concretos.

¡DISFRUTALO!

Tipos de Visaulización de Valores

Campos y Elementos Calculados

Es muy común que al crear un reporte debamos expandir la exploración de datos y hacer análisis con información que no se encuentra en los datos de origen, pero si en la tabla dinámica, en consecuencia, existen las columnas y elementos calculados, así que demos un vistazo:

Campos Calculados

Son columnas *"virtuales"* creadas a partir de operaciones realizadas entre las mismas columnas de la tabla dinámica, decimos que son virtuales por que no existen en el origen de datos. Al crear un campo calculado contamos con el beneficio que se puede interactuar con él al igual que un campo común.

Para entender los campos calculados, detengámonos un momento en el siguiente reporte de tabla dinámica que contiene los ingresos y costos de una compañía que cuenta con distintas sucursales en varios países, en consecuencia, ¿Que debemos hacer para encontrar el costo total de funcionamiento?, bueno creo que ya lo sabes, sumar los costos variables con los costos totales, así que vamos a la acción.

Sucursal	Ingresos ($)	Costos Fijos ($)	Costos Variables ($)
Argentina	446.849	171.881	90.781
Bolivia	454.011	164.527	95.634
Brasil	429.630	170.016	84.199
Chile	453.710	168.101	86.685
Colombia	419.066	181.344	89.413
Ecuador	412.728	162.753	84.231
Perú	466.698	171.709	89.665
Uruguay	423.440	177.920	94.459
Total general	3.506.132	1.368.251	715.067

Figura 2. 17 – Reporte de Tabla Dinámica

Para insertar el campo calculado Costos Totales, con la celda activa sobre la tabla dinámica, vamos a la pestaña Analizar, grupo Cálculos, y en el comando Campos, Elementos y Conjuntos, seleccionamos la opción Campo Calculado, en el cuadro de dialogo Insertar Campo Calculado que aparece, vamos a sumar el campo Costos Fijos con los Costos Variables como se muestra a continuación.

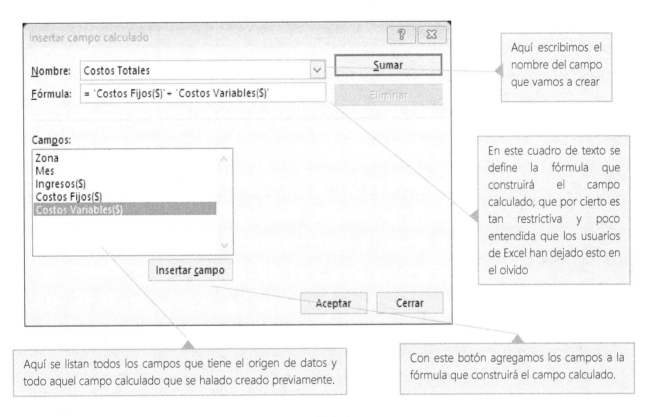

Figura 2. 18 – Crear Campo Calculado

¡Toma Nota!

El motor de fórmulas para campos y elementos calculados "clásico" es completamente independiente de las funciones que manejamos día a día en Excel. Esta es una de las razones porque están restrictivo lo que podemos hacer con ellas y porque Microsoft ha invertido prácticamente $0 USD en presupuesto para su mejora en los 16 años.

Una vez creada la formula en el cuadro de dialogo, presionamos el botón Aceptar y obtenemos los costos totales por sucursal.

Sucursal ▾	Ingresos ($)	Costos Fijos ($)	Costos Variables ($)	Suma de Costos Totales
Argentina	446.849	171.881	90.781	262.662
Bolivia	454.011	164.527	95.634	260.161
Brasil	429.630	170.016	84.199	254.215
Chile	453.710	168.101	86.685	254.786
Colombia	419.066	181.344	89.413	270.757
Ecuador	412.728	162.753	84.231	246.984
Perú	466.698	171.709	89.665	261.374
Uruguay	423.440	177.920	94.459	272.379
Total general	3.506.132	1.368.251	715.067	2.083.318

Campo Calculado

Figura 2. 19 – Campo Calculado de Costos Totales

Pausemos un Momento

Algo interesante de las columnas y elementos calculados clásicos de tablas dinámicas, es la referenciación por posición, aunque tiene muchas limitaciones era una buena alternativa para determinar la media móvil, no obstante, aquí lo mencionamos como una curiosidad. Pues con Power Pivot esto ya no necesario.

¡Toma Nota!

En campos calculados puedes hacer las siguientes operaciones: Suma (+), Resta (-), Multiplicación (*), División (/), Porcentaje (%), y Potenciación (^).

Es cierto que los campos calculados resultan muy útiles para expandir el análisis de datos en una tabla dinámica, sin embargo, tienen sus limitaciones:

- No puedes utilizar referencias a celdas ni nombres definidos o elementos que se encuentren fuera de la tabla dinámica, para crear campos calculados, es como estar en una isla, solo puedes utilizar lo que está en ella, puesto que el campo calculado se crea en la memoria cache.

- La cantidad de operaciones disponibles, que se pueden realizar es muy limitada, y probablemente no sean suficientes para obtener información útil.

- Es posible utilizar constantes en los cálculos, así no resulte muy eficiente.

- En la fórmula del campo calculado, no puedes hacer referencia a totales o sub totales de la tabla dinámica.

Elementos Calculados

Son elementos virtuales, calculados a partir de operaciones entre ítems pertenecientes a los campos de la tabla dinámica, si los campos calculados los visualizamos como una columna nueva en el reporte, podemos decir que un elemento calculado es un ítem o "celda nueva" dentro de un campo existente en la tabla dinámica, y se manifiesta como una nueva fila.

Son muy útiles debido a que nos permiten agrupar o resumir elementos que ya se encuentran en la tabla por categorías o simplemente hacer operaciones entre ellos para obtener un total. bueno, ha llegado la hora de la verdad, construyamos un elemento calculado, por eso, supongamos que debemos encontrar el promedio de los ingresos obtenidos en Argentina, Bolivia, Brasil y Chile, porque representan una zona de ventas importante.

Con la celda activa situada en un elemento de cualquier campo diferente al área de valores, nos dirigimos a la pestaña Analizar, grupo Cálculos, damos clic en el comando Campos, Elementos y Conjuntos, y allí seleccionamos Elementos Calculados, para construir la formula en el cuadro de dialogo Insertar Elemento Calculado.

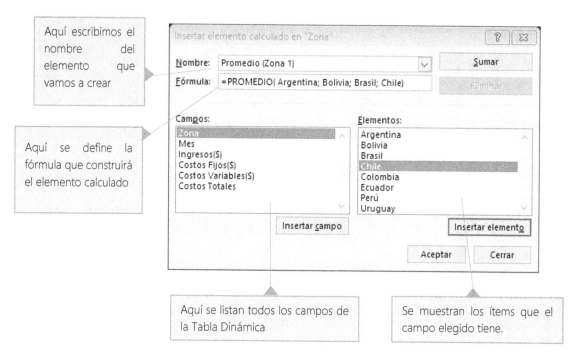

Figura 2. 20 – Insertar Elementos Calculados

Al finalizar la construcción de la formula, presionamos el botón Aceptar y obtenemos la nueva fila en la tabla dinámica.

Sucursal	Ingresos ($)	Costos Fijos ($)	Costos Variables ($)	Suma de Costos Totales
Argentina	446.849	171.881	90.781	262.662
Bolivia	454.011	164.527	95.634	260.161
Brasil	429.630	170.016	84.199	254.215
Chile	453.710	168.101	86.685	254.786
Colombia	419.066	181.344	89.413	270.757
Ecuador	412.728	162.753	84.231	246.984
Perú	466.698	171.709	89.665	261.374
Uruguay	423.440	177.920	94.459	272.379
Promedio (Zona 1)	446.050	168.631	89.325	257.956
Total general	3.952.182	1.536.882	804.392	2.341.274

Figura 2. 21 – Elemento Calculado en la Tabla Dinámica

Adicional a las limitaciones descritas para campos calculados que también aplican en elementos calculados, se suman:

- No puedes usar elementos calculados cuando la tabla dinámica se ha creado con promedio, varianza o desviación estándar.

- No puedes utilizar un campo de página para crear un campo calculado.

- No es posible ubicar el campo calculado en el área de filtros.

- No se puede añadir un campo calculado a un reporte de tabla dinámica que tiene campos agrupados

- En la creación de la formula, no se puede hacer referencia a ítems de otros campos diferentes, a con los que se está trabajando.

Ahora que sabemos los beneficios de los campos y elementos calculados, además de sus limitaciones, vamos a hablar del formato de una tabla dinámica, no olvidemos que una buena apariencia facilita la lectura por parte del usuario final.

Formato de una Tabla dinámica

Cuando creamos una tabla dinámica el diseño que viene por defecto, deja bastante que desear, por eso optimizar ciertos elementos que la componen. Así que Empecemos nuestro recorrido, porque de ello depende que el usuario final entienda la información que transmite el reporte, a continuación, te mostramos como se ve una tabla dinámica recién creada.

Etiquetas de fila ▼	Suma de Ingresos($)	Suma de Costos Fijos($)	Suma de Costos Variables($)
Argentina	446849	171881	90781
Bolivia	454011	164527	95634
Brasil	429630	170016	84199
Chile	453710	168101	86685
Colombia	419066	181344	89413
Ecuador	412728	162753	84231
Perú	466698	171709	89665
Uruguay	423440	177920	94459
Total general	**3506132**	**1368251**	**715067**

Figura 2. 22 – Diseño por defecto de una Tabla Dinámica

NOTA

Para profundizar en el Formato de una Tabla Dinámica puedes ver el siguiente video:

Formato de una Tabla DInámica

Diseño

Las tablas dinámicas que se han tratado durante este capítulo tienen un estilo prediseñado denominado Estilo de Tabla Dinámica Medio 4, uno de los ochenta y tres estilos que proporciona Excel. Para elegir alguno, situamos la celda activa sobre la tabla dinámica, en la pestaña DISEÑO, grupo Estilos de Tabla Dinámica, desplegamos la lista que aparece y seleccionamos el que sea de nuestra preferencia dando clic izquierdo sobre él.

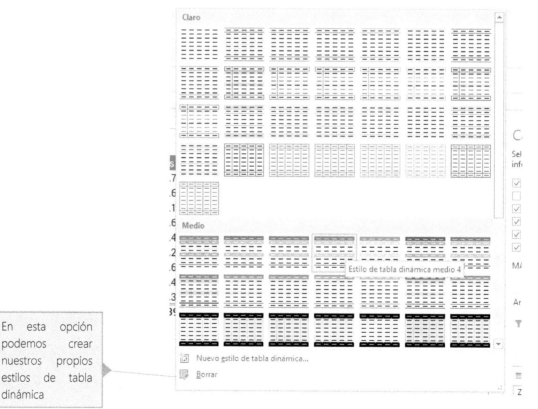

En esta opción podemos crear nuestros propios estilos de tabla dinámica

Figura 2. 23 – Estilos Prediseñados de Tabla Dinámica

Modificar Formato en el Área de Valores

Para mostrar correctamente los valores que aparecen en la tabla dinámica debemos agregar un formato de acuerdo a su naturaleza, para cambiar el formato de número, seleccionamos toda el área de valores y damos clic derecho sobre la tabla dinámica, elegimos la opción Formato de Número, y en el cuadro de dialogo Formato de Celdas seleccionamos la categoría dependiendo de los datos, para este caso, la categoría Número con cero números decimales.

Figura 2. 24 – Formato en el Área de valores

Al finalizar la selección de formato presionamos el botón Aceptar y los cambios se ven reflejados en el Área de valores.

Etiquetas

Cuando creamos una tabla dinámica, aparecen con ella, una serie de etiquetas que no resultan claras, para cambiarlas solo basta con situar la celda activa sobre alguna de las etiquetas que vamos a modificar, y en la barra de fórmulas la renombramos, este procedimiento se debe repetir para cada etiqueta.

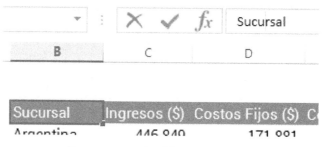

Figura 2. 25 – Modificar Etiquetas

Totales Generales

Dependiendo de qué información necesitamos mostrar en el reporte se pueden mostrar o no, los totales generales, tanto de filas como columnas, o ambas si es el caso, para ello, vamos a la pestaña Diseño, grupo Diseño, y en el comando Totales Generales, seleccionamos la opción Activado solo para Columnas.

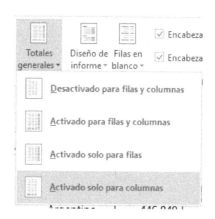

Figura 2. 26 – Opciones para Totales Generales

Dile No a las Celdas Vacías

Cuando creamos una tabla dinámica pueden aparecer en el campo de valores, celdas en blanco, implícitamente sabemos que el valor es cero, sin embargo, NO es una buena práctica dejar estos campos así, en su lugar, podemos sustituirlo con el número cero, para llevar a cabo esta acción, damos clic derecho sobre la tabla dinámica, y damos clic en Opciones de Tabla Dinámica, en este cuadro de dialogo, nos dirigimos a la pestaña Diseño y Formato, aquí habilitamos la opción Para Celdas Vacías, Mostrar: y escribimos en el cuadro de texto el número 0, para finalizar damos clic en Aceptar

NOTA

Si tienes muchas filas en tu tabla dinámica y quieres facilitar la lectura, puedes agregar bandas al diseño, situando la celda activa sobre el reporte, vamos a al grupo Opciones de estilo de tabla dinámica que se encuentra en la pestaña Diseño, y allí habilitamos la opción Filas Con Bandas.

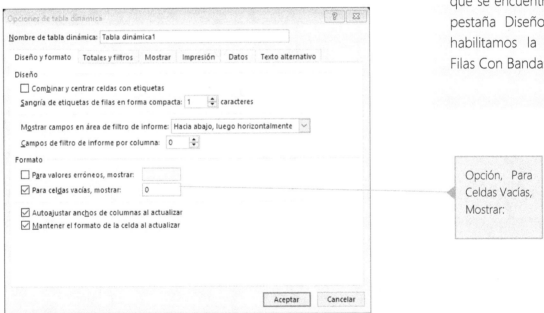

Opción, Para Celdas Vacías, Mostrar:

Figura 2. 27 – Cuadro de Dialogo Opciones de Tabla dinámica

Bueno, ya sabemos cómo hacer rápidamente algunos cambios cosméticos en nuestros reportes, pero que pasa si la estructura que tenemos no es la ideal, afortunadamente, contamos con la opción Diseño de Informe.

Diseño de Informe

Existen varias opciones para modificar la estructura de nuestra tabla dinámica, como lo hemos mencionado durante todo el capítulo, debemos elegir la opción más adecuada dependiendo del objetivo que tiene el reporte. Para cambiar el diseño situamos la celda activa sobre la tabla dinámica, y en el grupo Diseño desplegamos las opciones del comando Diseño de Informe para elegir alguna de las tres posibilidades.

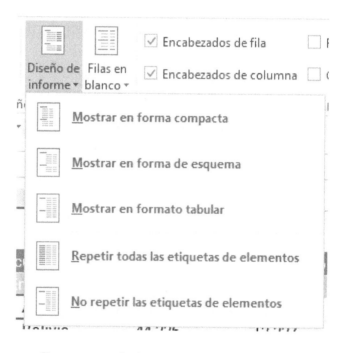

Figura 2. 29 – Opciones en Diseño de Reportes

Mostrar en Forma Compacta

Esta es la estructura por defecto que asigna Excel al crear la tabla y en esencia agrupa todos los ítems situados en el campo fila dependiendo de las categorías que existan, es ideal para ahorrar campo en la hoja de cálculo y ser detallado en la presentación de los datos.

Sucursal	Ingresos ($)	Costos Fijos ($)	Costos Variables ($)	Suma de Costos Totales
⊟ Enero	304.431	115.458	59.425	174.883
Argentina	44.669	12.577	7.204	19.781
Bolivia	44.226	13.327	6.969	20.296
Brasil	25.639	11.857	7.040	18.897
Chile	38.452	16.299	7.228	23.527
Colombia	25.133	17.073	8.385	25.458
Ecuador	49.838	11.969	7.250	19.219
Perú	43.179	17.678	9.084	26.762
Uruguay	33.295	14.678	6.265	20.943
⊟ Febrero	305.952	119.973	61.122	181.095
Argentina	40.950	16.188	9.465	25.653
Bolivia	48.929	15.352	5.059	20.411
Brasil	37.489	10.733	7.425	18.158
Chile	30.713	15.072	7.720	22.792
Colombia	32.660	14.234	8.707	22.941
Ecuador	37.446	16.992	6.313	23.305
Perú	39.137	17.837	7.164	25.001
Uruguay	38.628	13.565	9.269	22.834
⊟ Marzo	286.612	105.159	54.261	159.420

Figura 2. 30 – Mostrar en Forma Compacta

Este tipo de estructura, asigna una columna individual para cada campo que ha sigo agregado en el área de filas, es inusual utilizar este diseño, sin embargo, en algún momento puedes recurrir a él.

Mostrar en Forma de Esquema

Mes	Zona	Ingresos ($)	Costos Fijos ($)	Costos Variables ($)	Suma de Costos Totales
⊟ Enero		304.431	115.458	59.425	174.883
	Argentina	44.669	12.577	7.204	19.781
	Bolivia	44.226	13.327	6.969	20.296
	Brasil	25.639	11.857	7.040	18.897
	Chile	38.452	16.299	7.228	23.527
	Colombia	25.133	17.073	8.385	25.458
	Ecuador	49.838	11.969	7.250	19.219
	Perú	43.179	17.678	9.084	26.762
	Uruguay	33.295	14.678	6.265	20.943
⊟ Febrero		305.952	119.973	61.122	181.095
	Argentina	40.950	16.188	9.465	25.653
	Bolivia	48.929	15.352	5.059	20.411
	Brasil	37.489	10.733	7.425	18.158
	Chile	30.713	15.072	7.720	22.792
	Colombia	32.660	14.234	8.707	22.941
	Ecuador	37.446	16.992	6.313	23.305
	Perú	39.137	17.837	7.164	25.001
	Uruguay	38.628	13.565	9.269	22.834
⊟ Marzo		286.612	105.159	54.261	159.420

Figura 2. 31 – Mostrar en Forma de Esquema

NOTA

Para rellenar los campos correspondientes con la etiqueta del Ítem y no dejar la columna vacía como en la imagen puedes habilitar la opción Repetir Todas las Etiquetas de Elementos que aparece en el comando Diseño de Informe.

Mostrar en Formato Tabular

La estructura tabular asigna una columna individual para cada campo agregado en el área de filas y además calcula subtotales para cada una de las categorías o grupos generados.

Mes	Zona	Ingresos ($)	Costos Fijos ($)	Costos Variables ($)	Suma de Costos Totales
Enero	Argentina	44.669	12.577	7.204	19.781
	Bolivia	44.226	13.327	6.969	20.296
	Brasil	25.639	11.857	7.040	18.897
	Chile	38.452	16.299	7.228	23.527
	Colombia	25.133	17.073	8.385	25.458
	Ecuador	49.838	11.969	7.250	19.219
	Perú	43.179	17.678	9.084	26.762
	Uruguay	33.295	14.678	6.265	20.943
Total Enero		304.431	115.458	59.425	174.883
Febrero	Argentina	40.950	16.188	9.465	25.653
	Bolivia	48.929	15.352	5.059	20.411
	Brasil	37.489	10.733	7.425	18.158
	Chile	30.713	15.072	7.720	22.792
	Colombia	32.660	14.234	8.707	22.941
	Ecuador	37.446	16.992	6.313	23.305
	Perú	39.137	17.837	7.164	25.001
	Uruguay	38.628	13.565	9.269	22.834
Total Febrero		305.952	119.973	61.122	181.095

Figura 2. 33 – Mostrar en Formato Tabular

Aunque todo lo que hemos visto durante este capítulo sobre tablas dinámicas puede parecer sorprendente, debemos hablar nuevamente, de algo que no podemos olvidar, y son las debilidades que nuestro "Microscopio" tiene. Si lo sabemos, es triste...

Repasando: Limitaciones de un Reporte de Tabla Dinámica

- Duplicar el formato del área de valores en otra tabla dinámica no es posible, se debe repetir el proceso nuevamente.

- Incapacidad para relacionar varias tablas y crear un reporte de tabla dinámica, una falencia muy sensible por que limita la flexibilidad del análisis y la productividad del usuario.

- Las funciones de resumen y los tipos de visualización de valores no ofrecen un abanico de posibilidades muy amplio para hacer cálculos.

- Con más de cien mil registros el reporte de tabla dinámica pierde eficiencia porque su tiempo de respuesta es lento.

- Los campos y elementos calculados terminan encerrándonos en una jaula, porque no podemos tomar recursos que estén por fuera de la tabla dinámica. No se puede hacer referencias z totales genéreles ni subtotales.

- Limitación para recibir datos por parte del usuario.

- No es posible crear atajos o agrupaciones para campos calculados que guardan una estructurada íntimamente relacionada y que generalmente se utilizan como un todo y no por separado.

Aunque ya hemos hablado de esto en el capítulo uno, queremos recordarte que no todo está perdido y que ha llegado al rescate Power Pivot, pero era necesario hablar de tablas dinámicas, porque así, entenderás mejor el funcionamiento y potencial del ADN de Power Pivot, iniciemos nuestro viaje a este nuevo mundo lleno de posibilidades.

Pausemos un Momento

Como hablamos en el capítulo 1, no significa que las tablas dinámicas "clásicas" no sirven en gran medida, en realidad es la funcionalidad más poderosa en Excel, sin embargo, el big data y la inteligencia de negocios ha resaltado estas falencias por lo que ha tenido que evolucionar.

Figura 2. 34 – El Molesto IMPORTARDATOSDINAMICOS

Algo adicional que queremos mencionar es la funcionalidad de IMPORTARDATOSDINAMICAS, aquellas funciones que nos permite obtener datos de una tabla dinámica a ellas normales de Excel tal manera que se actualice junto al reporte

Esta funcionalidad era y sigue siendo para algunos, el causante de muchos dolores de cabeza, ya que su utilización generar algunos inconvenientes en tablas dinámicas, no queremos discutir esto aquí pues con Power Pivot disponemos de fórmulas cubos.

Recursos y Material Externo

Acerca de Agrupación

Puedes profundizar acerca de agrupación en campos de fecha, texto y numéricos en el siguiente vídeo: https://youtu.be/9yAAzfurX3c

Acerca de Ordenación y Drill Down

Para darle una lectura más intuitiva a tus reportes de tablas dinámicas, es necesario ordenarlos de la mejor manera, en este vídeo se profundiza en ello y, además se estudia el drill Down: https://youtu.be/sRPytmGjPtE

Rangos de Consolidación Múltiple

Esta es una funcionalidad que sigue disponible en Excel por cuestiones de compatibilidad más que por otra cosa, con Power Pivot y Power Query utilizar rangos de consolidación múltiples queda relegado al olvido. Para los más curiosos: https://youtu.be/sRPytmGjPtE

Trucos, Tips y Macros (Más Allá de lo Convencional)

Referencia Cruzada

LIBRO: Tablas Dinámicas La Quinta Dimensión. Este libro tiene como objetivo brindar un conjunto de trucos y macros enfocados a Tablas Dinámicas, trucos que servirán tanto para la estética del reporte, solución de tareas y automatización mediante macros.

El Siguiente Paso

En este momento ya conocemos la interfaz, es tiempo de indagar en como agregar orígenes de datos a la venta de Power pivot que es el tema del siguiente capítulo.

La Presente Página se ha dejado en Blanco de forma deliberada.

Capítulo 3

La Ventana de Power Pivot

A diferencia de la gran mayoría de funcionalidades que utilizamos en Excel, Power Pivot cuenta con su propia ventana para trabajar, todos los datos que carguemos para crear cálculos personalizados y realizar análisis se deben agregar a dicha ventana, donde se pueden ver, filtrar, ordenar, formatear, ocultar, etc. Esto no es extraño debido a que en Excel únicamente contamos con 1,048,576 filas, pero Power Pivot nos permite trabajar con millones de registros *(Filas)*, por ello para tener acceso u observar uno y cada uno de los datos se debe acceder siempre en la venta de Power Pivot, claro si la tabla de datos no fue añadida desde Excel. Sin embargo, también podemos hacer muchas manipulaciones desde la ventana de Excel, por ejemplo: Agregar y modificar medidas.

Habilitar Power Pivot

En el capítulo 1 se mencionó cuáles son las versiones y ediciones de Excel que cuentan con Power Pivot, para cualquiera de estas se debe habilitar, los siguientes pasos indican como.

1) Vamos a la Pestaña ARCHIVO y pulsamos clic en OPCIONES.

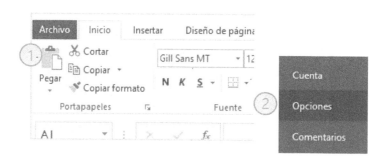

Figura 3. 1 – Sección Opciones

CANTIDAD MASIVA DE DATOS

¿Cómo maneja Excel millones de datos?

En realidad, un archivo .xlsx o sus primos .xlsm y .xlsb, son un paquete comprimido como un Zip, este .zip puede cargar diferentes archivos, visto de una manera diferente, un archivo de Excel contiene dentro de sí múltiples archivos de diversas gammas, es un .zip con una máscara .xlsx que transporta diversas cosas. Dentro de esta "maleta" se almacenan las cantidades masivas en formatos óptimos para su procesamiento y poder llevarlos a cualquier lugar (cualquier pc, servicio en la nube, etc.)

2) En el cuadro de diálogo Opciones que se despliega, vamos a la
   sección COMPLEMENTOS y pulsamos clic, luego de ello en la
   parte inferior desplegamos las opciones de la lista desplegable
   y seleccionamos COMPLEMENTOS COM, para posteriormente
   pulsar clic en el botón Ir.

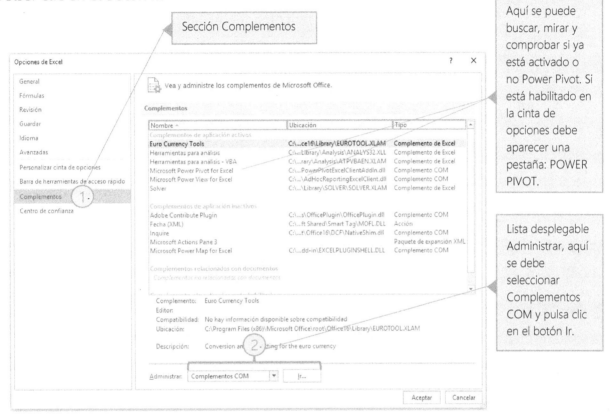

Figura 3. 2 – Opciones de Excel, Complementos COM

3) Con las acciones del paso dos lograremos desplegar el cuadro
   de diálogo COMPLEMENTOS COM, allí veremos una lista de
   varios complementos disponibles como Inquiere *(Consulta)*,
   para este caso buscamos: *Microsoft Power Pivot for Excel*,
   seleccionamos la casilla que se encuentra en el extremo
   izquierdo y pulsamos clic en el botón Aceptar.

4) Si la pestaña POWER PIVOT no aparece, cerramos y abrimos
   nuevamente Excel *(Reiniciar para que tenga efecto los cambios).*

¿Cómo ir a Power Pivot?

Para ir a la ventana de Power Pivot tenemos dos opciones diferentes en Excel 2016.

Pestaña Power Pivot

Vamos a la pestaña POWER PIVOT grupo MODELO DE DATOS y pulsamos clic en el comando ADMINISTRAR.

Figura 3. 3 - Comando Administrar en la Pestaña Power Pivot

Pestaña Power Pivot

También podemos ir a la ventana de Power Pivot en la pestaña DATOS, grupo HERRAMIENTA DE DATOS, comando ADMINSITRAR.

Figura 3. 4 – Comando Administrar en la Pestaña Datos

¡Toma Nota!

Para Excel 2010 y 2013 la única forma de ir a la venta de Power Pivot es mediante la pestaña POWER PIVOT, el comando ADMINISTRAR fue añadido al grupo HERRAMIENTA DE DATOS bajo la pestaña DATOS en la versión de Excel 2016.

Para ir a la ventana de Power Pivot en esta ocasión vamos a utilizar una tabla de datos y añadirla mediante el comando AGERGAR AL MODELO DE DATOS que se encuentra en el grupo TABLAS de la pestaña POWER PIVOT, lo hacemos así para poder apreciar las distintas partes de la interfaz gráfica de Power Pivot.

Agregar al
Modelo de
Datos

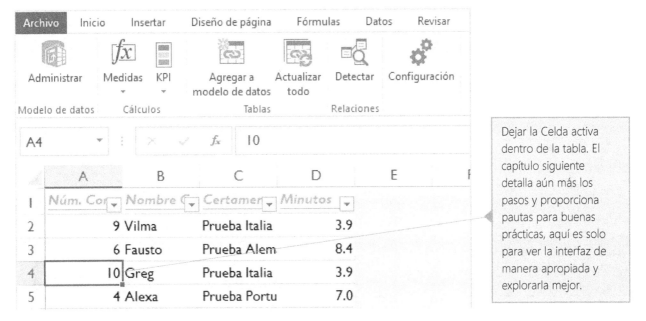

Dejar la Celda activa dentro de la tabla. El capítulo siguiente detalla aún más los pasos y proporciona pautas para buenas prácticas, aquí es solo para ver la interfaz de manera apropiada y explorarla mejor.

Figura 3. 5 – Agregar una Tabla de Excel al Modelo de Datos

Pulsamos clic en el comando AGREGAR AL MODELO DE DATOS dejando la celda activa dentro dela tabla. **¡Bienvenido a bordo!**

Ventana de
Power Pivot

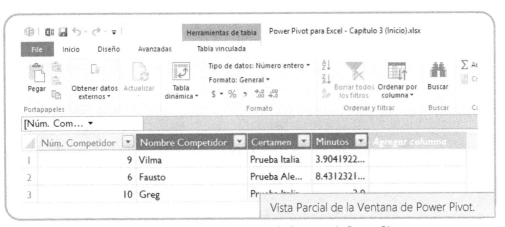

Vista Parcial de la Ventana de Power Pivot.

Figura 3. 6 – Primer Vistazo a la Pestaña de Power Pivot

Propiedades de la Ventana Power Pivot

La ventana de Power Pivot sigue ciertas reglas al igual que sus elementos que derivan del desarrollo en Microsoft, conocerlas nos brindará la libertad de movernos con facilidad y seguridad en la interfaz y manipular los elementos con alta destreza.

Entrelazamiento

El **Entrelazamiento** de la ventana de Power Pivot señala que para cada libro *(archivo)* de Excel le corresponde una ventana de Power Pivot, por lo anterior, la ventana de Power Pivot siempre se llamara igual que su libro de Excel matriz.

> Las ventanas tienen el mismo nombre; Power Pivot lo diferencia precediendo con: *Power Pivot para [Nombre del Archivo de Excel]*. Bien sea que el archivo de Excel se guarde desde su propia venta o desde Power Pivot, ambos quedaran siempre con la misma denominación. Como se mencionó en la nota al principio de este capítulo, ambas viajan dentro de la "maleta" .zip, entrelazadas de forma unívoca.

Figura 3. 7 – Propiedad de Entrelazamiento

Unión

La **Unión** deriva de la propiedad anterior, básicamente hace referencia a que no se puede acceder a la ventana o funcionalidades de Power Pivot de Excel sin tener abierto un archivo de Excel previamente. Si bien el "DAX Engine" está disponible en otros productos de Microsoft, específicamente para Power BI, en ninguno de los casos podemos trabajar directamente con el lenguaje DAX sin ejecutar con anterioridad su ambiente.

La Cinta de Opciones

¿Conocido no es así? Al igual que Excel, la ventana de Power Pivot está organizada de la misma manera, con una cinta de opciones que contiene pestañas que agrupan comandos por afinidad y sub-grupos que encierran los comandos en categorías más pequeñas y específicas, contamos con cuatro pestañas esenciales:

- Archivo *(File)*
- Inicio
- Diseño
- Avanzadas

Adicionalmente pueden aparecer *"pestañas contextuales"* dependiendo del origen de datos que hallamos añadido, o de la tarea que estemos llevando acabo.

Figura 3. 8 – Cinta de Opciones en Power Pivot

Pausemos un Momento

Aunque puede ser tentador trabajar con Power Pivot de igual forma que Excel, esto no es del todo cierto, dado que en otros elementos de la interfaz hay cosas que varían, en algunas ocasiones puede tomar tiempo acostumbrarnos a ello, no obstante, encontraremos similitudes con funcionalidad de Excel que nos ayudarán.

Área de Tablas

Todo origen de datos *(Tablas)* que necesitemos utilizar en el *Modelo de Datos / Power Pivo*t se cargaran en esta parte de la ventana. Esta consiste en toda la zona central de la interfaz gráfica de usuario.

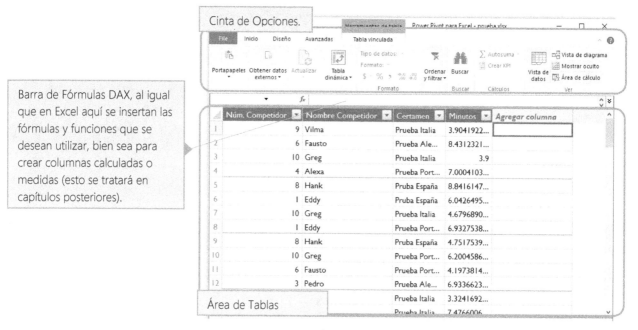

Barra de Fórmulas DAX, al igual que en Excel aquí se insertan las fórmulas y funciones que se desean utilizar, bien sea para crear columnas calculadas o medidas (esto se tratará en capítulos posteriores).

Figura 3. 9 – Área de Tablas

Definición y Objetivo

El área de tablas como su nombre lo indica tiene como finalidad contener todas las tablas u orígenes de datos a utilizar y/o integrar *"Entretejer"* en el modelo de datos de Excel; además, allí podemos filtrar, ordenar, renombrar y expandir cálculos con columnas que no están originalmente en la base de datos *(Columnas Calculadas es la denominación en Power Pivot)* y dar formato para maximizar el análisis de datos.

Propiedades del Área de Tablas

Este elemento de la interfaz de Power Pivot y en general del DAX Engine también tiene sus propiedades, pon especial atención a las propiedades que se presentan enseguida.

La propiedad Uno a Uno establece que a cada tabla o base de datos agregada a Power Pivot le corresponde una hoja de la ventana, por ello es imposible tener más de una tabla en la misma hoja

Uno a Uno

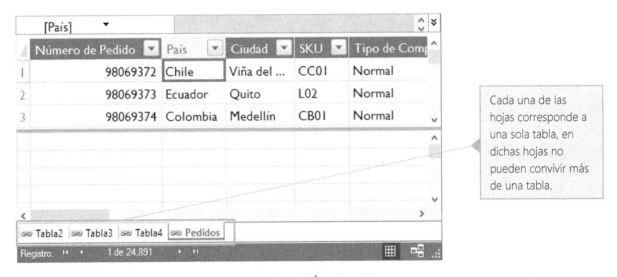

Cada una de las hojas corresponde a una sola tabla, en dichas hojas no pueden convivir más de una tabla.

Figura 3. 10 – Propiedad Uno a Uno del Área de Tablas

La propiedad de Referenciación Completa nos dice que en Power Pivot se trabaja con las columnas completas y NO con celdas individuales, es decir no existe tal cosa como referencia A1 en Power Pivot. Por ejemplo, si queremos editar la celda 10 de la primera columna posicionándonos encima de ella y digitando algo, notaremos que no pasa nada, de la misma manera, si lo intentamos desde la barra de fórmulas DAX tampoco sucede nada, esto es así porque la columna se trabaja en conjunto. En el capítulo cinco se trata esto con más detenimiento.

Referenciación Completa

Área de Medidas o Cálculos

NOTA

En el área de medidas solamente puede ir medidas o "measures" en inglés y ningún otro tipo de cálculo, por lo anterior, llamar esta parte de la interfaz de Power Pivot área de medidas es más apropiado y preciso, pues cuando hablamos de cálculos no extendemos a columnas calculadas, derivado de esto a partir de ahora en este libro llamaremos a esta parte de la interfaz: área de medidas.

En Power Pivot distinguimos entre dos tipos de cálculos personalizados: Columnas Calculadas y Medidas. Las *Columnas Calculadas* son columnas creadas en el área de tablas mediante operaciones entre otras columnas y utilización de funciones DAX, estas se elaboran en el extremo derecho de la tabla, donde dice Agregar Columna.

Por otra parte, tenemos *las Medidas* (Hablaremos a profundidad en cada tipo de cálculo en capítulos posteriores). Las medidas se crean en su propia zona de la interfaz.

Definición y Objetivo

Las medidas son por naturaleza extremadamente diferentes a las columnas calculadas, además, son quienes brindan el mayor potencial para el análisis de datos, en capítulos posteriores se hablará largo y tendido sobre ellas, por el momento veamos la parte de la interfaz done residen y podemos ver el resultado de las medidas.

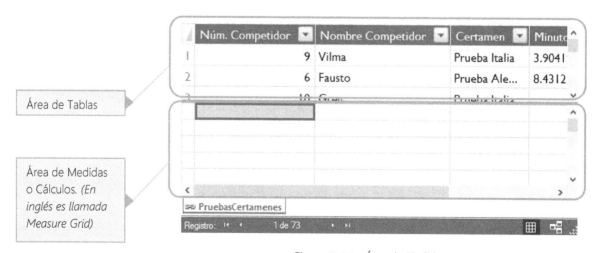

Figura 3. 11 – Área de Medidas

¡Toma Nota!

Para Power Pivot de Excel 2013 las Medidas se renombraron como Campos Calculados, pero para Power Pivot de Excel 2016 volvieron al antiguo nombre, Medidas, que fue como originalmente se llamó en Power Pivot para Excel 2010. Si el lector está utilizando Excel 2013 recuerde que cada vez que hablemos de Medidas nos referimos a campos calculados.

La Barra de Estado

La barra de estado nos permite movernos a diferentes partes de la tabla, ya que como en Power Pivot tenemos la posibilidad de cargar millones de datos, sería tedioso explorarlos solo con el Scroll, por esto Power Pivot los divide en grupos más pequeños, la barra de estado también nos proporciona dos formas de ver el área de tablas: Cuadrícula o Diagrama.

Figura 3. 12 – Barra de Estado en Power Pivot

El Siguiente Paso

En este momento ya conocemos la interfaz, es tiempo de indagar en como agregar orígenes de datos a la ventana de Power pivot que es el tema del siguiente capítulo.

La Presente Página se ha dejado en Blanco de forma deliberada.

Capítulo 4

Fuentes de Datos Comunes

Para producir reportes con *El Modelo de Datos / Power Pivot* en Microsoft Excel es necesario cargar o agregar bases de datos de uno o varios orígenes, integrarlos, determinar cálculos relevantes y crear reportes potentes y robustos.

Power Pivot puede obtener datos de una variedad sorprendente de orígenes, para resumirlo un poco más vamos categorizar las fuentes en seis tipos:

1) Tablas Vinculadas: *.xlsx, .xlsx, .xlsm, xlsb.*
2) Archivos de Texto: *.txt, .CSV, .Inf, etc.*
3) Bases de Datos Relacionales: *MS SQL Server, Access, Oracle, etc.*
4) Estructuras Multidimensionales: *SQL Server Analysis Servicies.*
5) Fuentes en la Nube: *SQL Azure, Azure Data Market.*
6) Data Feeds: *RSS, SSRS, etc.*

Además, estos tipos los vamos a dividir en dos grandes categorías generales:

- Fuentes de datos Comunes: *Del 1 al 3*
- Fuentes de datos alternas: *Del 4 al 6*

Tablas Vinculadas

Las tablas vinculadas son la forma más fácil de alimentar Power Pivot, de hecho, si algún origen de datos no se puede cargar directamente a Power Pivot, convertirlo en una tabla de Excel puede ser la solución al problema.

Es una buena práctica convertir la tabla de datos en Excel en una tabla estructurada, es decir, pulsar la combinación *Ctrl +T* y aceptar en el cuadro de diálogo que se despliega, adicionalmente, brindarle un nombre descriptivo facilita el entendimiento del archivo.

Tabla Estructurada

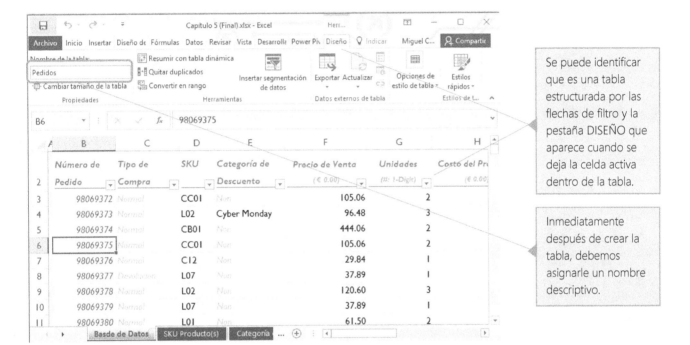

Se puede identificar que es una tabla estructurada por las flechas de filtro y la pestaña DISEÑO que aparece cuando se deja la celda activa dentro de la tabla.

Inmediatamente después de crear la tabla, debemos asignarle un nombre descriptivo.

Figura 4. 1 – Tabla Estructurada de Excel con nombre descriptivo

¡Toma Nota!

Se puede cargar la tabla sin necesidad de convertirla en una tabla estructurada, pero estos es una MUY MALA IDEA, es más, sino se renombra la tabla antes de agregarla a Power Pivot, mostrará el nombre por defecto en el panel de campos de tabla dinámica siempre, y nadie entiende que contiene tabla1, tabla2, etc. ¡SIGUE LAS BUENAS PRÁCTICAS!

**Agregar al
Modelo de Datos**

Para agregar la tabla de datos al modelo de datos debemos dejar la celda activa dentro de la tabla, para posteriormente ir a la pestaña POWER PIVOT, grupo TABLAS y pulsar clic en el comando AGREGAR AL MODELO DE DATOS.

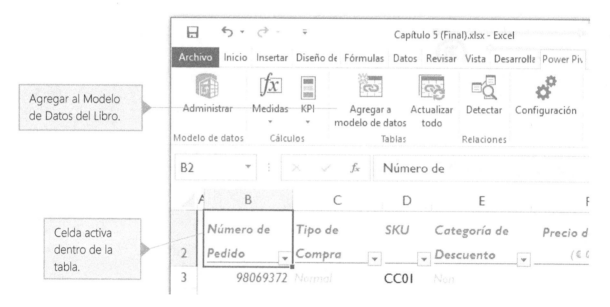

Figura 4. 2 – Cargar Tabla Vinculada al Modelo de Datos

Como dice el tooltip del comando, las tablas vinculadas son un vínculo activo entre la tabla de Excel y la tabla en Power Pivot, por lo que las actualizaciones en la tabla de Excel refrescan la tabla en el modelo de datos "instantáneamente".

Figura 4. 3 – Tabla Agregada a Power Pivot

Ventajas y Desventajas de las Tablas Vinculadas

En las dos tablas a continuación se detallan las ventajas y desventajas de agregar datos con tablas vinculadas.

Tabla 4. 1	Ventajas de las Tablas Vinculadas

Ventaja
La forma más intuitiva de agregar tablas.
Cambios en Excel se Reflejan en Power Pivot "Enseguida".
Columnas nuevas en Excel aparecen en Power Pivot.

Tabla 4. 2	Desventajas de las Tablas Vinculadas

Desventajas
Cargar más de 50 mil datos no es óptimo con este método.
No se puede vincular una tabla que se encuentre en otro archivo de Excel diferente al Matriz.

NOTA

El archivo de Excel puede ser en formato: .xlsx, .xlsm o .xlsb y no tendremos ningún inconveniente en utilizarlo en Power Pivot, por lo tanto, crear tablas vinculadas desde cualquiera de estas extensiones que tenga el archivo matriz es perfectamente válido.

¿Cómo agregar tablas en otros libros?

Las tablas vinculadas tienen la limitante de NO poder añadir tablas desde un archivo de Excel diferente. Sin embargo, si contamos con una alternativa para agregar tablas de otros libros a la ventana de Power Pivot actual, a continuación, se describe cómo hacerlo.

Nos situamos en la ventana de Power Pivot, vamos a la pestaña INCIO grupos OBTENER DATOS EXTERNOS y pulsamos clic encima del comando DE OTROS ORIGENES, con esto se despliega el cuadro de diálogo: ASISTENTE PARA LA IMPORTACIÓN DE TABLAS.

De Otros Orígenes

Esta opción nos permite cargar tablas desde otro archivo de Excel, lo seleccionamos y pulsamos clic en el botón siguiente que se encuentra en la parte inferior.

Figura 4. 4 – Asistente para la Importación de Datos

Scroll Down

En el cuadro de diálogo nos desplazamos hasta la parte final con el Scroll de nuestro mouse, allí veremos: Archivos de Excel, seleccionamos la opción y pulsamos clic en siguiente.

Pulsamos clic en el botón Examinar para localizar el archivo de Excel que alberga la tabla que necesitamos

Activar esta casilla si nuestra tabla tiene encabezados, así Power Pivot los detectara automáticamente,

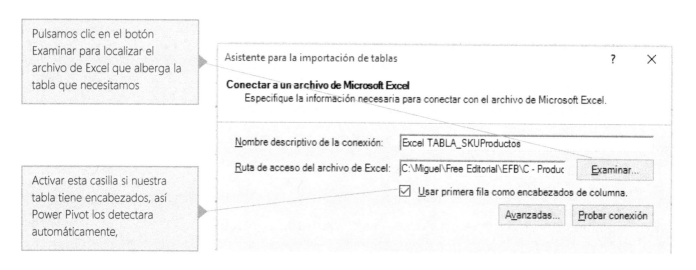

Figura 4. 5 – Buscar y Seleccionar Archivo de Excel

Ahora se mostrarán todas las hojas que tengan el archivo de Excel, para este ejemplo solamente aparece una con nombre: *SKU_Producto(s)*. Seleccionamos la tabla deseada y clic en siguiente.

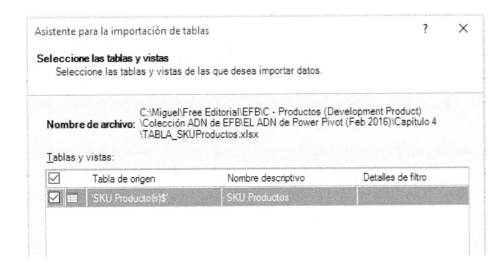

Figura 4. 6 – Seleccionar Tablas y Vistas

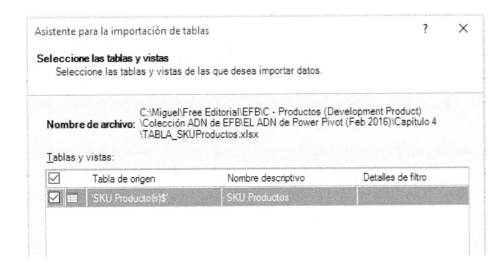

HOJA NO TABLA

El Asistente muestra las hojas que tiene el libro, mas no las tablas que contiene, por esto asegúrate que su archivo de Excel tenga una tabla por hoja.

Figura 4. 7 – Tabla Importada Correctamente

NO VINCULADA

Importar tablas de Excel es diferente de tablas vinculadas, dado que cuando se importa se crea una copia en Power Pivot, por lo tanto, los datos NO se actualizan cuando se modifica el archivo de Excel original de donde se tomaron los datos.

Clic en cerrar y ya tenemos la tabla en su propia hoja en la ventana de Power Pivot.

Archivos de Texto

ARCHIVO DE TEXTO

Un archivo de texto tiene como finalidad almacenar texto sin ningún tipo de formato, únicamente caracteres, se diferencia de los archivos de Excel porque no tiene la posibilidad de proporcionar, negrita, cursiva, etc. Y muchos menos colores o formatos más sofisticados.

Su estructura los vuelve apto para almacenar cantidades masivas de datos sin ningún inconveniente.

Un ejemplo común de un archivo de texto es el: CSV (Comma Separated Values).

Las tablas vinculadas y los archivos de Excel, son sin lugar a dudas, la fuente de datos más utilizada, sin embargo, una que iguala su importancia casi por completo son los archivos de texto.

Uno de los archivos de textos más usados es el CSV, este representa los datos en una línea de texto normal, cada línea contiene una fila o registro de datos y a su vez define las columnas separadas por comas, veamos como cargar la tabla: *Categoría_de_Productos* CSV al Modelo de Datos / Power Pivot.

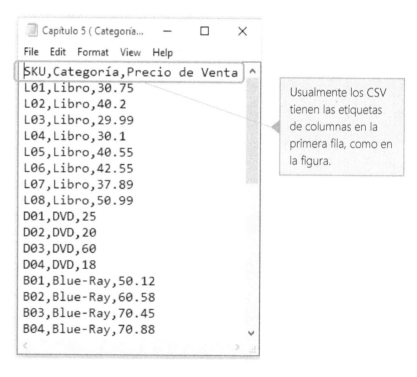

Figura 4. 8 – Tabla Categoría de Productos en un CSV

Estando en la ventana de Power Pivot, vamos a la pestaña INICIO donde debemos localizar el grupo OBTENER DATOS EXTERNOS, una vez allí pulsamos clic en el botón DE OTROS ORIGENES, con lo cual aparece el ASISTENTE PARA IMPORTACIÓN DE DATOS.

La figura 4.4 muestra el cuadro de diálogo, a continuación, nos desplazamos hasta la parte final y seleccionamos Archivo de Texto, para posteriormente pulsar clic en el botón siguiente. Véase la figura 4.4. Con los pasos especificados, aparece el asistente para importación de datos, listo para cargar datos de texto.

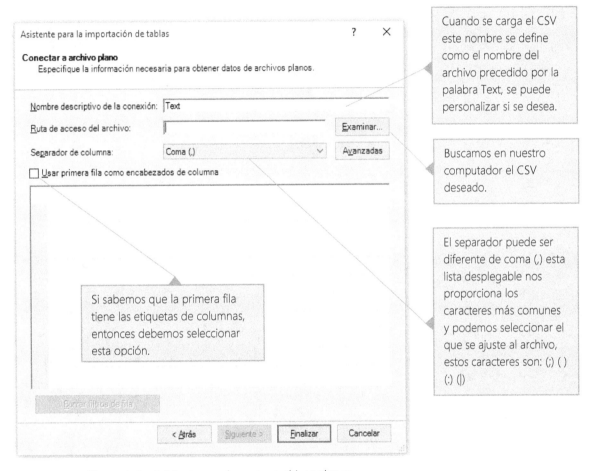

Figura 4. 9 – Asistente para importar archivos planos

¡Toma Nota!

Puede suceder que el carácter que sirve como delimitador de columnas no se encuentra en la lista desplegable, con lo cual el asistente no puede cargar correctamente los datos, no obstante, existen técnicas para poder hacerlo, pero esta por fuera de lo tratado en este libro.

Una vez especificados lo parámetros, aparece un Preview en el asistente donde podemos omitir columnas si no las necesitamos.

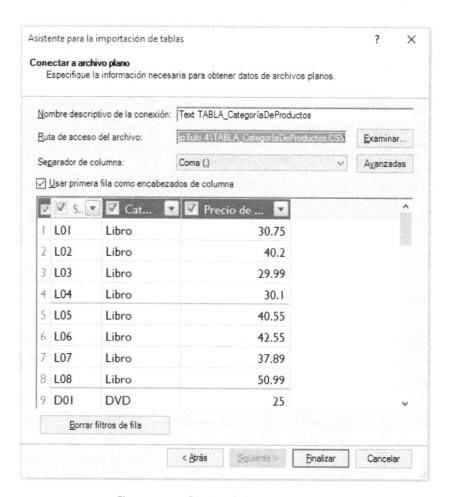

Figura 4. 10 – Preview de la tabla en el asistente

Clic en el botón finalizar y empieza a cargar los datos hasta que notifique que se ha realizado con éxito, una vez el proceso haya finalizado pulsamos clic en el botón cerrar. Podremos ver la tabla en su propia hoja en la ventana de Power Pivot.

Ventajas y Desventajas de Archivos de Texto

En las dos tablas se detallan las ventajas y desventajas de agregar datos al modelo de datos con archivos de texto.

Tabla 4. 3   Ventajas de los Archivos de Texto

Ventaja

La forma más rápida y eficiente de cargar millones de registros.

Se pueden agregar columnas después.

Se pueden devolver a un estado anterior del archivo de texto.

Tabla 4. 4   Desventajas de los Archivos de Texto

Desventajas

El Separador de Columna no puede estar listado.

Modificaciones y actualizaciones en el archivo fuente, como cambio en las posiciones de las columnas o renombrar las columnas, puede alterar como Power Pivot entiende el archivo.

Desconectar Tablas

Es muy importante conocer como desconectar o quitar una tabla que se ha cargado a Power Pivot, son muchas las razones por esto, en nuestro caso resulta que la tabla *Pedidos* que se relacionó cómo tabla vinculada, es en realidad una tabla de una base de datos de Access que se actualiza constantemente *(Diariamente para esta situación)* por esto es mejor conectarla directamente desde Access y hacer actualizaciones diarias. Esta es una sencilla justificación para saber cómo eliminar tablas de Power Pivot.

Realizar la "eliminación" de la tabla del modelo de datos es bastante fácil, los podemos hacer desde Power Pivot o desde Excel, veamos ambas alternativas.

Desconectar las Tablas desde Excel

Nos dirigimos a la ventana de EXCEL, allí buscamos la pestaña DATOS, grupo CONEXIONES, para finalmente localizar el comando con el mismo nombre, CONEXIONES.

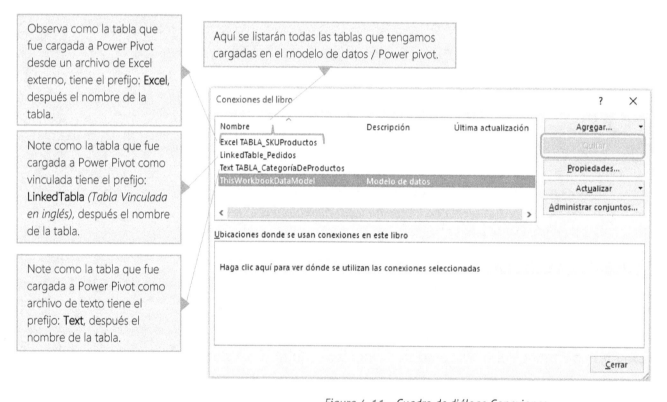

Observa como la tabla que fue cargada a Power Pivot desde un archivo de Excel externo, tiene el prefijo: **Excel**, después el nombre de la tabla.

Note como la tabla que fue cargada a Power Pivot como vinculada tiene el prefijo: **LinkedTabla** *(Tabla Vinculada en inglés)*, después el nombre de la tabla.

Note como la tabla que fue cargada a Power Pivot como archivo de texto tiene el prefijo: **Text**, después el nombre de la tabla.

Aquí se listarán todas las tablas que tengamos cargadas en el modelo de datos / Power pivot.

Figura 4. 11 – Cuadro de diálogo Conexiones

Seleccionamos la tabla deseada para posteriormente pulsar clic encima del botón QUITAR en el cuadro de diálogo. Observa como al final aparece *ThisWorkbookDataModel* indicando que existe conexiones con Power Pivot, si este último este seleccionado el botón quitar parece deshabilitado.

Desconectar las Tabas desde Power Pivot

Remover una tabla del modelo de datos desde la ventana Power Pivot es más sencillo de lo que se puede esperar; solamente pulsamos clic derecho encima de la hoja que contiene la tabla deseada y en el menú contextual localizamos la opción eliminar.

NOTA

En Power Pivot tenemos el comando conexiones existentes, pero es una experiencia diferente y tal vez puede causar cierta confusión. La recomendación es utilizar el cuadro de diálogo conexiones desde Excel o eliminar la hoja asociada a la tabla de forma directa.

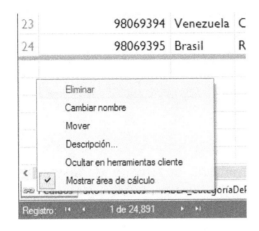

Figura 4. 12 – Eliminar tabla desde Power Pivot

Aparece un mensaje diciendo: *¿Está seguro que desea eliminar de forma permanente esta tabla, incluidos sus medios asociados?* Que es precisamente la acción que queremos ejecutar, pulsamos clic en SÍ. Con lo anterior se remueve la tabla de Power Pivot, se puede verificar en el cuadro de diálogo conexiones.

Bases de Datos Relacional

Las bases de datos relacionales brindan la posibilidad de interconectar diversas tablas de manera lógica y así trabajar de manera eficiente y ahorran espacio en memoria. Existen un buen número de software dedicados a esto, enseguida se listan los más populares.

Gestores de bases de datos más Populares:

- Microsoft Access
- Microsoft SQL Server
- MySQL
- PostgresSQL
- Oracle
- IDM DB2
- Sybase
- Terada
- Informix

Power Pivot incrementa sus posibilidades cada vez más, por lo que encontrar un comando especial para conectarse a una base de datos relacional que se ajuste a la nuestra es bien fácil, en este libro no veremos todas las opciones, solo abarcaremos Microsoft Access, no obstante, puedes encontrar toda la documentación necesaria para cada una de ellas en el MSDN de Microsoft.

Microsoft Access

A continuación, se muestra la tabla pedidos en Access.

La tabla pedidos se encuentra en una base de datos de Access originalmente, puesto que se actualiza diariamente es mejor cargarla a Power pivot directamente desde el gestor.

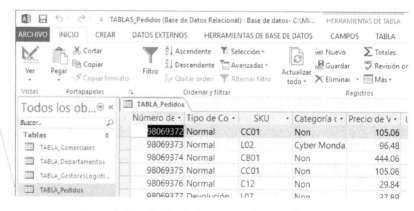

Figura 4. 13 – Tabla Pedidos en su fuente original, Access

Nos dirigimos a la pestaña INICIO, grupo OBTENER DATOS
EXTERNOS, comando de OTROS ORIGENES, en la sección Bases de
datos relacionales ubicamos la opción MICROSFT ACCESS.

De Otros
Orígenes

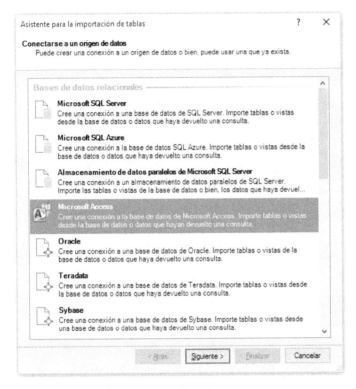

Figura 4. 14 – Conectar Access

Una vez encontrada la opción pulsamos clic en el botón siguiente,
allí en el segundo paso del cuadro de diálogo pulsamos clic en
botón examinar y buscamos la base de datos.

Buscar Base
de Datos

Figura 4. 15 – Ubicar base de datos de Access

NOTA

Es una excelente práctica importar las columnas, registros y claro, tablas estrictamente necesarias, dado que nos proporciona mayor flexibilidad y velocidad, además, la facilidad de volver y poder integrar otras columnas o registros es ágil, fácil e intuitivo.

En el caso de querer extraer un conjunto de datos de una tabla, entonces, debemos escoger la opción: *Escribir una consulta que especifique los datos a importar*, allí el cuadro de dialogo nos brinda el espacio para escribir la consulta SQL. Por ejemplo, si solo necesitamos las columnas SKU, País y Ciudad escribimos:

SELECT SKU, País, Ciudad FROM TABLA_Pedidos.

Pulsamos clic en siguiente, allí dejamos la opción por defecto: *seleccionar en una lista de tablas y vistas para elegir datos a importar*. Pulsamos clic en siguiente. A continuación, nos despliega todas las tablas y vistas de la base de datos, para este caso únicamente contamos con tablas, cuatro tablas para ser exactos, seleccionamos *TABLA_Pedidos* que es la que necesitamos.

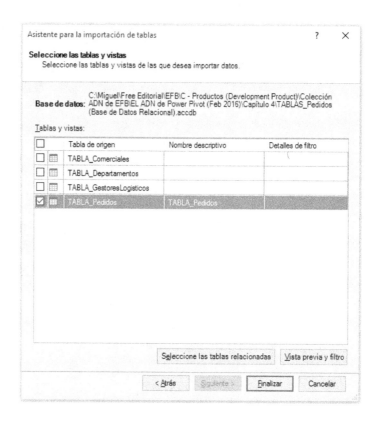

Figura 4. 16 – Seleccionar Tabla de Access

Ventajas de los Gestores de Bases de Datos

Tabla 4. 5	Ventajas de los Gestores de Bases de Datos

Ventaja
Manejo ágil de cantidades masivas de datos.
Modificaciones son captadas por Power Pivot adecuadamente.
Se puede devolver a un punto anterior de la base.

Fuentes de Datos Alternas

La segunda gran categoría de fuentes de datos son menos utilizadas y aquí no nos detendremos mucho en ellas, únicamente daremos un vistazo a Microsoft Azure Marketplace.

¿Qué es Azure Marketplace?

Microsoft Azure Marketplace pertenece a la familia de Microsoft Azure que ofrece la plataforma como servicio, en particular, Azure Marketplace es un mercado On-line que nos permite comprar y vender software como servicios (SaaS) es decir crear programas, alojarlos, mantenerlos en la nube y proveer un cliente; además Azure Marketplace es un mercado de datos en línea global, donde podemos comprar bases de datos, imágenes, datos comerciales y datos públicos acreditados. En este momento la última parte es la que nos interesa, comprar u obtener bases de datos en línea, ya que con ello podemos captar datos que de otra manera sería muy difícil de acceder y llevar acabo análisis.

En Microsoft Azure Marketplace podemos encontrar tanto bases de datos gratuitas como de pago.

De Servicios de Datos

Vamos a la pestaña INCIO en la ventana de Power Pivot y en el grupo OBETNER DATOS EXTERNOS ubicamos DE SERVICIOS DE DATOS, desplegamos las opciones y seleccionamos DE MICROSFT AZURE MARKETPALCE, con lo anterior se despliega el asistente para la importación de datos. Véase la imagen a continuación.

En el search box digitamos: DateStream. Esta es una fuente de datos bastante popular, utilizada en el modelo de datos, 100% gratuita, contiene información para crear tablas de calendario, muy importante en Power Pivot.

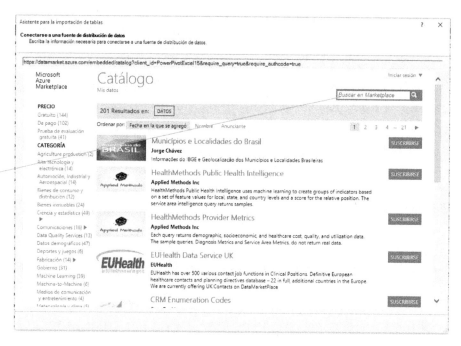

Figura 4. 17 – Asistente para importación, desde servicio de datos

DateStream en el Catálogo

Pulsamos clic encima del nombre DateStream.

Figura 4. 18 – DateStream filtrado en el catálogo

Pulsamos clic en la ventana siguiente en datos gratuitos, después aparecerán los nombres de las tablas que deseamos consultar, seleccionamos únicamente *BasicCalendarEnglish* y clic en el botón SELECCIONAR CONSULTA. Posteriormente elegimos la tabla en el asistente, y clic en finalizar.

Seleccionar
Consulta

Únicamente dejamos seleccionado BasicCalendarEnglish, con esto solo importaremos los datos del calendario inglés.

Figura 4. 19 – Seleccionar BasicCalendarEnglish

Si pulsamos clic en el comando CONEXIONES EXISTENTES del grupo OBTENER DATOS EXTERNOS podremos ver todas las fuentes que tenemos hasta el momento.

Seleccionar
Consulta

Figura 4. 20 – Conexiones Existentes

Unas palabras acerca del resto de fuentes

- Estructuras Multidimensionales: Podemos integrar datos desde otros productos destinados al análisis como SSAS (*SQL Server Analysis Servicies*)

- Data Feeds: En las empresas nos podemos encontrar con reportes, es posible que queramos importar los datos de dichos reportes y crear nuestros propios análisis, Power Pivot soporta la carga desde SSRS (*SQL Server Reporting Servicies*)

Fuentes Pavorosas
Creepy Sources

En Power Pivot para Excel tenemos la posibilidad de cargar datos al modelo sin necesidad de una conexión a una fuente, en esencia podemos tener una tabla en el portapapeles y pegarla como tabla en la ventana de Power pivot, esto en definitiva nos permite llevar datos desde prácticamente cualquier aplicación, como:

- Word
- Web
- Power Point

Creepy Sources

Nosotros llamamos a estas alternativas: Creepy Sources, fuentes pavorosas, dado que el origen de datos queda en la nada, es como si nos hubiéramos sacado los datos debajo de la manga, y si alguien nos pide justificación es difícil brindar 100% de confiabilidad.

Porque no tomar la tabla desde la aplicación externa y copiar y pegarla en una hoja de Excel importarla si es posible, para posteriormente crear una tabla vinculada.

¡Toma Nota!

Independientemente de la aplicación que sea: Microsoft Word, Acrobat Reader, Calc de Open Office, etc. Etc. La tabla de datos copiada al Portapales debe tener forma tabular obligatoriamente, es decir, organizada en filas y columnas de manera consistente, buenas etiquetas de columna, no totales ni subtotales y ausencia de filas o columnas en blanco.

Ventajas y Desventajas de los Creepy Sources

Los datos obtenidos de fuentes "alternas" brindan flexibilidad para obtener datos de lugares poco usuales o que de otra manera sería bastante complejo, pero es de esperar que tiene los mayores inconvenientes.

Tabla 4. 6 Desventajas de los Creepy Sources

Desventajas
No cargar más de mil filas con este método.
No se pueden pegar columnas adicionales después (Solo Calculadas).
El formato tabular en otras aplicaciones puede ser engañoso.
Poca documentación y confiabilidad.

Tabla 4. 7 Ventajas de los Creepy Sources

Ventaja
Se puede utilizar cualquier aplicación.
Pegar y Anexar, Pegar y Reemplazar (Filas NO Columnas)

Tabla de Microsoft Word

Supongamos que queremos cargar la pequeña tabla presentada a continuación al modelo de datos de Excel.

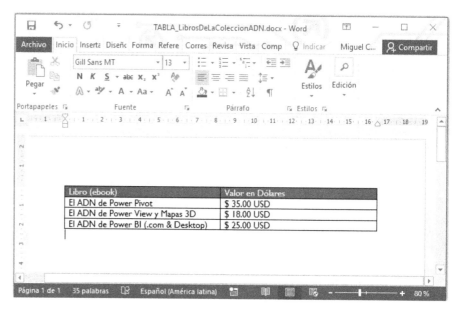

Figura 4. 21 – Tabla en Word

Copiar y Pegar Tabla

Seleccionamos la tabla y pulsamos la combinación de teclas Ctrl + C, después vamos a la ventana de Power Pivot, pestaña INICIO, grupo PORTAPALES, comando PEGAR.

Figura 4. 22 – Comando Pegar habilitado

Una vez pulsamos clic en el comando pegar, aparece un cuadro de diálogo con una vista previa y otras opciones para su configuración. Una vez verificado todo, clic en Aceptar.

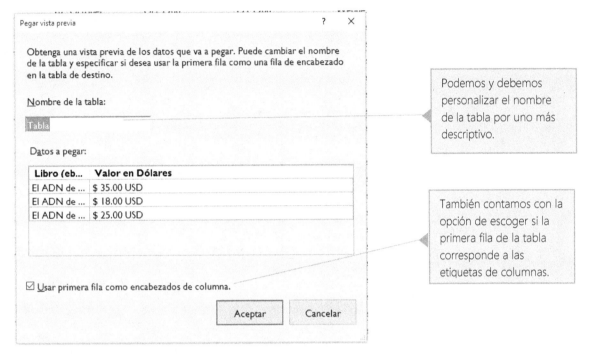

Figura 4. 23 – Pegar Vista previa

Si queremos añadir más filas podemos copiarlas y utilizar el comando Pegar y Anexar, esto pega las filas adicionales en la parte inferior de la tabla previamente agregada. Por ejemplo, en la pequeña tabla anterior hace falta agregar el libro: *Tablas Dinámicas, La Quinta Dimensión.*

Figura 4. 24 – Anexar Fila Adicional

Una vez pulsamos clic en el botón pegar, el cuadro de diálogo vista previa aparece otra vez, mostrando los datos a pegar y la tabla donde serán añadidos debajo.

Figura 4. 25 – Vista previa para anexar filas

También podemos seleccionar toda la tabla nuevamente y pulsar clic encima del comando pegar y reemplazar.

Figura 4. 26 – Copiar y reemplazar toda la tabla

La vista previa aparece mostrando la tabla que será reemplazada y la tabla que será añadida en su lugar.

Figura 4. 27 . Vista previa para reemplazar   •

El Siguiente Paso

En el siguiente capítulo estudiaremos el modelo de datos, como vincular las tablas agregadas a este, para manipular sus campos de manera conjunta, además, daremos las primeras pinceladas de los dos tipos de cálculos personalizados: Columnas Calculadas y Medidas.

La Presente Página se ha dejado en Blanco de forma deliberada.

Capítulo 5

Análisis Exploratorio de Tablas

NOTA

Cuando estés explorando las columnas individuales es vital tener presente que tipo de dato contiene: Texto, número, fecha o booleano, ya que posteriormente esto debe coincidir en la ventana de Power Pivot.

Otro aspecto a considerar cuando nos estamos familiarizando con las tablas, es que estén óptimas para utilizar en el modelo de datos, es decir, que tengan el formato tabular.

El análisis exploratorio de tablas es especialmente importante para conocer aquellas bases de datos de terceros o a las cuales tenemos acceso por primera vez.

En el capítulo anterior agregamos tablas de distintos orígenes, pero para poder trabajar con todas estas tablas es necesario *"volvernos íntimos de ellas"*, empaparnos con la información que tienen.

El análisis exploratorio de tablas no es otra cosa que tomar una pausa activa antes de arrancar, incluso antes de agregar los datos al modelo de datos y conocer a profundidad que contienen, pues una fase de conocimiento obligatoria cuyo objetivo nos permitirá hacer análisis más eficaz y encontrar anomalías o desfases.

En el capítulo previo agregamos las tablas desde: Excel, Vinculada, Access y Azure Marketplace; sin embargo, para propósitos de esta primera sección en el capítulo, se deja un archivo con todas las tablas en diferentes hojas de Excel *(Ninguna añadida al modelo de datos)*.

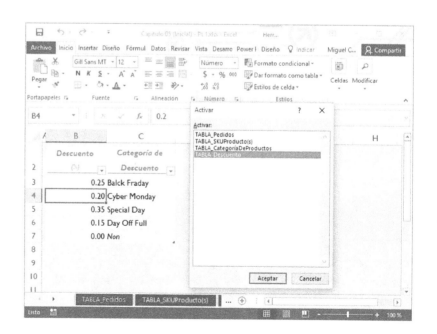

Figura 5. 1 – Todas las Tablas en una Hoja de Excel

Tabla Pedidos

Para nuestro escenario tenemos cuatro tablas hasta el momento.
La primera de ellas, es la tabla *Pedidos*, comencemos a describirla
para conocer sus datos.

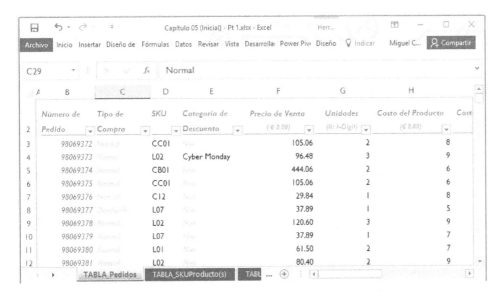

Figura 5. 2 – Tabla Pedidos

Lo primero es dar un vistazo cada campo y comprender que
finalidad tienen, a continuación, se lista y justifica cada campo de
la tabla pedidos.

Descripción de
Campos

- **Número de Pedidos:** Este campo contiene el número de
  venta o transacción, el cual es número único que no se
  repite.

- **Tipo de Compra:** En este campo se coloca a cuál de las
  siguientes categorías correspondió la compra: *Normal* o
  Devolución.

- **SKU:** Es el identificador que se utiliza para un producto o conjunto
  de productos específicos, en la tabla indica cuál o cuáles
  productos se compraron. *FOREIGN KEY Ver Nota más adelante.*

NOTA:
¡Importante!

Tengamos en cuenta que el campo *Precio de Venta* en realidad representa los ingresos *(Unidades por Precio de Venta Unitario)*. En la mayor parte se utilizará el nombre Precio de Venta, sin embargo, no olvides que son los ingresos.

Otra Razón para hacer análisis exploratorio de tablas, es que nos permite identificar nombres de campos engañosos y darles la interpretación adecuada, esta es una situación más común de lo que pude parecer.

Información Básica General

- **Categoría de Descuento:** Existen diferentes promociones para fechas especiales, este campo indica a cuál de estas promociones aplico la compra: *Cyber Monday, Black Fraday, Day Off Full* o *Special Day;* si la compra no aplico a ninguna promoción, entonces en la tabla aparece *Non*.

- **Precio de Venta:** Indica el precio unitario de venta por las unidades vendidas (En Realidad **INGRESOS**).

- **Unidades:** Indica cuántas unidades de dichos productos se compraron.

- **Costo del Producto:** Indica el valor en euros que tuvo la producción de dicho producto.

- **Costo de Envió:** Señala el valor en euros que tuvo el transportar el producto desde el almacén al destino del cliente.

- **Costo de Empaque:** Señala el valor en euros que tuvo el empaque apropiado para el producto, lo que asegura que llegará en condiciones óptimas al cliente.

- **Fecha de Envió:** Fecha en la cual salió el producto al destino del cliente, también corresponde a la fecha de compra.

- **Fecha de Llegada:** Fecha en el cual el cliente obtiene su compra en las manos.

- **País:** Donde se encuentra el cliente.

- **Ciudad:** Destino donde se encuentra el cliente y se entrega el producto.

Sabemos entonces que la tabla *pedido* tiene 13 campos *(Columnas)* y 24891 registros *(Filas)* en un formato tabular óptimo, además sabemos que la fuente está en Access y se actualiza diariamente.

Tabla SKU Producto(s)

Esta tabla cuenta con tan solo dos campos.

- **SKU:** Identificador que se utiliza para un producto o conjunto de productos, en esta tabla solamente esta listado cada SKU una única vez. *PRIMARY KEY Ver nota más delante*

- **Producto(s):** Indica cuál producto o productos están asociados con el código SKU, algunos ejemplos: Libro de Cálculo, CD de Mozart, etc.

Descripción de Campos

Se sabe entonces que la tabla *SKU Productos* tiene 2 campos *(Columnas)* y 38 registros *(Filas)*, adicionalmente sabemos que tiene como propósito listar los SKU e indicar a que productos corresponde, esto es importante por lo que categorizamos a esta tabla como Tabla de Búsqueda, más adelante quedará más claro.

Información Básica General

Tabla Categoría de Productos

Esta tabla cuenta con tres campos.

- **SKU:** Es el identificador que se utiliza para un producto o conjunto de productos, en esta tabla solamente esta listado cada SKU una única vez. *PRIMARY KEY Ver nota más delante*

- **Categoría de Producto:** Aquí se indica a que categoría general pertenece el producto, por ejemplo, un libro de cálculo pertenece a la categoría libros.

- **Precio de Venta:** Indica el valor en euros del producto

Descripción de Campos

Se sabe entonces que la tabla *Categoría de Producto* tiene 3 campos y 38 registros, tiene como propósito categorizar los productos.

Información Básica General

Tabla Descuentos

Una diminuta tabla de dos campos.

Descripción de Campos

- **Descuento:** Indica el porcentaje que se debe restar del precio para el descuento.

- **Categoría de Descuento:** Indica a cuál día de promoción corresponde. ⚠ *¡ANOMALÍA!:* el elemento **BLACK FRIDAY** está mal escrito, aparece como: **BLACK FRADAY** - *¡Tener en Cuenta de ahora en adelante para su manipulación!*

Información Básica General

Sabemos entonces que la tabla *Descuentos* tiene 2 campos (Columnas) y 5 registros *(Filas)* en un formato tabular óptimo.

Resumen Análisis Exploratorio

Observemos la información esencial en el resumen presentado en la tabla siguiente.

Tabla 5. 1   Tabla Resumen de Análisis Exploratorio

Tabla	Registros	Campos	Tipo	Óptima
Pedidos	24891	13	TM	✓
SKU Prod.	2	38	TB	✓
Categorías	3	38	TB	✓
Descuentos	2	5	TB	✓

TM: Significa que es una tabla base o matriz y TB: una tabla de búsqueda, más adelante clarificaremos estos términos. La columna óptima señala si la tabla tiene formato tabular o no.

Ya conocimos las tablas, es momento de "entretejerlas" y divertirnos un poco con ellas.

NOTA

No es necesario, hacer las descripciones y tablas que se han presentado hasta el momento, mucho menos cuando tenemos un número considerable de ellas, lo importante en cambio, es conocer y explorar las tablas y campos para poder trabajar y analizar con total libertad.

Entretejer Tablas a la Antigua

Dadas las tablas anteriores, que pasaría si nos solicitaran: Realizar un reporte donde veamos los ingresos generados por cada producto, de acuerdo a cada categoría y, adicionalmente, poder filtrar por los distintos porcentajes de descuento. *¿Es esto una tarea fácil de hacer?* Dado que necesitamos el campo *Producto(s)* de la tabla *SKU Productos* en el área de filas, el campo *Categoría de Producto* de la tabla *Categoría de Productos* en el área de columnas, el campo precio de la tabla *pedidos* en el área de valores y finalmente, el campo *Categoría de descuento* de la tabla *descuento* bien sea en el área de filtro o en un Slicer. *¿Cómo realizar este reporte? – ¿¡Algo de Alquimia Talvez!?*

Enunciado

Relacionar Tablas con BUSCARV y sus Secuaces

Averigüemos como ejecutar la solicitud anterior a la antigua, con fórmulas, lo cual es el método más utilizado hoy día por los usuarios después de la revolución que supuso el modelo de datos.

Del año 2009 hacia atrás no había manera de integrar las tablas, lo que debíamos hacer, era crear una nueva tabla que unificara los datos de los diferentes orígenes, por esto creamos una copia de la hoja con la tabla pedidos y la renombramos como: TABLA_UNIFICADA, la razón para esto es que la tabla pedidos tiene todas las transacciones mientras que la demás tablas contienen datos específicos, si lo miramos desde el punto de vista de la función BUSCARV, la tabla *Pedidos* es donde se inserta la función, la tabla a "llenar", y las demás son las tablas de búsqueda que se proporcionan a la función en el segundo argumento.

NOTA

No es del todo cierto que no contábamos con una opción para integrar múltiples tablas, pues teníamos y tenemos aún la alternativa de rangos de consolidación múltiple, pero esto es tanto restrictivo como olvidado, su utilización cae exponencialmente a lo largo de los años.

Analizamos un poco más la tabla pedidos y el enunciado.

Número de Pedido	Tipo de Compra	SKU	Categoría de Descuento	Precio de Venta (€ 0.00)	Unidades (#: 1-Digit)	Costo del Producto (€ 0.00)	Costo de (€ 0.
98069372	Normal	CC01	Non	105.06	2	8	
98069373	Normal	L02	Cyber Monday	96.48	3	9	
98069374	Normal	CB01	Non	444.06	2	6	
98069375	Normal	CC01	Non	105.06	2	6	
98069376	Normal	C12	Non	29.84	1	8	
98069377	Devolución	L07	Non	37.89	1	5	
98069378	Normal	L02	Non	120.60	3	9	
98069379	Normal	L07	Non	37.89	1	7	
98069380	Normal	L01	Non	61.50	2	7	
98069381	Normal	L02	Non	80.40	2	9	
98069382	Normal	CB01	Non	666.09	3	6	
98069383	Normal	L02	Non	80.40	2	5	
98069384	Normal	B05	Non	50.65	1	10	
98069385	Normal	L07	Non	37.89	1	8	
98069386	Devolución	L01	Non	92.25	3	6	
98069387	Normal	B05	Non	151.95	3	7	

Figura 5. 3 – Tabla Pedidos

> En los campos de esta tabla no hay ninguna con el nombre del producto, solamente el identificador que es el SKU. Es difícil leer letras o código, por ejemplo: CB01, por lo que es mejor el nombre del producto, estos datos están en otra tabla que tiene la equivalencia entre SKU y el nombre del producto.

Primera Parte del Enunciado

Nos solicitan *realizar un reporte donde veamos los ingresos generados por cada producto*; los ingresos los podemos obtener con la columna *Precio de Venta* de la tabla *Pedidos*, visto que dicho campo guarda el precio de la venta multiplicado por las unidades, ósea los *ingresos*. Por otra parte, los nombres de los productos no se encuentran la tabla pedidos puesto que se identifican con el SKU, la tabla que tiene una equivalencia entre SKU y el nombre del producto es la tabla denominada *SKU Productos*, por lo que para abordar este problema debemos crear una columna auxiliar en la tabla *pedidos* y traer los nombres aquí, esto lo realizamos con la función BUSCARV. En la construcción a estas columnas auxiliarles le hemos asignado un color de fondo diferente para así tener una guía visual de cuales fueron columnas construidas para apoyar la tabla base o matriz, véase la figura a continuación.

El siguiente esquema se detalla la relación creada entre la tabla *Pedidos* y la tabla *SKU Productos* mediante la función BUSCARV, esto con el objetivo de crear una representación visual.

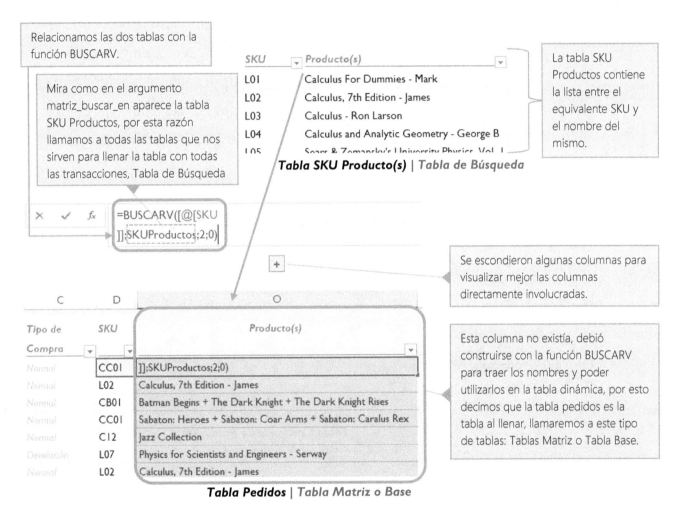

Figura 5. 4 – Ilustración de la creación mediante BUSCARV de las tablas pedidos y SKU Productos

Siguiendo el enunciado, después nos dice que: *de acuerdo a cada categoría, adicionalmente poder filtrar por los distintos porcentajes de descuento.* Como el lector ya puede inferir inminentemente; como la categoría de producto no se encuentra en la tabla *pedidos* se debe relacionar con la tabla *Categoría de Productos* dado que esta contiene el dato de la categoría de acuerdo a el SKU.

Segunda Parte del Enunciado

Por lo que crear la relación con la función BUSCARV es casi gemela con la anterior, lo único que varía es la tabla de búsqueda.

En paralelo también puedes ver que el porcentaje de descuento sigue la misma dinámica, porque dicho porcentaje no se encuentra en la tabla *pedidos* sino en la tabla *descuento;* en esta ocasión, la fórmula cambia un poco debido a que el valor de búsqueda no está en la primera columna, sino en la segunda, a la izquierda, por lo que debemos a acudir los "secuaces" de BUSCARV para llenar la tabla pedidos.

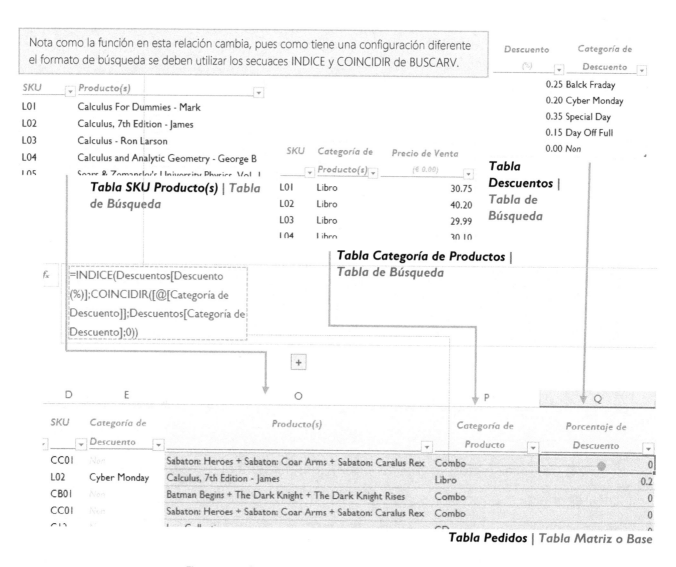

Figura 5. 5 – *Representación Gráfica de las Relaciones con Funciones*

Con las relaciones creadas mediante la función BUSCARV ya podemos construir el reporte de tabla dinámica solicitado.

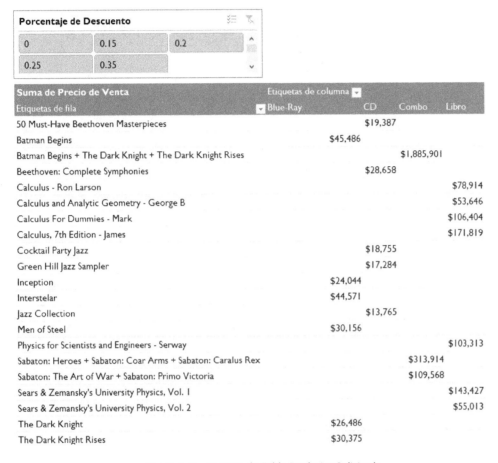

Figura 5. 6 – Reporte de Tabla Dinámica Solicitado

NOTA

Creamos la tabla dinámica de la manera clásica, es decir, dejamos la celda activa dentro de la tabla unificada y vamos a la pestaña INSERTAR y pulsamos clic encima del comando TABLA DINÁMICA, posteriormente procedemos a colocar los campos necesarios en las áreas de colocación, así:

Columnas: Categoría

Filas: Producto(s)

Valores: Precio de Venta

Filtro: *Ninguno*

Slicer: Descuento(%)

Obstáculos de Relación de Tablas a la Antigua

Una vez se domina como relacionar tablas de este modo, que por cierto no es para nada difícil, cambiar o encontrar desventajas puede ser algo complejo y más que eso una costumbre difícil de dejar, no obstante, relacionar tablas con BUSCARV y sus secuaces tienen serios inconvenientes que es sustancial tenerlos presentes.

Lista de Obstáculos.

- La hoja de cálculo se empieza a poner cada vez más lenta mientras más datos tenga y más relaciones deba manejar, a partir de unos 10 mil registros se puede empezar a notar el descenso en el rendimiento de Excel *¿Qué sucede si tenemos cientos de miles de filas?*

- ¿Qué sucede si necesitamos bases de otras fuentes que contengan millones de datos, no es posible por este método?

- Si el número de relaciones y tablas es elevado este método es tedioso e incluso difícil de entender y ejecutar.

- Todas las relaciones trabajan con funciones, todo esto de manera textual, pero si contáramos con una representación y funcionalidades gráficas sería un trabajo más ameno. Véase la figura 5.4 y 5.5 que son ilustraciones creadas para el presente texto que nos ayudan a entender de una forma sencilla las relaciones entre tablas.

- Integrar datos desde otras fuentes, como Access, Azure Marketplace y relacionar con este método es complicado.

Terminología Derivada

De la sección anterior podemos sacar términos que nos ayudaran de ahora en adelante.

- **Tabla Base o Matriz:** Es la tabla que generalmente tiene mayor densidad de datos y en la cual utilizamos BUSCARV o algunos de sus secuaces para "llenarla".

- **Tabla de Búsqueda:** Es la tabla o tablas donde buscamos los valores con los cuales se debe llenar tablas base.

- **Relación:** La manera en que se vinculan tablas diversas.

Entretejer Tablas con el Modelo de Datos

¡Todos los obstáculos han sido subsanados! El modelo de datos en Excel es el "nirvana", una especie de estado último para desarrollar relaciones con un par de clics y de fácil intuición, realizar cálculos más allá de lo soñado dada la integración de datos de múltiples fuentes. Resulta que todos los obstáculos mencionados anteriormente han sido removidos, en cambio de ello, nos han traído una funcionalidad descomunal, ahora vamos a ver una ínfima parte de ella con relaciones en el modelo de datos, a lo largo de libro descubriremos más y más.

Relacionar con Vista de Diagrama

Para esta segunda sección es tiempo de volver al archivo de Excel como lo dejamos en el capítulo anterior. Por lo que hemos venido hablando en este capítulo ahora entendemos el concepto de relación, todo lo previo aplica en el modelo de datos, entonces, vamos a la ventana POWER PIVOT y en la pestaña INICIO, grupo VER pulsamos clic en el botón VISTA DE DIAGRAMA.

NOTA

En Este punto la tabla descuentos no está agregada al modelo de datos, asegúrate de cargarla antes de seguir en el capítulo, esta tabla está en una hoja del archivo de Excel.

Figura 5. 7 – Comando para la Vista de Diagrama

¡Y VOILÁ! LA REPRESENTACIÓN GRÁFICA DE LA QUE VENIAMOS HABLANDO MAGICAMENTE APARECE.

Observa con detenimiento la figura siguiente, como cada cuadro blanco "personifica" una tabla en el modelo de datos y a su vez, exhibe cada columna que contiene.

NOTA

Las representaciones de las tablas en la vista de diagrama se pueden mover con toda libertad a lo largo y ancho del área, redimensionar su tamaño para leer mejor los nombres de los campos, e incluso maximizar si deseas tener una visión más amplia de una tabla en específico.

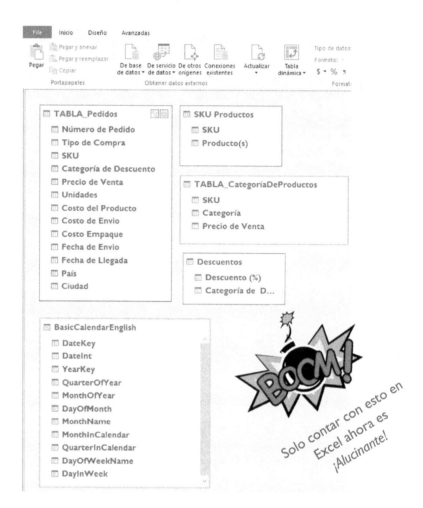

Figura 5. 8 – Tablas en la Vista de Diagrama

Cada uno de los cuadritos es una tabla, de hecho, podemos ver su nombre en la parte superior de color verde, en el cuerpo de la representación gráfica de la tabla podemos apreciar cada uno de sus "hijos": los campos. Ahora en vez de utilizar la función BUSCARV lo único que debemos hacer para relacionar las tablas es identificar la *tabla base* y las *tablas de búsqueda*. Vamos a tomar la primera, que consiste en relacionar la tabla *Pedidos* con la tabla *SKU productos*.

Lo único que debemos hacer es posicionar el cursor de nuestro mouse encima del nombre del campo que es equivalente en la tabla de búsqueda SKU Productos, pulsar clic y manteniéndolo de este modo llevar la línea que aparece a el campo equivalente en la tabla base Pedidos, en este caso es bastante sencillo porque en ambas tablas se llama SKU.

Relacionar
Tablas

Pausemos un Momento

Tomate un momento para reflexionar acerca de las relaciones con BUSCARV y el Modelo de Datos, es exactamente igual, solo que con Power Pivot es mucho más sencillo y armónico, igualmente conociendo los conceptos de tablas base y de búsqueda esperamos que no tengas dificultades en realizar las demás relaciones y comparar tu resultado con la figura siguiente, así evalúas tu comprensión.

Figura 5. 9 – Todas las Tablas Vinculadas en la Vista de Diagrama

NOTA

Observa como incluso las flechas también aparecen, indicando que tabla "llenar", en este caso las tablas de búsqueda señalan o apuntan a la tabla base tal cual como lo hicimos en nuestra ilustración representativa en la sección anterior.

Relacionar Tablas

La tabla de calendario no se muestra en la figura anterior dado que no está relacionada con ninguna otra hasta el momento, sin embargo, sigue estando en la interfaz solo que se recortó para presentar solo las directamente involucradas.

¡Toma Nota!

La dirección de las flechas para las versiones de Power Pivot de Office 2010 y 2013 apuntan en la dirección contraria, es decir, desde la tabla base hacia la tabla de búsqueda, esto porque es la convención en bases de datos relacionales, pero para nuestra imagen mental la dirección de las flechas en Power Pivot 2016 la cual sugiere que las tablas de búsqueda llenan las tablas bases se ajusta perfectamente.

NOTA

Para Power Pivot en Office 2010 y 2013 se debe crear la tabla dinámica desde el comando tablas dinámicas en la venta Power Pivot, la opción usar el modelo de datos de este libro que aparece cuando se pulsa clic en el comando de la pestaña insertar es nueva para Office 2016.

¡ASÍ DE FÁCIL, ¡ASÍ DE RÁPIDO, UN PAR DE CLICS Y ESTÁ HECHO! Ahora pasemos a realizar el reporte de tablas dinámica solicitado nuevamente. Vamos a la pestaña INSERTAR en la ventana de Excel y pulsamos clic en el botón TABLA DINÁMICA, allí seleccionamos USAR EL MODELO DE DATOS DE ESTE LIBRO.

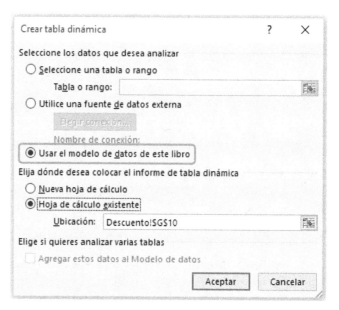

Figura 5. 10 – Crear Tabla Dinámica

Préstale especial atención al panel de campos.

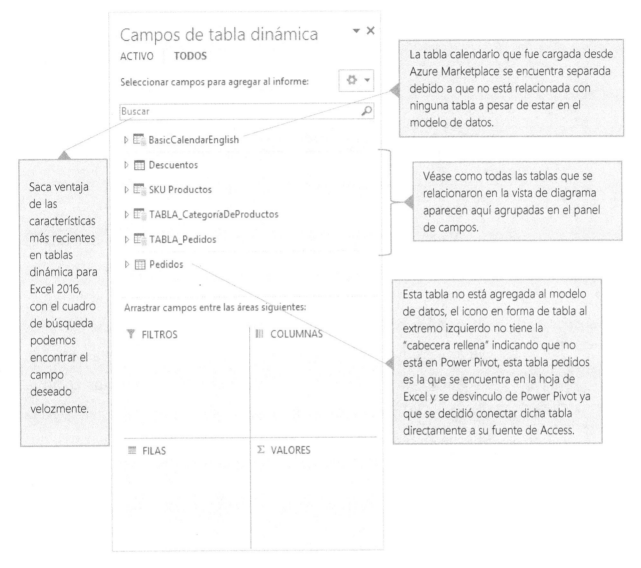

La tabla calendario que fue cargada desde Azure Marketplace se encuentra separada debido a que no está relacionada con ninguna tabla a pesar de estar en el modelo de datos.

Véase como todas las tablas que se relacionaron en la vista de diagrama aparecen aquí agrupadas en el panel de campos.

Saca ventaja de las características más recientes en tablas dinámica para Excel 2016, con el cuadro de búsqueda podemos encontrar el campo deseado velozmente.

Esta tabla no está agregada al modelo de datos, el icono en forma de tabla al extremo izquierdo no tiene la "cabecera rellena" indicando que no está en Power Pivot, esta tabla pedidos es la que se encuentra en la hoja de Excel y se desvinculo de Power Pivot ya que se decidió conectar dicha tabla directamente a su fuente de Access.

Figura 5. 11 – Aspecto del Panel de Campos con el Modelo de Datos

Utilizando el icono en forma de triángulo en todo el extremo derecho de cada tabla podemos desplegar cada uno de los campos de la misma, ahora asignemos los campos a las áreas de colocación como se hizo con el reporte de tabla dinámica relacionado con BUSCARV, solo que ahora se hace directamente de desde cada una de las tablas. La tabla dinámica es exactamente la misma que la presentada en la figura 5.6.

Diferencia entre ambos métodos

La diferencia entre el método con BUSCARV y el del modelo de datos, es que el primero es una operación y el segundo una declaración *(la última no crea fórmulas, esto lo hace más rápido)*.

Tipos de Relaciones

Hasta el momento de lo que va del capítulo solo hemos visto un tipo de relación: Uno a Muchos, no obstante, existen dos tipos más que son fundamentales conocer.

NOTA
Primary Key & Foreign Key

La columna *(Campo)* que tiene los elementos que son únicos, es decir, la columna que se encuentra en la tabla de búsqueda, se llama: *calve principal o Primary key*.

Por otra parte, a la columna que contiene los elementos que se repiten, es decir, la columna que se encuentra en la tabla base se le llama: *clave externa o foreign key.*

Uno a Muchos: Este es básicamente el tipo de relación que hemos venido tratando, consiste en relacionar una tabla mediante una columna equivalente, es decir, las columnas que coinciden en las dos tablas, pero en una, los elementos de la columna están listados una vez, son únicos como en el caso del campo *SKU* de la tabla *SKU Productos*, y en la otra tabla se repiten estos elementos como el campo *SKU* en la tabla *pedidos*, en Power pivot de Excel 2016 la flecha apunta al campo que tiene los elementos repetidos.

Uno a Uno: Este tipo de relaciona dos columnas idénticas, las cuales no repiten sus elementos, la relación uno a uno es muy poco frecuente, sin embargo, la ocasión que se necesite hacer este tipo de relación ten en mente que no es problema realizarla en Power Pivot, ya que toma "cualquiera" como tabla base y la otra como tabla de búsqueda.

Muchos a Muchos: Este tipo de relación une dos columnas foreign key, un elemento en la columna A esta relacionado con varios en la columna B, pero un elemento en la columna B puede estar relacionado con varios elementos en la columna A.

¡Toma Nota!

El Modelo de Datos en Excel no soporta relaciones Muchos a Muchos, eso es triste lo sé, pero por lo menos con la intervención de fórmulas DAX o con la ayuda de funcionalidades alternativas lo podemos conseguir.

Relacionar Muchos a Muchos con Power Query

Por ahora veremos una alternativa sencilla para trabajar con un tipo de relación muchos a muchos en el modelo de datos, la clave aquí será trabajar con Power Query, también para esta situación tomaremos un par de tablas alternas a las que hemos venido trabajando hasta el momento en el texto.

Nombre	Medio
Monica	On-Line
Monica	Off-Line
Nicolas	Off-Line
Nicolas	Afiliado
Marta	On-Line
Marta	Afiliado
Diego	Off-Line

Mes	Medio	Regalo
Enero	On-Line	1,000.00 €
Enero	Off-Line	500.00 €
Enero	Afiliado	600.00 €
Febrero	On-Line	875.00 €
Febrero	Off-Line	720.00 €
Febrero	Afiliado	650.00 €
Marzo	On-Line	900.00 €
Marzo	Off-Line	920.00 €
Marzo	Afiliado	940.00 €
Abril	On-Line	200.00 €
Abril	Off-Line	250.00 €
Abril	Afiliado	210.00 €

Esta tabla contiene el nombre del vendedor y que medios se le han asignado para realizar sus ventas.

Esta tabla indica el monto que tiene para dar como regalo cada medio de venta en los primeros cuatro meses del año

Figura 5. 12 – Tablas para Ejemplo de relación Muchos a Muchos con Power Query

**Pregunta
Planteada**

Supongamos que se desea ver en una matriz qué monto tiene asignado cada comercial, es un ejemplo sencillo, pero lo que queremos lograr con esto es captar la esencia del problema.

Como se puede ver en las tablas, las columnas equivalentes son *Medios* para cada uno, no obstante, y esto es lo clave, en ambas tablas, los elementos del campo medio se repiten, dicho de otro modo, en las dos tablas el campo medio es una clave externa. Si agregamos las tablas a Power Pivot y tratamos de relacionar las columnas *Medios*, entonces saldrá un error.

Figura 5. 13 – Error al tratar de hacer una relación Muchos a Muchos

**Nueva Tabla
Unificada**

En lugar de relacionar las dos tablas, vamos a crear una nueva tabla unificada con ayuda de Power Query, para esto dejamos la celda activa dentro de la primera tabla y vamos a la pestaña DATOS, grupo OBTENER Y TRANFORMAR y pulsamos clic en el comando DESDE UNA TABLA.

NOTA

Recuerde que Power Query en Office 2016 es el grupo Obtener y transformar, si utiliza la versión 2013 o 2010 acuda la pestaña POWER QUERY después de habilitarla en complementos COM.

Figura 5. 14 – Comando Desde una Tabla en Power Query

Con la acción anterior, el editor de Power Query aparece con la tabla ya cargada en su interfaz, aquí no vamos a realizar nada solamente vamos a la opción CERRAR Y CARGAR para finalmente pulsar clic encima de CERRAR Y CARGAR EN ...

Cargar Tabla

En el cuadro de diálogo que emerge seleccionamos crear solo conexión y clic en el botón Cargar.

Crear Solo Conexión

Figura 5. 15 – Crear Solo Conexión de la Tabla

Combinar Consultas

Repetimos el procedimiento para cargar la segunda tabla, posteriormente nos dirigimos al grupo OBETENER Y TRANSFORMAR y desplegamos las opciones de NUEVA CONSULTA, ubicamos COMBINAR CONSULTAS y pulsamos clic en COMBINAR.

Figura 5. 16 - Combinar Consultas

En las listas desplegables de las opciones combinar escogemos las dos tablas, cuando aparezcan las tablas seleccionamos la columna Medio en cada una de las tablas, para esto solo basta con pulsar clic en la etiqueta de columna de cada uno. Véase la figura siguiente

¡Toma Nota!

Algo importante que no habíamos mencionado, es que Power Query Ahora es Obtener y transformar, sus ventanas y consultas. En realidad, el amplio uso de Power Query por casi 7 años está muy arraigado por lo que es poco probable que lo llamemos de otra manera, por lo menos en el desarrollo de este texto.

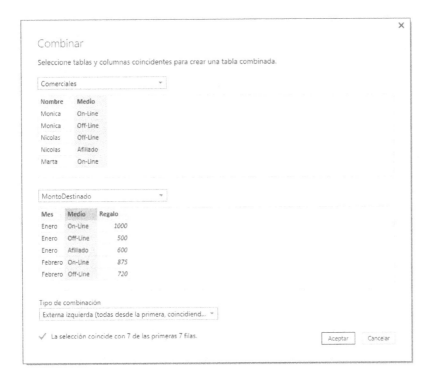

Figura 5. 17 - Combinar

En la nueva columna pulsamos clic en el botón de "filtro" y escogemos las columnas que no están visibles en la tabla, luego clic en Aceptar.

Figura 5. 18 – Seleccionar las Columnas Faltantes

Vista Previa y Nueva Tabla en Power Query

Ahora podemos ver una vista previa de la tabla, es importante darles a las nuevas columnas un nombre descriptivo e igualmente al nombre de la tabla.

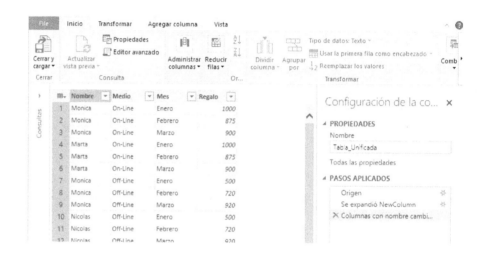

Figura 5. 19 – Renombrar Columnas y Tabla

En esta ocasión seleccionamos CERRAR Y CARGAR, ahora con la tabla podemos crear el reporte tabla dinámica solicitada.

Etiquetas de fila	Suma de Regalo
Diego	2390
Marta	5375
Monica	5365
Nicolas	4790
Total general	**17920**

Figura 5. 20 – Tabla Dinámica Solicitada

Esto una forma alterna de trabajar el problema de una relación muchos a muchos mediante Power Query, sin embargo, más adelante en este texto se verán formas de hacerlo directamente con Power Pivot.

Tipos de Cálculos Personalizados

Tenemos dos exquisitos "sabores" para crear cálculos que le den al mayor manjar en Excel, las tablas dinámicas por supuesto, esa sazón para consumir los reportes y analizarlos como jamás hubiera sido creíble y ejecutable.

Pausemos un Momento

Mi querido y amigo lector, de ahora en adelante emprendemos un viaje palpitante y lleno de emociones por la maravilla de descubrir tanta belleza y versatilidad en una funcionalidad, no obstante, hay que advertir que requiere de cierto cambio en como veníamos acostumbrados a trabajar, sin embargo, no significa para nada, que sea complejo, sino más bien un nuevo camino.

Esto dos sabores, estos dos tipos de cálculos personalizados para nuestros reportes de tablas dinámicas son:

- Columnas Calculadas
- Medidas *(También conocidos como: Campos Calculados)*

Las Columnas calculadas son potentes, pero toda la autoridad y magia lo tienen las Medidas, por esto, iniciaremos brevemente con Columnas Calculadas quienes además tienen la ventaja de tener una similitud muy cercana con Tablas Estructuradas y las opciones antiguas de campos y elementos calculados, lo que nos permitirá aprenderlas y dominarlas en un instante; posteriormente, entraremos en medidas, es más, es el centro de prácticamente todos los capítulos restantes del presente texto.

Columnas Calculadas

NOTA

También puedes utilizar el comando AGREGAR que se encuentra en el grupo COLUMNAS de la pestaña DISEÑO de la ventana de Power Pivot, este comando activa la barra de fórmulas DAX para empezar a escribir una expresión.

Volvamos a nuestro archivo de pedidos de la sección dos ya cargado en el modelo de datos, luego nos dirigimos directamente a la ventana de Power Pivot. Como pudimos conocer en el análisis exploratorio de la tabla pedidos, allí tenemos todos los costos asociados por una transacción específica, a pesar de ello, no contamos con una columna que nos indique el costo total *¿Qué hacemos?;* ¡Así es! Una columna Calculada.

Vamos al extremo derecho de la tabla pedidos y dejando la celda activa en la columna: "*Agregar Columna*" pulsamos clic en la barra de fórmulas DAX, lo primero que hacemos allí es digitar el signo igual (=), tal cual como en Excel para señalarle que lo que se escribe a continuación es una fórmula, escribimos *Tabla_Pedidos* y vemos como sale un menú llamado IntelliSense con varias opciones.

Observa como aquí aparece el nombre de la tabla pedidos, el mismo que tiene en la hoja, también note su icono, especial para indicar que es una tabla en el modelo de datos.

La columna para una tabla tiene su propio icono, es igual que el de la tabla completo, pero con una columna oscura, nota que aparece el nombre de la tabla y entre paréntesis cuadrados, el nombre de la columna.

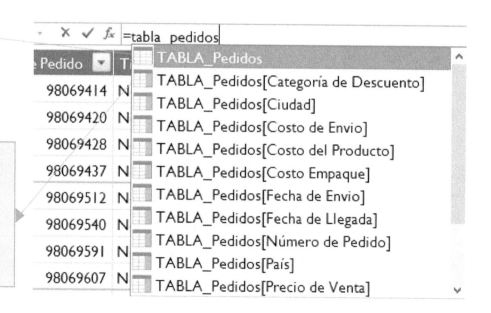

Figura 5. 21 – IntelliSense en la barra de fórmulas DAX

En el IntelliSense podemos desplazarnos con las teclas de dirección y seleccionar con la tecla Tab o Enter.

Notación de Tablas en Power Pivot

Antes de continuar es indispensable familiarizarse con la notación de tablas en Power Pivot.

Como se puede ver en la figura 5.21 al principio aparece el nombre de la tabla, lo que quiere decir que podemos utilizarla dentro de alguna fórmula DAX, más abajo aparece el nombre de la tabla junto con el nombre de columna entre paréntesis cuadrados de algún campo. Cosas a tener en cuenta:

- El nombre de una tabla puede tener espacios, pero para hacer referencia a ella debemos encerrar el nombre entre comillas simples (''), por ejemplo: 'SKU Productos', si el nombre no tiene espacios se puede omitir las comillas.

- Para hacer referencia a una columna se debe escribir un paréntesis cuadrado de apertura después del nombre de la tabla, con esto aparece el IntelliSense con la lista de campos de dicha tabla, no olvides cerrar los paréntesis cuadrados. El nombre de columnas puede tener espacios.

- En Power Pivot no se puede hacer referencia a una celda específica, solamente columnas completas o tablas.

Procedamos ahora a escribir la siguiente fórmula:

=TABLA_Pedidos[Costo del Producto]+[Costo de Envio]+[Costo Empaque]

Figura 5. 22 – Ejemplo de Fórmula para Crear Columna Calculada

NOTA

Puedes hacer referencia a una columna seleccionando la columna, o cualquier celda de la columna deseada.

Renombrar Columna Calculada

Ahora pulsa clic derecho encima de la cabecera de la nueva columna, que por defecto queda con el nombre: Columna calculada 1, clic en cambiar nombre de columna, renómbrela como Costo Total.

Figura 5. 23 – Renombrar Columna Calculada

¡Toma Nota!

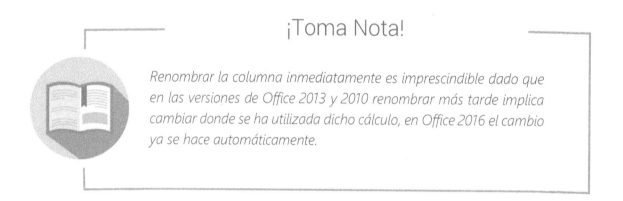

Renombrar la columna inmediatamente es imprescindible dado que en las versiones de Office 2013 y 2010 renombrar más tarde implica cambiar donde se ha utilizada dicho cálculo, en Office 2016 el cambio ya se hace automáticamente.

Utilizar Columna Calculada en Otra

Podemos utilizar una columna calculada en la creación de otras columnas calculadas sin ningún inconveniente, por ejemplo: crear la columna utilidad.

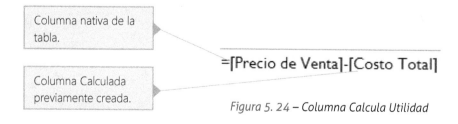

Figura 5. 24 – Columna Calcula Utilidad

Si el lector tiene un buen conocimiento de tablas estructuradas, se habrá dado cuenta que la notación y manipulación de tablas y columnas en Power Pivot son muy parecidas a las de Excel.

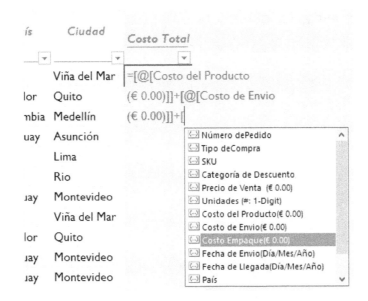

Figura 5. 25 – Notación en Tablas Estructuradas

DAX: Data Anlaysis eXpressions

Hasta este punto hemos mencionado las fórmulas DAX, Pero *¿qué es esto en todo caso?* Las siglas DAX son por Data Analysis eXpression quien es un lenguaje de fórmulas para Power Pivot, Power BI y SSAS que le brinda al usuario la posibilidad de crear cálculos personalizados; coloquialmente: Son las fórmulas para Power Pivot adaptado a su tipo de referenciación columnas completas y tablas, que tienen el plus de extenderse a otras tecnologías de Microsoft.

¿No es maravillosa la promoción? "llevamos tres por el precio de uno" No solo aprendemos algo para Excel sino para otras tecnologías de Microsoft.

Renombrar Columna Calculada

NOTA

No te preocupes por el código del tipo de unidad, cuando se llega al tercer parámetro el IntelliSense aparece indicando los disponibles, para el caso del tercer argumento de la función DATEDIFF son:

DAY *(Días)*
HOUR *(Horas)*
MINUTE *(Minutos)*
MONTH *(Meses)*
QUARTERS *(Trimestres)*
SECONDS (Segundos)
WEEKS (Semanas)
YEAR (Años)

La función **DATEDIFF hizo su debut en Office 2016**, si estas manejando una versión anterior eta función no

En el siguiente capítulo hablaremos un poco más del lenguaje DAX, por lo pronto veamos un ejemplo sencillo de una función DAX.

En la tabla pedidos contamos con fecha de envió y llegada por lo que tenemos los datos suficientes para calcular el número de días que tardo la entrega, para esto nos podemos apoyar en una función DAX: DATEDIFF quien retorna el número de unidades, es decir; días, semanas, horas, etc. Que especifiquemos dado un intervalo de fechas, he aquí su sintaxis:

DATEDIFF(<Fecha_Inicio>;<Fecha_Final>;<Unidad>)

fx =DATEDIFF([Fecha de Envio];[Fecha de Llegada];DAY)

Utilidad	Días de Entrega	Agreg
206.31	19	
210.53	16	
204.05	10	
206.35	11	

Figura 5. 26 – Columna Calcula: Días de Entrega con la Función DATEDIFF

También crea una columna calculada Semanas de entrega

Pausemos un Momento

Explora las funciones, con esto te familiarizarás un poco con lo que contamos en el lenguaje, además, podrás encontrar muchas funciones iguales a las de Excel, quienes también en su manejo son muy similares, si bien en el próximo capítulo se habla más acerca del lenguaje DAX es bueno que lo vayas conociendo.

Medidas

¡Ha llegado el momento de filosofar!, no nos mal interpretes no vamos abordar problemas sobre el significado del conocimiento y la realidad, no, sino que vamos atacar el problema fundamental de cómo y porqué se calculan los datos en el área de valores.

Cada vez que ponemos un campo en alguna de las áreas de colocación lo que hace la taba dinámica es extraer los elementos únicos de los campos y mostrarlos en una orientación especifica o listarlos en algún lugar, claro exceptuando el área de valores.

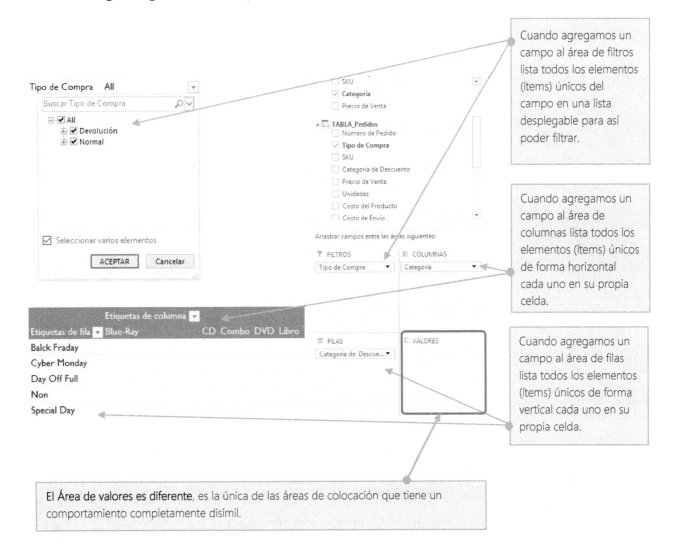

Cuando agregamos un campo al área de filtros lista todos los elementos (ítems) únicos del campo en una lista desplegable para así poder filtrar.

Cuando agregamos un campo al área de columnas lista todos los elementos (ítems) únicos de forma horizontal cada uno en su propia celda.

Cuando agregamos un campo al área de filas lista todos los elementos (ítems) únicos de forma vertical cada uno en su propia celda.

El Área de valores es diferente, es la única de las áreas de colocación que tiene un comportamiento completamente disímil.

Área de Colocación - Valores

Está bien definido que las áreas de colocación deben mostrar de alguna manera dependiendo de su naturaleza los elementos únicos del campo en el área determinada, si hay más de un campo muestra dichas listas únicas "anidadas", todo esto es claro, preciso y no deja duda de su comportamiento, pues es lo único que puede suceder, peroooo ...

¿QUÉ SUCEDE CON EL ÁREA DE VALORES?

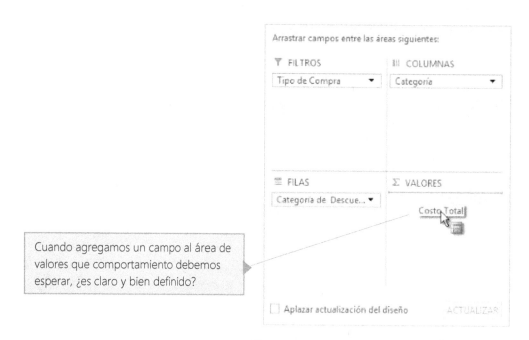

Cuando agregamos un campo al área de valores que comportamiento debemos esperar, ¿es claro y bien definido?

Figura 5. 27 – Agregando Campos al Área de Valores

Tal vez estés pensando, *¿qué clase de pregunta es esa?* Todos sabemos que realiza la suma si es un campo numérico o una cuenta si es un campo de tipo texto.

Si y entiendo el punto, pero la cuestión aquí es *¿Por qué? ¿Por qué la suma? ¿Por qué la cuenta (si el campo es texto)?* Es decir, en las demás áreas sabemos con certeza que pasa allí, dado que siempre va a listar los elementos únicos, no hay más opción; pero en el área

De valores pueden pasar muchas cosas, dado que es el tipo de cálculo que queremos que se presente en el cuerpo de la tabla dinámica, de alguna manera la forma correcta sería antes de añadir el campo o junto con él, decirle al área de valores qué cálculo queremos que se realice: SUMA, CUENTA, PROMEDIO, etc. Sin embargo, lo que sucede es que tiene un compartimiento por defecto, implícito, con el cual estamos muy habituados, pero en realidad deberíamos ser explícitos, definir nosotros mismos antes de ir al área de valores, que tipo de cálculo queremos ver allí.

Medidas Implícitas

El lector también podrá estar pensando: *"Si, implícitamente la funcionalidad de tablas dinámicas indican si es una suma o cuenta dependiendo del campo, no obstante, yo puedo definir más tarde si quiero cambiar el tipo de cálculo, ya que puedo seleccionar algunas de las funciones de resumen, por ejemplo, PROMEDIO"* Y por supuesto estas en lo correcto, a pesar de ello, sigue siendo tanto implícito como limitado, lo decimos porque después de añadir el campo es que se define el tipo de cálculo dado un conjunto de funciones de resumen supremamente restringido.

Las Medidas son eso: el tipo de cálculo *"Función de Resumen"* que queremos ver en el cuerpo de la tabla dinámica y cuya definición la hacemos antes de agregar el "campo" al área de valores, es decir, se definen de manera explícita.

Medidas Explicitas

¿Cómo? - Tal vez te cuestiones.

Sencillo mi amigo, con el modelo de datos y el lenguaje DAX.

¡SUFICIENTE FILOSFIA, A LA ACCIÓN!

Tabla Dinámica, Tipo de Cálculo Clásico

Creemos una tabla dinámica con el modelo de datos igual que la presentada en la figura 5.26, pero agregando el campo Costo Total al área de valores y con función de resumen PROMEDIO.

Supón ahora que deseas hacer la misma tabla dinámica, pero en lugar de utilizar PROMEDIO te gustaría utilizar la MEDIANA, aunque somos conscientes que en las funciones de resumen no hay ninguna con estas características *¿Qué hacer?*

El lector más atento ya habrá intuido que con una medida explícita y utilizando en lenguaje DAX *¿Cómo?* Aún no lo hemos visto, pero vamos a ello.

NOTA

Si el lector no recuerda muy bien los elementos de la interfaz de Power Pivot, por favor toma una pausa y repasa el capítulo 3, es mejor tener todo 100% claro.

Vamos a la ventana de Power Pivot y nos ubicamos en la hoja con nombre *TABLA_Pedidos*, en la parte inferior *(En el Área de Medidas)* dejamos la "celda" activa y pulsamos clic en la barra de fórmulas DAX, escribimos entre paréntesis el nombre de la medida, para este caso llamamos a la medida: *[Mediana Cost. Tot]*, y posteriormente digitamos dos puntos (:) y el signo igual (=), de esta manera Power Pivot sabe que se va escribir, a continuación, una expresión que corresponde a una medida y no a una columna calculada, ahora procedemos a escribir la función MEDIAN, en su único argumento vamos poner la columna *Costo total* de la tabla *Pedidos*.

Aquí también contamos con el IntelliSense

Figura 5. 28 – Agregando Medida con la función MEDIAN

Percátate como ahora en el área de medidas aparece la recién creada, junto con el resultado aplicado a toda la tabla *(Si se hacen filtros en la tabla el resultado cambia mostrando el valor de la medida de acuerdo a la tabla visible en Power Pivot)*. Sino observas el nombre completo ni el cálculo vuelve la columna más ancha hasta que pueda observar todo.

NOTA

La función **MEDIAN** en Power Pivot se **estrenó en la versión de Office 2016**, por lo que, si el lector está trabajando con Office 2010 o 2013 debe buscar una alternativa, para ello véase el Anexo B que provee un patrón o Snippets DAX alterno para crearla.

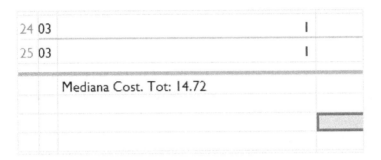

Figura 5. 29 – Medida Creada

Para dejar claro la función MEDIAN, demos una definición: La función MEDIAN en DAX retorna la mediana de los números de una columna, esta función cuenta con un único argumento y es precisamente la columna deseada, su sintaxis: MEDIAN (<Columna>). El tipo de valor que retorna es un número decimal.

Función
MEDIAN

Procedamos en este instante a crear una tabla dinámica con el modelo de datos justo debajo de la tabla dinámica creada anteriormente, quien además tenga la misma configuración en las áreas de colocación, exceptuando el campo en el área de valores; allí vamos agregar la medida recién creada, *[Mediana Cost. Tot]*, está la podemos encontrar en donde están los campos de la tabla *Pedidos* dado que fue en dicha tabla en Power Pivot donde se creó, observa que las medidas tienen el símbolo *Fx* en su extremo izquierdo para así identificar que fue una medida creada de manera explícita en el *Modelo de Datos* / Power Pivot.

Tabla
Dinámica
con DAX

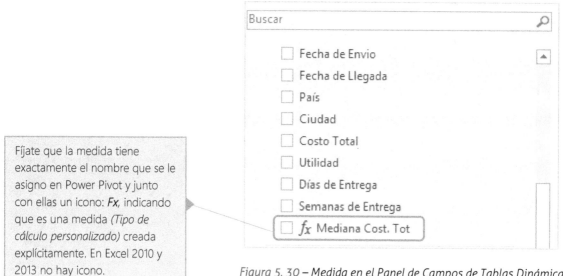

Fíjate que la medida tiene exactamente el nombre que se le asigno en Power Pivot y junto con ellas un icono: *Fx*, indicando que es una medida *(Tipo de cálculo personalizado)* creada explícitamente. En Excel 2010 y 2013 no hay icono.

Figura 5. 30 – Medida en el Panel de Campos de Tablas Dinámicas

Una vez identificada la medida llevamos esta al área de valores de la tabla dinámica.

Pausemos un Momento

Fíjate como el tipo de cálculo ("La función de Resumen") ha sido previamente definida antes de ser agregada al área de valores, esto es explícito y brinda con ello beneficios extraordinarios, por esto si lo que necesitas es una SUMA acostúmbrate a hacerlo todo de manera explícita.

Presta especial atención mi amigo como los resultados de ambos reportes son similares más no idénticos, pues sabemos que tanto el promedio como la mediana son medidas estadísticas de centralización, pero con diferentes enfoques y escenarios de aplicación donde una puede ser de mayor utilidad que otra. La mediana es excelente cuando tenemos valores atípicos y queremos omitirlos, por ejemplo, descuentos que incrementan las ventas, y deseamos hacer un análisis con los valores más comunes.

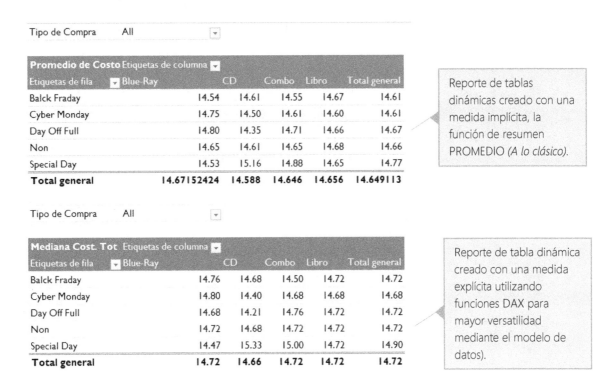

Tipo de Compra   All

Promedio de Costo Etiquetas de columna					
Etiquetas de fila	Blue-Ray	CD	Combo	Libro	Total general
Balck Fraday		14.54	14.61	14.55	14.67	14.61
Cyber Monday		14.75	14.50	14.61	14.60	14.61
Day Off Full		14.80	14.35	14.71	14.66	14.67
Non		14.65	14.61	14.65	14.68	14.66
Special Day		14.53	15.16	14.88	14.65	14.77
Total general	14.67152424	14.588	14.646	14.656	14.649113

Reporte de tablas dinámicas creado con una medida implícita, la función de resumen PROMEDIO (*A lo clásico*).

Tipo de Compra   All

Mediana Cost. Tot Etiquetas de columna					
Etiquetas de fila	Blue-Ray	CD	Combo	Libro	Total general
Balck Fraday		14.76	14.68	14.50	14.72	14.72
Cyber Monday		14.80	14.40	14.68	14.68	14.68
Day Off Full		14.68	14.21	14.76	14.72	14.72
Non		14.72	14.68	14.72	14.72	14.72
Special Day		14.47	15.33	15.00	14.72	14.90
Total general	14.72	14.66	14.72	14.72	14.72

Reporte de tabla dinámica creado con una medida explícita utilizando funciones DAX para mayor versatilidad mediante el modelo de datos).

Figura 5. 31 – Tablas Dinámicas

Reflexionemos acerca de lo que acaba de suceder:

- Con las Medidas podemos indicar de manera explícita lo que queremos hacer en el área de valores.

- Las Medidas utilizan DAX, y como el lector pudo haber notado de su exploración contamos con un buen número de funciones *(que por cierto no para allí)*

- Contamos en el lenguaje DAX con las antiguas funciones y nuevas, yendo más allá de lo que incluso pudimos imaginar

- La Medidas y el lenguaje DAX sirven perfectamente para múltiples tablas relacionadas.

¿Estás viendo lo mismo que yo? ¡TODO EL PODER Y POSIBILIDADES PARA CREAR CALCULOS PERSONALIZADOS, ÚNCIAMENTE LIMITADOS POR NUESTRA IMAGINACIÓN! – *Y ESTO ES SOLO EL PRINCIPIO.*

Definición del Modelo de Datos y Otros

Antes de finalizar este capítulo definamos qué es el modelo de datos y otros conceptos relacionados.

Definición: El Modelo de Datos

El Modelo de Datos consiste en el conjunto de tablas, relaciones mediante declaraciones, Medidas, Columnas Calculadas, Jerarquías, KPIs y otros objetos para expandir las facultades y realizar análisis de datos orientado a Business Intelligence.

Definición: El Modelo de Datos Interno

El Modelo de Datos Interno son las posibilidades que tenemos en aquellas versiones de Office que no tienen el complemento de Power Pivot full, con ello podemos utilizar una pequeña parte del modelo de datos como crear relaciones *(NO mediante vista de diagrama)* y utilizar el tipo de función de resumen: Contar Distintos; Así podemos crear modelos de datos con el uso de Power Pivot indirectamente.

Definición: Columna Calculada

Tipo de Cálculo personalizado que extiende las columnas de una tabla mediante operaciones entre otras columnas, elementos y con el lenguaje DAX. Las columnas calculadas no suponen una revolución como las medidas, pero tienen aplicaciones avanzadas baste interesantes y de utilidad, además sí que brindan muchas más capacidades que la antigua opción clásica de columnas calculadas.

Definición: Medidas

Tipo de Cálculo personalizado que nos permite crear todo tipo de resumen para el cuerpo de una tabla dinámica mediante el uso del lenguaje DAX, a esta las llamamos *Medidas Explícitas*, para diferenciarlas de las funciones por efecto *Medidas Implícitas*.

El Siguiente Paso

En el próximo capítulo vamos a realizar un emocionante recorrido por las funciones y conceptos básicos del lenguaje DAX. para así ir familiarizando con las más comunes, que para nosotros, los usuarios de Excel, es bastante fácil e intuitivo pues los fundamentos en DAX empalman a la perfección con las funciones clásica en Excel, de allí veremos que muchísimas de ellas son similares, lo anterior es una parte importante para ir ganando terreno y posteriormente adentrarnos conceptos más complejo y utilidades avanzadas, y así convertirnos en unos verdaderos gladiadores en la construcción de modelos de datos y el lenguaje DAX. *¿Qué Esperamos? ¡A la Carga!* →

La Presente Página se ha dejado en Blanco de forma deliberada.

Capítulo 6

Descifrando los Crujientes Nuevos Cálculos

Ya conocimos e introdujimos los dos nuevos tipos "crujientes" de cálculos personalizados: Columnas Calculadas y Medidas, no obstante, antes de continuar con el lenguaje DAX repasaremos estos dos tipos de cálculos para ver unos puntos críticos.

Columnas Calculadas: Análisis

Para estar 100% seguros de que las comprendemos en un primer nivel vamos a estudiar el Campo Calculado: Costo Total.

> **1.** Percátate como la fórmula es igual para toda la columna, dicho de otro modo, si seleccionamos "celda por celda" verás que las fórmulas son exactamente idénticas.

> **2.** A pesar de que es la misma fórmula, para cada celda de la columna, los valores son diferentes, esto es así porque la operación indicada se ejecuta en la fila actual.

`=TABLA_Pedidos[Costo del Producto]+[Costo de Envio]+[Costo Empaque]`

Costo del Producto	Costo de Envio	Costo Empaque		Costo Total
6.36	6.36	3		15.72
5.25	3.25	3		11.5
8.99	5.99	3		17.98
7.84	4.84	3		15.68
8	6	3		17

Figura 6. 1 – Analizando Columna Calculada Costo Total

> **3.** Este valor de la "celda" se calcula con la fila actual, así: 17.98 = 8.99+5.99+3, esto es asi, porque de esta manera lo señala el DAX Engine. Puedes imaginar dicha fórmula como una función matricial, o si lo prefieres puedes visualizarlo como un bucle que va iterando, filtrando fila por fila y aplicado la fórmula señalada, donde dicho bucle arranca en 1 y termina en la última fila de la tabla.

¡Toma Nota!

No se puede hacer referencia a una celda individual en Power Pivot, recuerda que en el modelo de datos la referencia trabaja con columnas y tablas, nunca con celdas individuales, si se desea que una serie de filas tenga un compartimiento diferente se debe utilizar funciones como IF o SWITCH.

Las Columnas Calculadas se ejecutan y crean antes de tener una tabla dinámica, por lo que estas columnas se almacenan en memoria y ocupan espacio, dado que su creación es antes decimos que las columnas calculadas se determinan en tiempo de carga.

Medidas: Añadir Implícitas como Explicitas Rápido

Como mencionamos en el capítulo anterior es importante acostumbrarse a crear todas las medidas explícitas, incluso aquellas que están por defecto en tablas dinámicas; de hecho, Microsoft sabe esto y por eso puso a nuestra disposición las opciones de autosuma, para crearlas rápidamente. PESTAÑA diseño, Grupo CÁLCULOS, Comando AUTOSUMA opción SUMA.

Figura 6. 2 – Opción Autosuma para Medidas

Puedes notar la ausencia en las opciones de Autosuma de Producto, Desviación estándar muestral y poblacional, es así porque a lo largo de los años no han sido ampliamente utilizadas, en lugar a ellas tenemos Recuento Distinto, la cual es muy útil para el análisis, en todo caso si necesitas Producto o desviación estándar, el lenguaje DAX lo permite "todo".

Con Autosuma no tenemos excusas para crear medidas implícitas, puedes agregar todas ágilmente. Debes tener en cuenta que si se desea la suma de costo total debes dejar la celda activa en el área de medidas debajo de la columna costo total.

Como las medidas se agregaron en la tabla *Pedidos* podemos encontrarlas en el panel de campos desplegando las columnas de la misma tabla, de allí podemos llevar la suma al área de valores, tipo de compra y descuento al área de filas y descuento (%) al área de columnas.

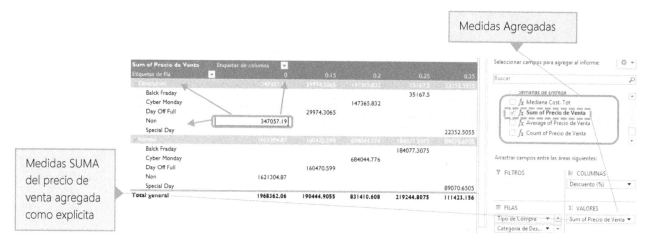

Figura 6. 3 – Medidas Agregadas con Autosuma

La medidas se calculan de acuerdo a las coordenadas de una celda especifica en el cuerpo de la tabla dinámica, por ejemplo, tome el valor 347057.19 de la imagen anterior, dicho número se calcula porque está restringido por: *Non*, *0* y *Devolución*; es decir por el conjunto de elementos que rodea la celda *(el conjunto de filtros que se aplicaría si todo estuviere en una tabla unificada donde posteriormente se aplica la fórmula señalada)* a este conjunto de

Contexto de Filtros

celdas las llamamos contexto de filtros; puedes leer la medida *Suma of Precio de Venta* como: La Suma de los valores de la columna Precio de Venta en el contexto Actual, así es más preciso.

Tiempo de Consulta

Las medidas se calculan en tiempo de consulta, es decir, cuando se agrega al área de valores, por lo que no ocupa espacio en memoria, solamente se ejecuta en esta circunstancia, antes solo es definición.

Otra Forma de Agregar Medidas

Hasta el momento hemos agregados medidas desde la ventana de Power pivot en el área de medidas, sin embargo, también lo podemos hacer desde Excel, simplemente vamos a la pestaña POWER PIVOT, GRUPO CÁLCULOS, desplegamos las opciones de MEDIDAS y pulsamos clic en NUEVA MEDIDA.

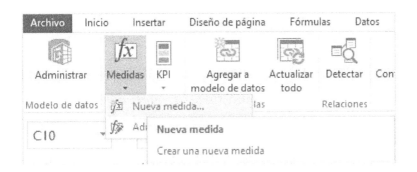

Figura 6. 4 – Agregar Medida Desde Excel

NOTA

También puede desplegar el cuadro de diálogo medidas pulsando clic derecho encima del nombre de una tabla en el panel de campos de tablas dinámicas.

Con eso, aparece un cuadro de diálogo llamado MEDIDAS, añadimos aquí por ejemplo la desviación estándar.

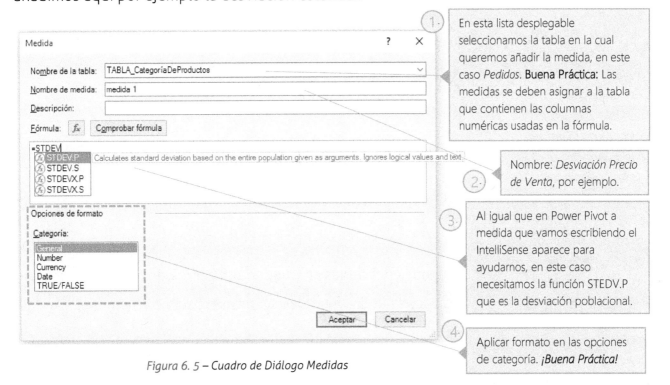

1. En esta lista desplegable seleccionamos la tabla en la cual queremos añadir la medida, en este caso *Pedidos*. **Buena Práctica:** Las medidas se deben asignar a la tabla que contienen las columnas numéricas usadas en la fórmula.

2. Nombre: *Desviación Precio de Venta*, por ejemplo.

3. Al igual que en Power Pivot a medida que vamos escribiendo el IntelliSense aparece para ayudarnos, en este caso necesitamos la función STEDV.P que es la desviación poblacional.

4. Aplicar formato en las opciones de categoría. *¡Buena Práctica!*

Figura 6. 5 – Cuadro de Diálogo Medidas

NOTA

¿Dónde es Óptimo escribir las Medidas?

Los usuarios de Excel deberían escribir las fórmulas DAX desde Excel utilizando el cuadro de diálogo, debido a que brinda una experiencia amena y después de crearla se agrega inmediatamente a la tabla dinámica con lo cual podemos visualizar instantáneamente si lo que hemos elaborado es lo deseado.

Opciones de Formato

Acostúmbrate a establecer el formato de la medida *(porcentaje, moneda, etc.)* en las opciones de formato del cuadro de diálogo *(Véase la figura anterior ayuda visual 4)* ya que cuando se aplica allí se empleará a cualquier tabla dinámica que creemos y que use dicha medida. Si te has acostumbrado a crear las medidas en Power Pivot asigna el formato

Columnas Calculadas Vs Medidas

Llegados a este punto somos más que consientes que los dos tipos de cálculos son bien diferentes, el valor de una columna calculada se ejecuta en tiempo de carga y se determina fila a fila, por otra parte, una medida se calcula en tiempo de consulta y depende de cómo configuremos los campos en la tabla dinámica.

Cuando Utilizar el Uno o el Otro

Como los dos tipos de cálculo son el centro de gravedad de Power Pivot vamos a recalcar aún más, la diferencia entre una columna calculada y une medida en el modelo de datos, con el apoyo de las dos tablas que dejamos abajo.

Tabla 6. 1 Cuando Utilizar Columna Calculada o Medida

Columna Calculada

Cuando se necesitan elementos extras para Slicer o Área de Colocación.

Crear una Expresión que esté ligada a la fila actual.

Categorizar números o textos.

Medidas

Cuando se quiera mostrar un cálculo en el área de valores

Cuando queramos elaborar un modelo de datos eficiente

¡El Ganador!

En algunas ocasiones se pueden utilizar las dos opciones, cuando esto suceda utiliza medidas, ahorran espacio en memoria.

Algunos Fundamentos

Antes de dar un tour por las funciones DAX más comunes vamos a ver una serie de conceptos básicos pero imprescindibles.

Tipos de Operaciones

Como se pudo apreciar en la creación de las columnas calculadas pudimos utilizar la suma con el operador (+), el modelo de datos cuenta con sus operadores bien definidos y para no dejar lugar a situaciones ambiguas las tablas siguientes los detallan.

| Tabla 6. 2 | Operadores Aritméticos en el Modelo de Datos |

Símbolo	Descripción
+	Adición Matemática
-	Sustracción Matemática
*	Multiplicación Matemática
/	División Matemática
^	Potenciación Matemática

| Tabla 6. 3 | Operadores de Comparación en el Modelo de Datos |

Símbolo	Descripción
=	Igualdad
<>	Diferente de
>	Mayor Que
>=	Mayor o Igual Que
<	Menor Que
<=	Menor o Igual Que

NOTA

Los operadores lógicos también tienen sus equivalentes en el lenguaje DAX, con sintaxis muy parecidas a las de Excel (AND, OR, NOT).

Las Disyunción lógica Exclusiva (XOR) no está disponible.

Tabla 6. 4	Operadores Lógicos

Símbolo	Descripción
&&	*Conjunción Lógica (Y)*
||	*Disyunción Lógica Inclusiva (O)*
!	*Negación Lógica*

Tabla 6. 5	Operadores de Texto

Símbolo	Descripción
&	*Concatenación*

Orden de Cálculos

Estas operaciones son similares a las de Excel, lo nuevo son los operadores lógicos, no obstante, adaptarse a ellos es bastante rápido. Así como en la hoja de cálculo *(Excel)*, las operaciones en Power Pivot siguen un orden de ejecución, así:

NOTA

Podemos alterar el orden en el que se ejecutan los cálculos por defecto mediante la utilización de paréntesis (), al igual que en Excel.

- Ejecutar Multiplicaciones y Divisiones (*,/)
- Ejecutar Sumas y Restas (+,-)
- Ejecutar Concatenaciones (**&**)
- Ejecutar Operaciones Lógicas (<,>,<=,>=,**&&,||,!**)

¡Toma Nota!

Todas las operaciones a excepción de las de texto se agrupan en categorías de precedencia, estas que tienen el mismo nivel se ejecutan de izquierda a derecha.

Tipos de Datos

El término tipos de datos en el modelo de datos se utiliza para englobar el atributo de una columna sobre la clase de datos que hospeda, para ponerlo simple: el tipo de dato indica si es un número, texto, moneda, etc. El lenguaje DAX soporta siete tipos de datos con los cuales puede realizar operaciones sin ninguna dificultad, la siguiente tabla los nombra y describe fugazmente.

Tabla 6. 6	Tipos de Datos en Power Pivot
Símbolo	*Descripción*
Integer	*Número entero que puede almacenar 64 Bits*
Float	*Número decimal con doble precisión*
Currency	*Número decimal con coma decimal variable para moneda*
Date	*Número decimal donde la parte entera indica el día y la fracción hora*
True/False	*Valor Booleano falso o verdadero*
Text	*Un texto, como un String en VBA*
BLOB	*Utilizado en imágenes (Power Pivot no lo Soporta ¡NO LE AGRADA MUCHO! =))*

NOTA

El Tipo de dato BLOB es utilizado por Power View para mostrar imágenes que se almacenan directamente en el modelo de datos, aparece aquí para cuando se utilice el modelo de datos en Power Pivot todo sea compatible y la imagen se muestre correctamente.

¡Toma Nota!

El DAX Engine tiene un poderoso y refinado sistema para manejo y detección de tipos de datos, por lo que en la gran mayoría de situaciones u ocasiones no debemos preocuparnos por esto. La detección del tipo de datos se basa en la operación que se haga entre columnas y no los tipos de datos involucrados.

La Habitación de las Funciones (Comunes) DAX

Es tiempo de dar un breve vistazo a la "habitación" que contiene las funciones DAX más comunes y así irnos habituado a ellas, en esta sección las veremos agrupadas en categorías, mencionando algunas brevemente, dado que el uso de las funciones DAX avanzadas y aplicaciones robustas requiere de cierta teoría fundamental que será tratada en el próximo capítulo, no obstante, en la presente sección veremos un grupo "selecto" de funciones DAX para hacer cosas bien interesantes.

¿Has visto el icono Fx en la barra de fórmulas DAX en la ventana de Power Pivot?, apuesto a que sí, hasta me atrevo a decir que has explorado este cuadro de diálogo, pues bien, vamos a él y despleguemos, allí veremos las categorías.

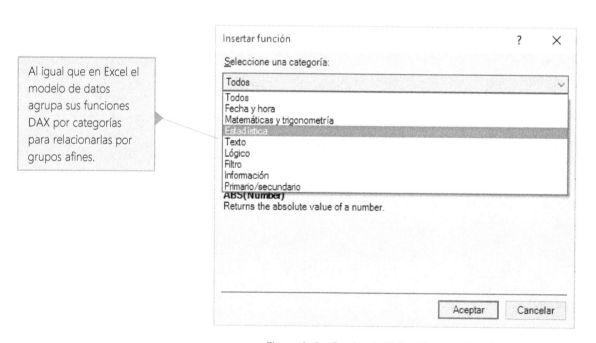

Figura 6. 6 – Cuadro de Diálogo Insertar Funciones

Como se puede observar en la figura anterior, tenemos ocho categorías de funciones, pues bien, este cuadro de diálogo nos está engañado, la verdad es que tenemos diez categorías:

- Fecha y Hora
- Matemáticas y Trigonométricas
- Estadísticas
- Texto
- Lógicas
- Filtro
- Información
- Primario / Secundario
- Time Intelligence
- Misceláneas

La primera es Time Intelligence, este grupo de funciones es increíblemente sorprendente, solo con esta categoría podemos determinar unos cálculos para nuestros análisis de otra dimensión; time Intelligence no aparece allí listado porque estos se habilitan con ciertas características, esto es tablas de calendario cuya importancia requiere de su propio capítulo que se verá más adelante. Por otra parte, la categoría Misceláneas encierra unas funciones que no pueden ser asignadas a ninguna categoría.

Nosotros personalmente también a algunas de estas categorías las subdividamos en grupos aún más pequeños, por ejemplo:

- Estadísticas
  - ✓ Funciones de Conteo
  - ✓ Funciones Descriptivas

Así mismo, es bien conocida una categoría "virtual" de funciones llamadas de agregación, categoría la cual contiene funciones de otras categorías, a continuación, se listan las más usuales.

- Funciones de Agregación:
    1. SUM
    2. PRODUCT
    3. AVERAGE
    4. STDEV.S
    5. STDEV.P
    6. MAX
    7. MIN
    8. VAR.P
    9. VAR.S
    10. MEDIAN
    11. PERCENTILE.EXC
    12. PERCENTILE.INC
    13. DISTINCCOUNT
    14. COUNT

En esta sección vamos a estudiar:

- Funciones de Agregación
- Funciones de Conteo
- Funciones Lógicas
- Funciones de Fecha y Hora
- Funciones de Información
- Funciones de Texto

Funciones de Agregación

Para entender esta categoría de funciones vamos a crear la siguiente columna calculada de forma provisional, =SUM(TABLA_Pedidos[Costo Total]). Observemos el resultado.

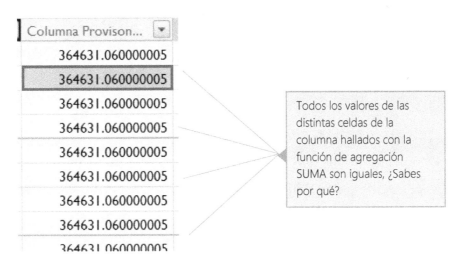

Figura 6. 7 – Columna Calculada Provisional

El resultado a lo largo de cada celda de la columna es igual *¿Por qué? - No habíamos visto que las columnas calculadas operan como si se fuera filtrando fila por fila y aplicando la fórmula señalada*, es decir, lo que realmente deberíamos esperar es que cada celda tuviera exactamente el mismo valor que su celda correspondiente en la columna costo total, esa sería la lógica *¿Cierto?*, a pesar de ello, si nos detenemos un momento y pensamos en la función MAX, PRODUCT, MEDIAN, etc. Ellas darían el mismo resultado, por lo que seguir esta lógica tiene algo bien extraño, con las funciones de agregación estaríamos replicando otra columna, lo cual aparte de ser un desperdicio, también sería algo absurdo *¿No crees?* Ya sabemos a lo que voy y cuál es la conclusión de ello, incluso ya sabrás a que corresponde los valores que aparecen en la figura, para dejarlo transparente pongámoslo en la siguiente nota.

¡Toma Nota!

Las funciones de agregación siempre se aplican a la columna entera y se expanden si se agregan más registros, de esta manera cada una tendrá un resultado distinto (Entre Funciones de Agregación). En la figura anterior todos los resultados son iguales porque se aplica a la columna completa y permanece constante en todas las celdas.

Funciones de Conteo (De las Funciones Estadísticas)

Las funciones de conteo son aquellas que nos sirven para, valga la redundancia, contar todos los elementos de una columna o tabla que cumplan con ciertas características, hay cinco claves que listamos inmediatamente.

NOTA

Todas las funciones de conteo descritas en la tabla son de agregación, sin embargo, no todas las funciones de agregación se listaron allí, las que no se mencionan aquí necesitan de cierta teoría para comprenderlas perfectamente por lo que se abarcan en capítulos posterior.

Tabla 6. 7   Funciones Claves de Conteo

Función	Descripción
COUNT	Cuenta el número de celdas en una columna que tienen números.
COUNTA	Cuenta el número de celdas que tienen números, valores lógicos y texto en columna.
COUNTBLANK	Cuenta el número de celdas vacías en una columna.
COUNTROWS	Cuenta el número de filas que tiene una tabla.
DISTINCTCOUNT	Cuenta el número de celdas diferentes en una columna.

Para simplificar, de ahora en adelante cada vez que creemos una medida aparecerá así:

Nombre_Tabla[Nombre Medida]:=FUNCIÓN(Tabla[Columna])

Ejemplifiquemos para mayor claridad.

TABLA_Pedidos[Mediana Cost.Tot]:=

MEDIAN(TABLA_Pedidos[Costo Total])

Esta fue la medida que creamos en el capítulo cinco con nombre. *Mediana Cost. Tot*, que calcula la mediana de la columna Costo Total de la tabla pedidos, habrán funciones con más de un argumento, eso se separa por punto y coma (;). Por otra parte, las columnas calculadas se indicarán así:

[Utilidad]=[Precio de Venta]-[Costo Total]

Vislumbremos el basto universo del lenguaje DAX con las recién introducidas funciones de conteo, para ello proseguimos a crear las siguientes medidas en su orden:

TABLA_Pedidos[# de días que hubo ventas]:=
DISTINCTCOUNT(TABLA_Pedidos[Fecha de Envio])]

TABLA_Pedidos[Transacciones]:=
COUNTROWS(TABLA_Pedidos)

TABLA_Pedidos[Consistencia]:=
[# de días que hubo ventas]/[Transacciones]

Ahora sí, creamos un reporte donde el campo fecha de envió vaya en el área de filas y la última medida en el área de valores, tenemos:

NOTA

La diferencia para indicar los dos tipos de cálculos radica en su operador de asignación, para medidas se utiliza dos puntos e igual (:=) después del nombre y antes de escribir la fórmula, mientras que para columnas calculadas se utiliza el signo igual solito (=).

Etiquetas de fila ⌄	Consistencia
⊞ 1999	32 %
⊞ 2000	27 %
⊞ 2001	27 %
⊞ 2002	26 %
⊞ 2003	27 %
⊞ 2004	27 %
⊞ 2005	27 %
⊞ 2006	27 %
⊞ 2007	27 %
⊞ 2008	27 %
⊞ 2009	23 %
⊞ 2010	21 %
⊞ 2011	21 %
⊞ 2012	21 %
⊞ 2013	21 %
⊞ 2014	18 %
⊞ 2015	15 %
Total general	**23 %**

Figura 6. 8 – Reporte de Consistencia de Ventas

¿*Sabes que estás viendo?* Del total de días con ventas en el año, cuanto porcentaje correspondió a días diferentes, por ejemplo, en 1999 el 32% de las ventas se realizaron en días diferentes, por lo que podrías concluir que necesitamos más consistencia en las ventas diarias, de hecho, si se observan los dos últimos años te puedes percatar que la consistencia ha bajado aún más, con esto podemos entrar a revisar aspectos internos, se pensaría en estrategias para incrementar la consistencia y así impactar en mayores ingresos. Ahora, podemos agregar la siguiente medida:

TABLA_Pedidos[Ventas por día]:=

[Sum of Precio de Venta] /[# de días que hubo ventas]

Podemos hacer el reporte más robusto agregando esta última medida al área de filas.

Etiquetas de fila ⏷	Consistencia	Ventas por día
⊞ 1999	32 %	$483
⊞ 2000	27 %	$513
⊞ 2001	27 %	$475
⊞ 2002	26 %	$521
⊞ 2003	27 %	$495
⊞ 2004	27 %	$462
⊞ 2005	27 %	$529
⊞ 2006	27 %	$552
⊞ 2007	27 %	$477
⊞ 2008	27 %	$491
⊞ 2009	23 %	$554
⊞ 2010	21 %	$660
⊞ 2011	21 %	$592
⊞ 2012	21 %	$627
⊞ 2013	21 %	$637
⊞ 2014	18 %	$703
⊞ 2015	15 %	$933
Total general	23 %	$576

Figura 6. 9 – Reporte de Consistencia y Días de Ventas

Agrupación

¡Elegante no es así! A parte de ver la consistencia de las ventas podemos observar a su vez el ingreso monetario que se ha obtenido por día, es más, podríamos añadir las medidas # de días que hubo ventas y transacciones.

Funciones Lógicas

Es prácticamente pan de cada día construir pruebas lógicas para emplear cálculos diferentes dependiendo del valor de una columna, incluso en Excel podemos darle una importancia sobrevalorada a la función SI(). Con las condiciones lógicas también interceptamos errores o las utilizamos para categorizar números o texto y delimitar segmentos.

La tabla acotninuacín nombra y describe las funciones de la categoría lógicas más utilizadas en Power Pivot, todas ellas equivalentes con las de Excel.

Tabla 6. 8   Funciones Lógicas

Función	Descripción
AND	Verifica si todos los argumentos son Verdaderos y retorna True (Verdadero) si lo son.
FALSE	Retorna el valor booleano False (Falso).
IF	Verifica si una condición se cumple y dependiendo de ello ejecuta una expresión.
IFERROR	Retorna lo especificado en el segundo argumento si hay un error.
NOT	Cambia de False a True o de True a False.
OR	Verifica si alguno de los argumentos es verdadero, si lo es retorna True (Verdadero).
SWITCH	Retorna resultados diferentes dependiendo del valor en la expresión (Un IF Sofisticado)
TRUE	Retorna el valor lógico True (Verdadero).

NOTA

No hay nada nuevo aquí, todas estas funciones son viejos conocidos de nosotros, solo que ahora los tenemos en el lenguaje DAX esperando a ser utilizadas en tablas dinámicas que es esa pizca de sabor explosivo adicional.

Creemos un reporte de tabla dinámica con el modelo de datos en una nueva hoja de Excel.

¡Toma Nota!

Todas las medidas creadas en la tabla dinámica anterior, en el modelo de datos del libro para ser más precisos, se mantienen en todo nuevo reporte que se cree con dicho modelo de datos, un bondadoso beneficio de Power Pivot. ¡Crea, empaca y utiliza en cualquier lugar!

Creemos la siguiente Columna Calculada.

```
[Abreviación T. Compra]
=IF( [Tipo de Compra]="Normal";
                "V";
                IF([Tipo de Compra]="Devolución";"D"))
```

Solo una sencilla columna que acorta las palabras, una abreviación, esto capta la esencia de la función IF, nada extraño, nada nuevo. Ahora la misma expresión, pero utilizando SWITCH.

```
[Abreviación T. Compra]=SWITCH(
                [Tipo de Compra];
                "Normal";      "N";
                "Devolución";"D"
                )
```

La función SWITCH es mucho más fácil de leer que su "melliza" IF, sobre todo cuando hay una gran cantidad de condicionales.

¡Toma Nota!

Si deseas probar múltiples condicionales con la función SWITCH utilice TRUE() en el primer argumento y en los demás realiza las comparaciones usando los operadores lógicos.

=SWITCH(TRUE(); [Campo1]="A" &&[Campo2]="B", "Resultado 1"
*   [Campo1]="B" &&[Campo2]="C", "Resultado 2")*

Funciones de Fecha y Hora

La fecha, nunca puede faltar en una base de datos, así mismo contamos con un grupo de funciones de fecha y hora, algunas de ellas muy similares a las de Excel. A continuación, se describen algunas.

NOTA

Hay otro buen puñado de funciones de fecha y hora (sin mencionar time Intelligence) que las que se muestran en la tabla, no obstante, se describen las que tienen mayor probabilidad de uso cuando se está iniciando en el lenguaje DAX del modelo de datos.

Tabla 6. 9 Algunas Funciones de Fecha y Hora

Función	Descripción
DATE	Retorna una fecha bien formateada. Ejemplo: =DATE(2008,1,-15) retorna: diciembre 16, 2007.
DATEDIFF	Retorna las unidades en intervalo de fechas.
DATEVALUE	Convierte un texto en formato fecha. Ejemplo=DATEVALUE("8/1/2009") devuelve: August 1st of 2009
DAY	Retorna un número de 1 a 31 que indica el día del mes.
HOUR	Retorna un número de 0 a 23 que indica la hora del día.
MINUTE	Retorna un número de 0 a 59 que indica el minuto de la hora.
MONTH	Retorna un número de 1 a 12 que indica el mes del año.
TIME	Convierte hora, minuto y segundo a formato.
TIMEVALUE	Convierte una hora en formato texto a formato fecha.
TODAY	Devuelve la fecha actual (Según el Sistema).
WEEKDAY	Retorna un número de 1 a 7 que indica el día de la semana.
YEAR	Extrae el año de una fecha.
YEARFRAC	Calcula la fracción del año dado dos fechas.

¡Toma Nota!

Cuando agregamos un campo de fecha a alguna de las áreas de colocación, automáticamente se agrupan por años, meses y trimestres en Excel 2016, esto incide en Power Pivot creando columnas calculadas automáticamente en la tabla que contiene dicho campo, en nuestro caso el campo fecha de envío de la tabla pedidos.

Funciones de Información

Cada vez que necesitamos verificar o analizar el tipo de dato de una columna, las funciones de información vienen al rescate, al igual que la gran mayoría de las anteriores, son muy similares a las de Excel. Rescatamos las más intuitivas en la tabla enseguida.

NOTA

Todas las funciones de información devuelven uno de dos valores. FALSE (Falso) o TRUE (Verdadero).

Tabla 6. 10	Funciones de Información

Función	Descripción
ISBLANK	Verifica si el valor es BLANK() devolviendo TRUE si es afirmativo, de otro modo FALSE.
ISERROR	Verifica si el valor es un Error devolviendo TRUE si es afirmativo, de otro modo FALSE.
ISEVEN	Verifica si el valor numérico es par, devolviendo TRUE si es afirmativo, de otro modo FALSE.
ISLOGICAL	Verifica si el valor es Booleano devolviendo TRUE si es afirmativo, de otro modo FALSE.
ISNOTEXT	Verifica si el valor NO es tipo texto devolviendo TRUE si es afirmativo, de otro modo FALSE.
ISNUMBER	Verifica si el valor es de tipo numérico (Integer, Double, Currency) devolviendo TRUE si es afirmativo, de otro modo FALSE.
ISTEXT	Verifica si el valor es de tipo texto devolviendo TRUE si es afirmativo, de otro modo FALSE.

Funciones de Texto

Casi todas las funciones de texto DAX son similares a las que están en Excel, con algunas pocas excepciones.

Tabla 6. 11   Algunas Funciones de Texto

Función	Descripción
CONCATENATE	Une dos cadenas de texto.
EXACT	Compara dos cadenas de texto, devuelve True si son idénticas de otro modo devuelve False.
FIND	Devuelve la posición de una cadena de texto dentro de otra.
FIXED	Redondea un número a las posiciones decimales especificadas como tipo texto.
FORMAT	Convierte un valor de acuerdo a un formato señalado.
LEFT	Retorna el número de caracteres especificados de una cadena de texto empezando desde la izquierda.
LEN	Devuelve el número de caracteres en una cadena de texto.
LOWER	Convierte todas las letras a minúsculas
MID	Devuelve el número de caracteres en una cadena de texto empezando desde una posición indicada.
REPLACE	Reemplaza parte de una cadena de texto basado en un número de caracteres especificados.
REPT	Repite un carácter dado un número de veces señalado.
SEARCH	Devuelve el número de posición de un carácter especificado dentro de una cada de texto.

Función	Descripción
SUBSTITUTE	Reemplaza un texto especificado por uno nuevo.
TRIM	Remueve todos los espacios en una cadena de texto exceptuando los espacios únicos que hay entre palabras.
UPPER	Convierte todas las letras a Mayúsculas.
VALUE	Convierte una cadena de texto que representa un número a tipo numérico.

¡Toma Nota!

También se pueden distinguir un conjunto de funciones que nos permiten pasar de un tipo de dato a otro, denominaos a este grupo: Funciones de Conversión: CURRENCY (Transforma una expresión en tipo moneda), INT(Transforma una expresión en tipo entero), DATE y TIME toma los valores en sus parámetros y devuelve en formato fecha, VALUE (Convierte un texto en numérico).

Atributos de Buenas Funciones

Antes de finalizar este capítulo vamos a ver una serie de conceptos para hacer nuestras fórmulas DAX robustas y claras.

Robustez: Manejo de Errores

Como en Excel una expresión puede contener valores inválidos, porque los datos a los que hace referencia también lo son, por ejemplo: división entre cero y la raíz de un número negativo. A lo largo de los años se han distinguido tres categorías de errores, estas son:

NOTA

Robustez: Cuan bien la fórmula DAX maneja errores, datos no válidos y otros problemas

Claridad: Cuán fácil es para alguien diferente al creador de la fórmula DAX, entenderla.

Categorías de Errores

- Errores de Conversión
- Errores Matemáticos
- Valores Vacíos o Faltantes

Errores de Conversión

Como se discutió previamente los tipos de datos en DAX se convierten automáticamente al ser cargados al modelo de datos, ya que también cuentan con un sistema sofisticado de conversión cuando se operan columnas, mira en la siguiente tabla como las operaciones convierten los datos y cuáles son las situaciones más comunes que pueden generar error.

Tabla 6. 12 Conversión con Operadores Automáticas

Función	Resultado	Tipo
"7"+28	35	Integer
"7"&24	724	Texto
7&24	724	Texto
False+False	0	Integer
False+True	1	Integer
True+True	2	Integer
False*False	0	Integer
False*True	0	Integer
True*True	1	Integer
False+28	28	Integer
DATE(2016;1;15)	15/1/2015	Date
DATE(2016;1;15)+30	14/2/2015	Date
Situaciones Inválidas		
"2+2"+7	#ERROR	
DATE("2016/1/15")	#ERROR	
"False"+28	#ERROR	

NOTA

¡OJO! Si una fila resulta en error, entonces todos los demás valores de la columna serán errores independientemente si la operación es válida para filas específicas, el hecho de encontrar un solo error propaga este mismo en toda la columna, por esto es necesario manejarlos e interceptarlos correctamente.

Para evitar los errores de conversión es una buena práctica asegurarse que el tipo de datos que esperamos de una columna sea el que necesitemos, para ello contamos con las funciones de conversión y la función lógica IFERROR, por ejemplo:

```
[Nueva Columna]=IFERROR(
                VALUE([Precio]) *VALUE([Unidades]);
                BLANK()
                    )
```

Véase la imagen para ilustrar la situación para el manejo del error:

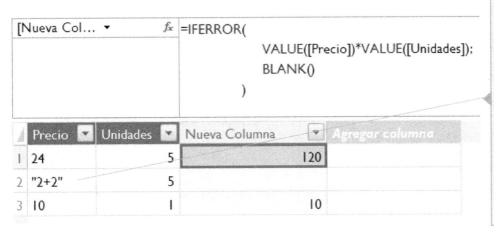

Figura 6. 10 – Manejo de Error de Conversión

Estos errores se producen porque matemáticamente son desconocidos o carecen de significado, ellos son:

Errores Matemáticas

- División entre cero
- Raíz Cuadrada de un número negativo
- Logaritmo de un número negativo

División Entre Cero

La primera situación, división por cero, es bastante especial porque en lugar de devolver un error, retorna un valor especial: infinito (∞). Esto varia respecto a Excel quien devuelve #¡DIV/0! Cuando una división por cero se ha realizado. *Existe una función llamada DIVIDE que nos permite realizar una división y a su vez definir qué valor queremos retornar cuando encuentre división entre 0; en un capítulo posterior del presente texto la veremos en un escenario aplicado.*

La acción de Power Pivot para el manejo de división por cero puede parecer contra intuitivo, ¡y lo es!, sin embargo, en algunas ocasiones puede ser beneficioso, teniendo en cuenta que cuando se divide entre infinito *(Un número muy grande)* retorna cero.

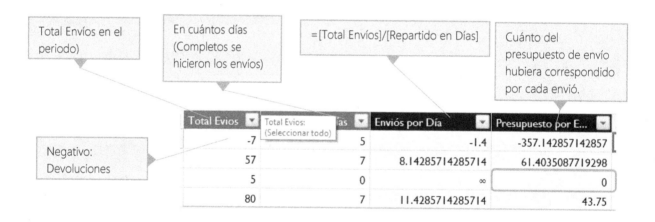

Figura 6. 11 – Ejemplo Con Infinito

Pausemos un Momento

El ejemplo anterior con infinito es algo tonto, lo sabemos, pero con esto podemos pensar en una manera de trabajo alterna a la que hemos estado acostumbrados en Excel ¿Puedes encontrar una situación en tú trabajo en el cual el manejo con infinito ayude?

Hay ciertas situaciones en las que manejar infinitos y ceros llevan a indeterminaciones matemáticas *(NaN en Power Pivot)*, es decir, no se sabe que puede pasar en dichos escenarios dado que puede dar un valor u otro *(fluctuar entre límites)*. Por lo anterior decimos que son indeterminados, ya que no contamos con la información suficiente para determinar cuál sería un valor exacto. El más común de las indeterminaciones es la división de cero entre 0, que ocasionalmente puede aparecer. Hay otras que son muy poco frecuentes pero que dejamos en la siguiente tabla por si en algún momento te encuentras con ellas.

Tabla 6. 13   Indeterminaciones Matemáticas

Función	Resultado	
$0/0$	NaN	Indeterminado
∞/∞	NaN	Indeterminado
$\infty - \infty$	NaN	Indeterminado
$0*\infty$	NaN	Indeterminado
0^0	NaN	Indeterminado
0^∞	NaN	Indeterminado
1^∞	NaN	Indeterminado

NOTA

Nan no es un error en Power Pivot, es un tipo especial de valor que podemos manipular a nuestra conveniencia, por esto si aparece un Nan en una fila no daña la columna completa solamente ponen Nan en la celda especifica. Por ejemplo, si somos conscientes de que valores Nan están apareciendo en la columna, podemos utilizar un condicional o la función SUBSTITUE para establecer que aparezca BLANK u otro valor que se ajuste a nuestro escenario.

Por otra parte, tratar de determinar la raíz cuadrada par de un número negativo, si arroja un error, y ello daña la columna completa, esto es fácil de prevenir.

Raíz Cuadrada Negativa

```
[Viabilidad]=IF(
        Datos[Determinante]>0;
        SQRT(Datos[Determinante]); BLANK()
        )
```

Logaritmo Negativo

Al igual que la raíz cuadra negativa devuelve un error, cuando se trata de determinar el logaritmo de un número negativo se estropea toda la columna, utiliza un condicional muy similar al anterior para interceptar el error y no obtener resultados inesperados.

Valores Vacíos o Faltantes

Los valores vacíos son datos faltantes o desconocidos en la base de datos. El lenguaje DAX del modelo de datos no los trata como un error por lo que no daña toda la columna si llegan a aparecer, para el lenguaje DAX es un tipo especial de valor, algo similar a lo que sucede con el tipo especial NaN.

Para el modelo de datos una celda vacía, valor faltante o valor en blanco es lo mismo: lo identifica con BLANK, el cual es una forma de representar esta condición especial de ausencia de valor.

Como pudimos ver en los ejemplos anteriores contamos con una función BLANK() para retornar este tipo especial de valor, el cual es diferente de una cadena de caracteres vacía ("") ya que cada uno tiene comportamientos diferentes. Podemos sonar insistentes, pero es importante que no se nos olvide.

NOTA

BLANK no es un número ni nada por estilo, es un tipo especial de valor, para manejar esta condición de faltante.

¡Toma Nota!

Cada vez que desee devolver un valor vacío utilice la función BLANK(), tal cual como se mostró en los ejemplos anteriores, de ningún modo utilice expresiones como: "" o " "". BLANK() es nuestro amigo, acostumbrémonos a utilizarlo.

Dejamos la siguiente tabla para que puedas consultar ágilmente el comportamiento que tiene BLANK cuando se hacen operaciones consigo misma o con otro tipo de valores.

Tabla 6. 14   Comportamiento de BLANK y las distintas operaciones

	Operación	Resultado
Consigo Mismo	BLANK() + BLANK()	BLANK()
	BLANK() - BLANK()	BLANK()
	BLANK() * BLANK()	BLANK()
	BLANK() / BLANK()	BLANK()
	BLANK() || BLANK()	False
	BLANK() && BLANK()	False
	BLANK() ^BLANK()	#ERROR
	BLANK() & BLANK()	BLANK()
Aritméticos	7*BLANK()	BLANK()
	28/BLANK()	∞
	0/BLANK()	Nan
	7*BLANK()	BLANK()
	28+BLANK()	28
	7-BLANK()	7
Condicionales	BLANK()>BLANK()	False
	BLANK()>=BLANK()	True
	BLANK()<BLANK()	False
	BLANK()<=BLANK()	True

No es necesario aprenderse de memoria la tabla, más bien es una noción general de su comportamiento, además, se ha escrito a modo de resumen para que de esta manera cada vez que tengas alguna duda del comportamiento de BLANK puedes acudir aquí rápidamente.

Claridad: Optimizar Lectura

Cuando creamos una fórmula DAX larga es una buena práctica acostumbrarnos a darle una forma que sea legible, no solamente para un tercero, sino también para nosotros mismos, ya que después de un tiempo de haberla desarrollado y necesitemos ajustarla, modificarla o reciclara, sea sencillo y rápido.

Tome el siguiente ejemplo de una fórmula DAX con una extensión bastante considerable.

NOTA

Véase el Anexo C para conocer la utilidad Online: **DAX Formatter**.

El DAX Formatter es una herramienta creada por el equipo de SQLBI que nos permite de manera ágil dar formato a fórmulas largas en Power Pivot, siguiendo las reglas que se listan en la página siguiente.

```
Mediana 2010-2013:=(MINX (FILTER( VALUES (
TABLA_Pedidos[Costo Total] );CALCULATE (COUNT (
TABLA_Pedidos[Costo Total] );TABLA_Pedidos[Costo
Total]<= EARLIER ( TABLA_Pedidos[Costo Total] ) )> COUNT (
TABLA_Pedidos[Costo Total]) / 2 );
TABLA_Pedidos[Costo Total])+ MINX (FILTER (VALUES (
TABLA_Pedidos[Costo Total] );
CALCULATE COUNT ( TABLA_Pedidos[Costo Total]
);TABLA_Pedidos[Costo Total]
<= EARLIER ( TABLA_Pedidos[Costo Total])) > ( COUNT
(TABLA_Pedidos[Costo Total] ) - 1 ) / 2 );
TABLA_Pedidos[Costo Total])) / 2
```

A parte de verse tétrico, es muy difícil de entender, llegando a los horizontes de lo imposible, no obstante, la idea es poder darle una presentación más apropiada. A continuación, se presentan una serie de pautas que se han ido estandarizando en el medio para clarificar las fórmulas DAX. Nosotros no hemos definido estas reglas, han sido los diferentes usuarios de Power Pivot que con el tiempo han llegado a estas convenciones y se han ido extendiendo al pasar de los años.

Reglas para la presentación de fórmulas DAX óptima.

- Siempre incluir un espacio después de un paréntesis.   Regla 1

- Poner un espacio antes y después de un operador sin importar su categoría.   Regla 2

- Si se tiene que dividir una expresión en múltiples líneas, poner el operador al principio de la nueva línea.   Regla 3

- Una función que se ha dividido en múltiples líneas debe siempre tener sus distintos argumentos en líneas diferentes.   Regla 4

- Omitir espacio entre el nombre de la tabla y el nombre de la columna.   Regla 5

- Utilizar las comillas simples cuando sea estrictamente necesario, es decir, cuando el nombre de una tabla contenga espacios.   Regla 6

- Omitir el nombre de la tabla cuando se está haciendo referencia a una medida.   Regla 7

- Poner un espacio después de un argumento si estos están en la misma línea. (Shift + Enter)   Regla 8

- Siempre utilizar el nombre de las tablas cuando se haga referencia a una columna   Regla 9

- Poner una función en la misma línea solamente si tiene un único argumento.   Regla 10

- Si una función está escrita en más de una línea, utilice Tab para indexar, así mismo, los paréntesis de apertura y cierre deben estar alineados.   Regla 11

Tomemos la formula DAX anterior y brindémosle el formato adecuado, su presentación sería así:

NOTA

La función es mucha más clara ahora. El uso de las funciones y sus distintos argumentos se pueden identificar fácilmente agilizando su interpretación, si bien, entender la función completamente con el conocimiento adquirido hasta ahora no es posible, es simplemente cuestión de entender y profundizar en las funciones DAX avanzadas que serán tratadas en un capítulo posterior.

```
TABLA_Pedidos[Mediana 2010-2013]:=(
        MINX (
          FILTER (
            VALUES ( TABLA_Pedidos[Costo Total] );
            CALCULATE (
              COUNT ( TABLA_Pedidos[Costo Total] );
              TABLA_Pedidos[Costo Total]
                <= EARLIER ( TABLA_Pedidos[Costo Total] )
            )
              > COUNT ( TABLA_Pedidos[Costo Total]) / 2
        );
        TABLA_Pedidos[Costo Total]
      )
        + MINX (
          FILTER (
            VALUES ( TABLA_Pedidos[Costo Total] );
            CALCULATE (
              COUNT ( TABLA_Pedidos[Costo Total] );
              TABLA_Pedidos[Costo Total]
                <= EARLIER ( TABLA_Pedidos[Costo Total])
            )
              > ( COUNT (TABLA_Pedidos[Costo Total] ) - 1 ) /
    2
        );
        TABLA_Pedidos[Costo Total]
      )
  ) / 2
```

¡Toma Nota!

Para facilitar la escritura de funciones DAX extensas con buenos estándares sigue estos Tips:

- *Si quieres hacer el texto más grande ya sea en la barra de fórmulas DAX o el cuadro de diálogo, utiliza Ctrl + el Scroll del mouse.*
- *Para añadir nuevas líneas utiliza el atajo de teclado Shift + Enter.*

Algo más Sobre Categorías

Habrás notado a lo largo del capítulo que las funciones conocidas como SUM, MAX Y PROMEDIO, por mencionar algunas, tienen un sufijo A o X *¿A qué se debe?*

Funciones con Sufijo A

Las funciones con un sufijo A están disponibles para manejar valores de tipo texto, en cuyo caso los toma como cero (0). Estas funciones si se aplican a columnas de texto no devuelven error sino 0, algunos ejemplos: AVERAGEA, MAXA, etc.

Funciones con Sufijo X

Las funciones con un sufijo X son bastante especiales y poderosas en el leguaje DAX, para entenderlas apropiadamente se requiere de cierta teoría previa por lo que se estudiaran más adelante.

El Siguiente Paso

Las funciones y conceptos vistos en este capítulo son únicamente la punta del iceberg del lenguaje DAX, todas las posibilidades y caminos que nos proporcionan simplemente son abrumadoras, pero, fascinante e impresionante, el próximo capítulo representa un "nuevo comienzo" donde empezamos a sumergirnos para conocer este inmenso tempano de opciones, análisis, toma de decisiones y más.

La Presente Página se ha dejado en Blanco de forma deliberada.

Capítulo 7

Nova Génesis

Hasta aquí hemos venido forjando los cimientos primordiales y esenciales en Power Pivot, tenemos las bases sólidas en la creación de los tipos de cálculos personalizados: Medidas y Columnas Calculadas, así como nociones básicas y generales pero claras sobre el Lenguaje DAX.

Este capítulo supone un punto de inflexión, una nova génesis *(Nuevo comienzo)* donde el crecimiento toma un giro vertiginoso pero excitante para empezar a volvernos unos verdaderos magos en el lenguaje DAX e inteligencia de negocios como consecuencia. Es entonces el escenario indicado para levantar los pilares teóricos que nos llevaran al siguiente nivel. En definitiva, hemos construido todo lo básico, sin embargo, para poder continuar con nuestra edificación en el modelo de datos en Power Pivot y tener acceso a las "funciones de élite" y técnicas sorprendentes, debemos hacer una parada estratégica para construir estos pilares que soporten un conocimiento superior y profundo.

¿Cuáles son estos pilares?, Te estarás preguntando. Fundamentalmente debemos entender al cien por ciento como el DAX Engine determina los valores de las distintas medidas en una tabla dinámica, y cómo es el comportamiento preciso de las columnas calculadas; de lo previo es seguro que tenemos una compresión intuitiva, de hecho, hemos dedicado unos cuantos párrafos a ello, no obstante, clarificar y estructurar cómo funciona el Back-Office de Power Pivot, hace las veces de la piedra filosofal para convertir nuestros datos en oro puro de información.

Los pilares a los que nos referimos son los: Contextos, estos son quienes nos permiten hacer *análisis dinámicos* en donde los resultados de los cálculos personalizados cambian reflejando la configuración del reporte, tabla o fórmula.

Existen varios contextos, los mencionamos continuación para ir teniéndolos en cuenta de entrada.

- Filter Context | *Contexto de Filtros*
- Query Context | *Contexto de Consulta*
- Row Context | *Contexto de Fila*
- Evaluation Context | *Contexto de Evaluación*

Para entenderlos vamos a seguir el proceso detrás de cámaras que realiza el DAX engine para hallar las medidas.

Pausemos un Momento

Podemos decirte con total sosiego que este capítulo y los posteriores no son nada complejos, a pesar de entrar en el mundo de lo avanzado, más bien, lo que si requiere es de especial atención y un buen café para estar activos.

Etapas para el Cálculo de Medidas

El DAX engine sigue un proceso ordenado y lógico para calcular las expresiones DAX especificadas en una medida, el siguiente diagrama de flujo ilustra el proceso mencionado:

Diagrama de Flujo

PARA CADA CELDA en el cuerpo de la tabla dinámica haga:

NOTA

El diagrama de flujo que representa el proceso de cálculo para medidas en este momento NO señala que debamos entenderlo, puesto que es nuestra tarea de ahora en adelante, sin embargo, tómalo como la guía turística para el recorrido que vamos a emprender, siéntete libre de volver cada vez que necesites para adherir este proceso a tus conocimientos, la idea es volverlo tan intuitivo y natural para nosotros como si fuera la tabla del 2, además, este diagrama se provee en el compendio de archivos para que acudas a el ágilmente cada vez que lo necesites una vez dejes este libro.

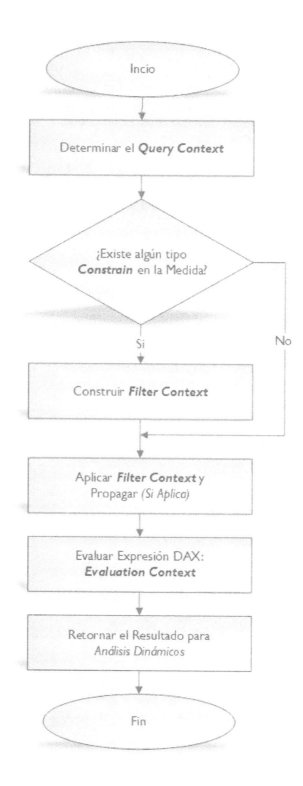

Etapa 1: Determinar el Query Context

Arrancaremos lógicamente por indagar la etapa uno para interpretar que sucede allí, por eso vamos a crear un reporte de tabla dinámica con la siguiente configuración: *Suma of Precio de Venta (Medida Explicita)* al área de valores, campos *Descuento (%)* de la tabla *Descuentos* al área de filas, campo *Tipo de Compras* de la tabla pedidos al área de columnas, el campo *País* de la tabla *Pedidos* al área de filtros, finalmente crear un Slicer del campo *Producto (s)* de la tabla *SKU Productos.*

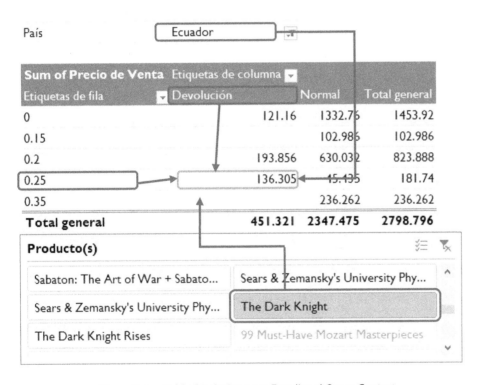

Figura 7. 1 – Tabla Dinámica para Estudiar el Query Context

La idea es entender como el modelo de datos llega a cada uno de los valores en la tabla dinámica, para ello debemos recalcar, otra vez, que cada valor se calcula individualmente y completamente independiente de los demás, quiere decir esto que el proceso de cálculo de un valor en el cuerpo del reporte de tabla ...

... Dinámica no influye de ninguna manera en el proceso de determinación de otro valor. Por lo anterior vamos a tomar el valor *136.305* del reporte en la figura anterior, por el momento. La etapa uno se "subdivide" en tres sub etapas:

- Detección de Coordenadas
- Aplicación de Coordenadas
- Determinación del Query Context

Detección de Coordenadas

Todos estamos de acuerdo que el valor *136.305* concierne únicamente a los elementos: *0.25* porque así lo señala la fila correspondiente en la tabla dinámica, también corresponde solamente a los elementos *Devolución* dado que así lo indica el reporte en la columna, por otra parte, sabemos que solo pertenecen al elemento *Ecuador* ya que se ha filtrado de esta manera y, para terminar, el Slicer enseña que solamente los elementos *The Dark Knight*. Este grupo de parámetros son las coordenadas del query context, es decir **los filtros a aplicar** en las diferentes tablas. Observa los elementos en azul de la figura anterior.

Aplicación de Coordenadas

Una vez se han detectado las coordenadas, se deben tomar y aplicar en las tablas correspondientes, por ejemplo, en la tabla pedidos:

Dos de las coordenadas corresponden a campos en la tabla pedidos, en cuyo caso se aplican como filtros, es decir, para el campo *Tipo de Compra* se aplica *Devolución* y para el campo País *Ecuador*.

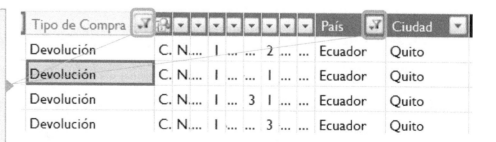

Tipo de Compra										País		Ciudad	
Devolución		C.	N....	I	...	...	2	...	...	Ecuador		Quito	
Devolución		C.	N....	I	...	...	I	...	...	Ecuador		Quito	
Devolución		C.	N....	I	...	3	I	...	...	Ecuador		Quito	
Devolución		C.	N....	I	...	...	3	...	...	Ecuador		Quito	

Figura 7. 2 – Aplicación de Coordenadas

Se ha ilustrado únicamente la tabla *Pedidos*, a pesar de ello, los otros campos también se aplican a sus respectivas tablas.

El conjunto de filas y columnas involucradas después del filtro corresponde al Query Context.

Query Context

¡Toma Nota!

OK, ¡TE HEMOS ENGAÑADO!, la etapa uno NO tiene sub etapas como las descritas, en realidad, solamente hace la detección de coordenadas, sin embargo, hicimos el ejercicio con las demás sub etapas para entender cuáles son las coordenadas y cual el contexto, además, las sub etapas sí se aplicarán, pero más adelante en el proceso (Diagrama de Flujo).

Etapa 2: ¿Existe Algún Tipo de Constrain?

Sin duda, llegamos a un ingrediente crucial. Para entender por qué, resumamos las coordenadas del query context de la celda correspondiente a el valor: *136.305* del reporte en la figura 7.1 para tenerlas presentes.

- Descuentos[Descuento]=*0.25*
- TABLA_Pedidos [Categoría de Descuentos]=*"Devolución"*
- TABLA_Pedidos[País]=*"Ecuador"*
- 'SKU Productos'[Producto(s)]= *"The Dark Knight"*

Hasta hace unos años era imposible y de algún modo ilógico alterar las coordenadas del query context; para aclarar esto veamos y analicemos la siguiente tabla dinámica meticulosamente.

NOTA

La traducción en español para la palabra para *Constrains* sería *Restricciones*, por lo que podría leer esta etapa como: *¿Existe algún tipo de Restricción para el Query Context?* Aquí en el libro siempre nos referimos a este término en inglés.

NOTA

Este reporte de tabla dinámica lo construimos de manera que quedará muy similar al anterior, solamente se movió el campo *Tipo de Compra* de la tabla *Pedidos* del área de filas al área de filtros, donde se filtró por devolución y así tener el valor 136.305., también se agregó la Medida: *Colombia Suma Precio de Venta*, en la página siguiente se muestra como crearla.

Constrains

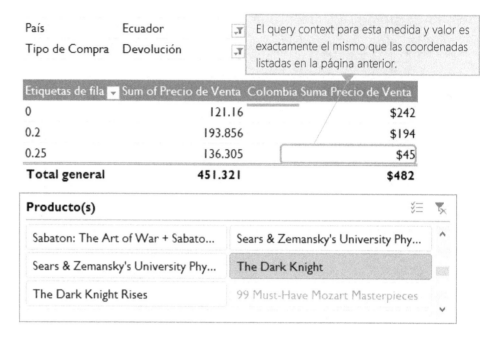

Figura 7. 3 - Tabla Dinámica para Estudiar Constrains Context

¿Estás viendo lo mismo que nosostros? A pesar de que las coordenadas del query context para el valor $45 son las listadas en la página anterior, la Medida: *Colombia Suma Precio de Venta*, señala que se está filtrando por el país *Colombia*, al menos eso dice su etiqueta de columna; visto de otra manera, la medida anterior agrega la coordenada: TABLA_Pedidos[País]="*Colombia*", esto es precisamente un **Constrain**, es decir, alteraciones en las coordenadas del query context. *¿Es eso posible?* Por supuesto que sí, y vamos a ir a ello enseguida.

Pues bien *¿De dónde salen estas alteraciones?* Y *¿Cómo identificarlos?*, de hecho, es bastante fácil ya que quien indican si hay constrains son las funciones en la expresión DAX de la medida. Sé que te estarás preguntando *¿Cómo se cuáles funciones? y ¿cuáles son las coordenadas?*, vamos ir respondiendo estas preguntas poco a poco, pero para identificar si hay constrains o no lo único que debemos hacer es plantearnos la siguiente pregunta:

¿La expresión de la Medida contiene por lo menos una de las siguientes funciones?:

NOTA

| Tabla 7. 1 | Funciones que Alteran el Query Context (Constrains) |

Funciones	Familia
CALCULATE	**Calculate**
CALCULATTABLE	**Calculate**
ALL	**All**
ALLEXCEPT	**All**
ALLSELECTED	**All**
FILTER	**Filter**

* Hay muchas más funciones que alteran el query context (Funciones de "alteración"), sin embargo, estas son las principales.

Si es así; tenemos constrains y nuestro diagrama de flujo toma el camino del *sí* en esta etapa, sino, no hay Constrains toma el camino del *no* yendo a la etapa cuatro directamente.

Los constrains alteran las coordenadas de tres maneras:

- Agregan nuevas coordenadas
- Modifican coordenadas existentes
- Remueven coordenadas existentes

Cada una de las "familias" de funciones que categorizamos en la tabla anterior ejecuta una de las alteraciones mencionadas:

- Familia **Calculate** → Modifica y/o Agrega Coordenadas
- Familia **All** → Remueve -Ingnora- Coordenadas
- Familia **Filter** → Modifica Coordenadas

A nosotros nos gusta agrupar las funciones que alteran el query context en tres familias: la familia *Calculate*, la familia *All* y la familia *Filter* (*que solo tiene un integrante*), lo hacemos así no solo porque es buena táctica para memorizar estas funciones, sino también porque nos permite recordar que tipo de alteración le realizan al query context.

También nos gusta llamar a todos estas Funciones de "alteración".
Adicionalmente estas funciones son un sub conjunto de un grupo más grande de funciones, más adelante veremos por qué; por ahora recordemos que hemos bautizado a estas familias de funciones como: funciones de "alteración".

Las constrains o restricciones *(alteraciones en el query context)* les da un poder y majestuosidad a las expresiones DAX para hacer inteligencia de negocios que es casi místico, en el próximo capítulo estaremos profundizando ampliamente en estas alteraciones, por el momento vamos a ver una ínfima parte de una de las alteraciones: *Modificar Coordenadas con CALCULATE.*

Hasta aquí no hemos hablado de la función CALCULATE, la estudiaremos intensamente en el siguiente capítulo, por el momento miremos su sintaxis y fundamentos:

Sintaxis función CALCULATE

=CALCULATE(<expresión>; filtro1; filtro2; ...)

NOTA

Ten presente que en esta etapa no se calcula o se ejecuta la expresión, en lugar a ello lo que hace Power Pivot es chequear de manera general la sintaxis.

En el **primer argumento** <expresión> de la función CALCULATE se debe poner la función o expresión DAX que deseamos que se calcule, por ejemplo, si colocamos SUM(TABLA_Pedidos[Precio de Venta]) que es lo mismo que [Suma of Precio de Venta], porque se creó previamente como medida explicita, entonces le estamos diciendo a CALCULATE que realice la suma en la columna Precio de Venta en el contexto que resulta después de aplicar los Constrains

Del **segundo argumento** en adelante de la función CALCULATE corresponden a los filtros, estos filtros son las coordenadas para restringir el query context *(Constrains)*, bien sea por modificación o agregación de los mismos, para ser más precisos veamos la fórmula DAX de la medida: *Colombia Suma Precio de Venta* de la tabla dinámica anterior:

```
TABLA_Pedidos[Colombia Suma Precio de Venta]:=
        CALCULATE( [Suma of Precio de Venta];
                TABLA_Pedidos[País]="Colombia")
```

Hagamos un paréntesis y tomemos la celda con el valor $45 del reporte presentado en la figura 7.3, aquí estamos cambiando la celda a analizar, que era el valor 136.305 de la tabla dinámica de la figura 7.2.

Recuerde que el proceso de cálculo para cada valor en el cuerpo de la tabla dinámica se hace de manera independiente y ningún proceso afecta a otro, es decir, el valor 136.305 no afecta de ninguna forma la manera en cómo se calcula el valor $ 45. Sonamos repetitivos en ello, pero no queremos dejar cabos sueltos y seremos bastante cautelosos para minimizar la posibilidad de que se preste para confusiones, ya que, si bien son conceptos fáciles, son críticos para entender aspectos avanzados, tenerlo en mente todo el tiempo catapulta nuestro aprendizaje para poder llegar a dominar con total maestría el lenguaje DAX.

El cambio de escenarios (Valor de la celda y medida a analizar) lo hacemos para entender la teoría y escarbar un poco en el Constrain con la función CALCULATE. Dicho esto, visualizamos el query context del valor $45 para la medida Colombia Suma Precio de Venta, junto con el Constrain que provee la función CALCULATE en su segundo argumento.

Tabla 7. 2	Coordenadas del Query Context para el Valor $45 de la tabla dinámica de la figura 7.3 y Constrains de la Medida *Colombia Suma of Precio de Venta*

Coordenadas del Query Context	Constrains
Descuentos[Descuento]=*0.25*	**Pedidos[País]="Colombia"**
Pedidos [Categoría de Descuentos]= "Devolución"	
Pedidos[País]="Ecuador"	
'SKU Productos'[Producto(s)]= "The Dark Knight"	

Estas dos coordenadas son iguales porque hacen referencia a el mismo campo en la misma tabla, independientemente de que elemento este indicado.

Como se puede apreciar hay un conflicto de intereses en el filtro de país de la tabla pedidos, no obstante, lo que pasa es que a partir de las coordenadas del query context y de los constrains se crea un nuevo conjunto de coordenadas para construir un contexto definitivo, denominado: filter context. La construcción de filter context depende de la función de "alteración" tabla 7.1 que este en la medida.

Filter Context

Etapa 3: Construir Filter Context

El filter context emerge de aplicar los constrains al query context. Adicionalmente sabemos que tenemos tres de tipos de constrains o alteraciones *(Modificación, Agregación o Remoción)*. Estas están asociadas a un grupo específico de funciones cuyo tipo de alteración depende de la "familia" a la cual pertenezca, Véase la tabla 7.1. Por lo anterior debemos estudiar estos tres tipos de constrains y las funciones que la acompañan.

Si la expresión DAX de la medida tiene alguna de las funciones de la familia **Calculate** nos encontramos ante un tipo de constrains que modifica y/o agrega coordenadas.

¿Cómo funciona? Por el momento analicemos la función CALCULATE

Todos los filtros *(coordenadas)* que se hallan indicado a partir del segundo argumento de la función CALCULATE son constrains para el query context, como vimos hace un momento, si dos **coordenadas son comunes**, entonces la coordenada del Constrain sobre escribe la coordenada del query context, Así:

COORDENADAS COMUNES

Decimos que las coordenadas son comunes si, ambas apuntan al mismo campo de la misma tabla independientemente si hacen referencia al mismo elemento.

Tabla 7. 3   Sobrescribir Coordenada: Modificación

Coordenadas del Query Context	Constrains
Descuentos[Descuento]=0.25	
Pedidos [Categoría de Descuentos]="Devolución"	
~~Pedidos[País]="Ecuador"~~	Pedidos[País]="Colombia"
'SKU Productos'[Producto(s)]= "The Dark Knight"	

El nuevo arreglo de coordenadas resultado de aplicar el constrains al query context pasaría a ser el filter context, quedaría así:

Tabla 7. 4   Filter Context para el valor $45

Coordenadas del Filter Context
Descuentos[Descuento]=0.25
Pedidos [Categoría de Descuentos]="Devolución"
Pedidos[Fechas de LLegada]="01/04/14"
'SKU Productos'[Producto(s)]= "The Dark Knight"
Pedidos[País]="Colombia"

Si una coordenada de un constrain **no es común** con ninguna en el query context, entonces pasa a ser parte del query context directamente.

Constrain Remoción

La familia de funciones ALL nos permiten remover coordenadas del query context sin necesidad de reemplazarlo con otro, simplemente elimina la o las coordenadas de lleno, por otra parte, filter realiza un tipo de modificación bastante especial en el query context

Por el momento no entraremos en más detalle sobre los constrain, ya que no queremos hacer el capítulo más denso, pues el objetivo es entender como Power pivot llega a cada valor en el cuerpo de la tabla dinámica:

¡Toma Nota!

Aunque veremos las demás constrains y sus funciones asociadas en el próximo capítulo, ten en cuenta que solamente la función CALCULATE es capaz de hacer modificaciones en el query context (contexto de consulta).

Retomando el ejemplo, repasemos como quedo el filter context:

| Tabla 7. 5 | Filter Context del Valor $45 del reporte de la figura 7.3 |

Filter Context de la Medida Colombia Suma of Precio de Venta

Coordenadas del Filter Context
Descuentos[Descuento]=*0.25*
Pedidos [Categoría de Descuentos]=*"Devolución"*
Pedidos[País]=*"Colombia"*
'SKU Productos'[Producto(s)]= *"The Dark Knight"*

Etapa 4: Aplicar Filter Context y Propagar (Si Aplica)

¿Recuerdas la sub etapa 2 de la etapa 1? pues bien, aquí es donde sucede verdaderamente, es decir, las coordenadas aplican los filtros en las tablas correspondientes. Siguiendo las coordenadas del valor $45 del reporte de la figura 7.3, podemos visualizarlo así:

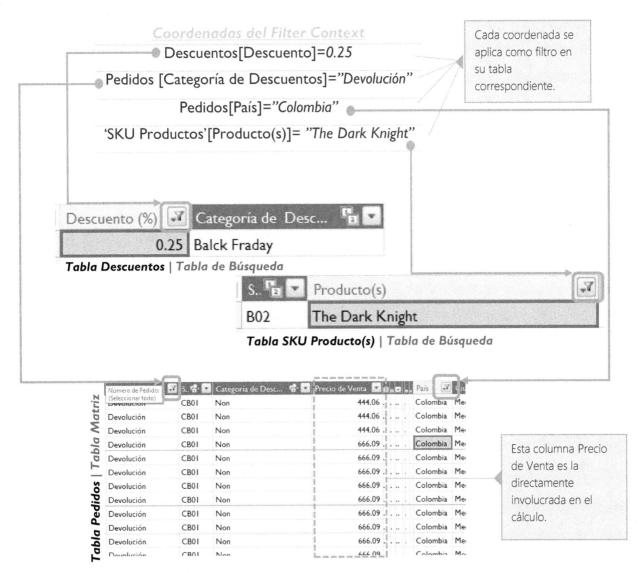

Figura 7. 4 – Esquema de Aplicación del Filter Context

Podemos apreciar del esquema anterior como cada coordenada del filter context se aplica como filtro a su respectiva tabla.

Sabemos que la medida en el esquema anterior es:

TABLA_Pedidos[Colombia Suma Precio de Venta]:=
CALCUALTE([Suma of Precio de Venta];Pedidos[País]="Colombia")

En cuyo caso por lo que hemos venido hablando sabemos que la fórmula a ejecutarse es:

[Suma of Precio de Venta]

Quien al mismo tiempo es:

SUM([Precio de Venta])

Pausemos un Momento

Insistimos nuevamente en resaltar como están construidas y organizadas las medidas, para este caso la medida: [Colombia Suma Precio de Venta]. También, recordemos que cada valor de las celdas se calcula independientemente siguiendo el diagrama de flujo. Repetimos para no tomar riesgo de ambigüedades, pues es de vital importancia de ahora en adelante.

Lo que queremos aclarar es que en la columna *Precio de Venta* de la tabla *pedidos* es donde se hará la suma según el contexto, sin embargo, si detallamos el esquema anterior podemos ver que no sabemos aún de qué manera afectan los filtros de las otras tablas *(Descuentos y SKU Productos)* para el cálculo en dicha columna en la tabla Pedidos.

Resulta que los filtros *(Coordenadas)* de las tablas de búsqueda *(aquellas que contienen el campo con elementos únicos)* propagan sus filtros a la tabla matriz. Tomando la figura siguiente fijémonos en las formas rojas:

Propagar

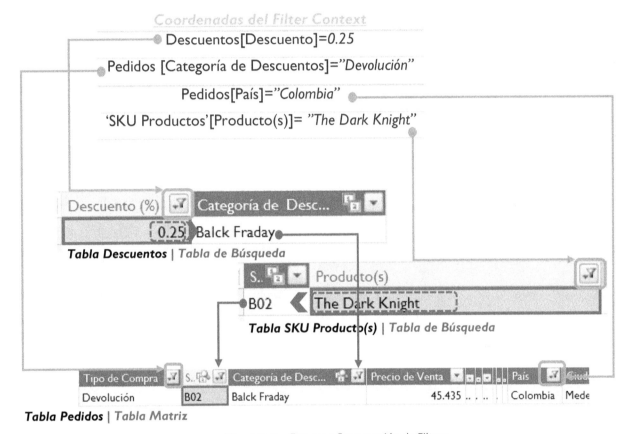

Figura 7. 5 – Esquema Propagación de Filtros

¡Así es como se propagan los filtros!, si aplica. Ya que si no hay tablas relacionadas este paso no existiría, todo estaría en la tabla matriz.

¡Toma Nota!

En el ejemplo solamente quedo una fila después de la aplicación de coordenadas y propagación, aunque, pueden quedar más dependiendo de la situación. Por otra parte, en el ejemplo anterior los filtros a propagar siempre coincidieron con un único elemento, pero eso no es así siempre, ya que pueden quedar más, en este caso se propagan todos los elementos y se hace el filtro para cada uno como una unión.

Etapa 5: Evaluar Expresión DAX

En esta etapa, una vez se tiene todo filtrado y propagado en las tablas, se procede a ejecutar las funciones de agregación en la expresión, para el ejemplo correspondiente al valor $45 de la tabla dinámica de la figura 7.3, atañe a la suma de los elementos en la columna Precio de Venta.

Figura 7. 6 – Filas Restantes Después de Aplicar Coordenadas y Propagar

Para el ejemplo que hemos seguido en los últimos párrafos solo queda una fila pues el valor de la suma será el mismo que el presentado en la tabla, a pesar de ello, si hubieran quedado más se ejecutaría en todas ellas, sumando cada elemento de las filas en el contexto.

Por ejemplo, si creamos la siguiente tabla dinámica con la medida *Suma of Precio de Venta* en el área de valores y analizamos la celda señalada en la imagen siguiente:

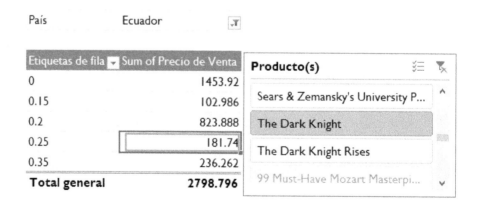

Figura 7. 7 – Analizar la Celda Señalada

Vamos a encontrar que el filter context está compuesto por las filas en la imagen a continuación:

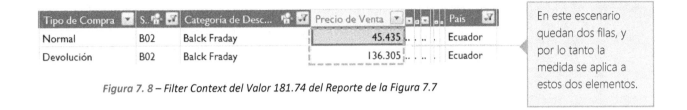

Tipo de Compra	S.	Categoría de Desc...	Precio de Venta		País
Normal	B02	Balck Fraday	45.435	.. .. .	Ecuador
Devolución	B02	Balck Fraday	136.305	.. .. .	Ecuador

En este escenario quedan dos filas, y por lo tanto la medida se aplica a estos dos elementos.

Figura 7. 8 – Filter Context del Valor 181.74 del Reporte de la Figura 7.7

Etapa 6: Retornar Resultado para Análisis Dinámico

Nada raro aquí, solo toma el cálculo y lo lleva a la posición en el reporte de tabla dinámica.

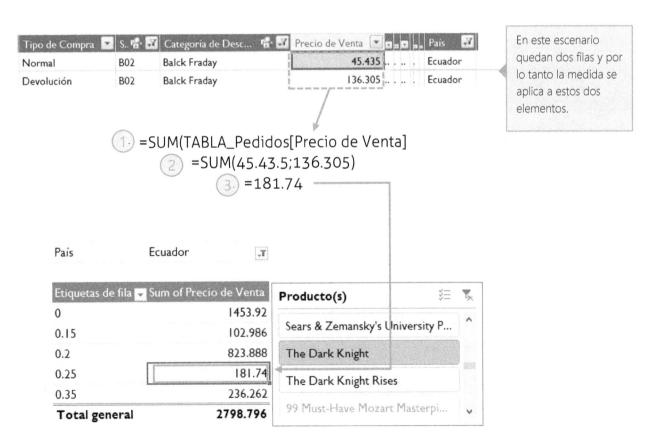

Tipo de Compra	S.	Categoría de Desc...	Precio de Venta		País
Normal	B02	Balck Fraday	45.435	.. .. .	Ecuador
Devolución	B02	Balck Fraday	136.305	.. .. .	Ecuador

En este escenario quedan dos filas y por lo tanto la medida se aplica a estos dos elementos.

1. =SUM(TABLA_Pedidos[Precio de Venta]
2. =SUM(45.43.5;136.305)
3. =181.74

País	Ecuador	

Etiquetas de fila	Sum of Precio de Venta
0	1453.92
0.15	102.986
0.2	823.888
0.25	181.74
0.35	236.262
Total general	**2798.796**

Producto(s)

Sears & Zemansky's University P...

The Dark Knight

The Dark Knight Rises

99 Must-Have Mozart Masterpi...

Figura 7. 9 – Esquema Etapa 6

Coordenadas Vs Filtros Vs Contextos

Clarifiquemos cuál es la diferencia entre coordenadas, filtros y contextos. Para ponerlo bien fácil: Las coordenadas son los filtros a aplicar en las distintas tablas, mientras que el contexto es el conjunto de filas restantes después de haber aplicado los filtros y propagado. Haciendo un Sumario:

- **Coordenada:** Filtro a aplicar *("Filtro Virtual")*
- **Filtro:** Filtro ya aplicado en la tabla *("Filtro Real")*
- **Contexto:** Conjunto de filas restantes después de aplicar filtros.

Esquematización de Contexto

El proceso para determinar los valores en el cuerpo de una tabla dinámica, su secuencia, lógica, y todo lo relacionado con contextos, es tan importante para ser unos verdaderos maestros en el lenguaje DAX y construcción de modelo de datos, que es casi que obligatorio contar con representaciones visuales que nos ayuden a entender e interiorizarlo, ya sabes, volverlo tan intuitivo y natural como la tabla del dos.

Pausemos un Momento

Queremos detenernos un momento aquí. Es importante, que este capítulo lo entiendas a la perfección, es más, incluso una vez hayas avanzado el resto de capítulos, es vital repasar e ir afianzados cada vez más con esto, pues es un tema con muchos detalles y de gran trascendencia. Generalmente requiere de varias lecturas.

Medida: *Colombia Suma of Precio de Venta* | **Valor:** *$45* | **Configuración:** *Tabla Dinámica Figura 7.3*

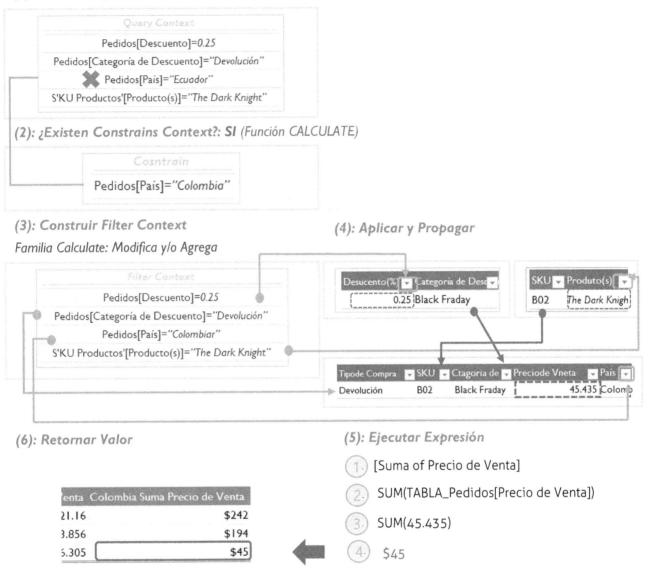

(1): Detectar Query Context

Query Context

Pedidos[Descuento]=*0.25*

Pedidos[Categoría de Descuento]=*"Devolución"*

✖ Pedidos[País]=*"Ecuador"*

S'KU Productos'[Producto(s)]=*"The Dark Knight"*

(2): ¿Existen Constrains Context?: SI (Función CALCULATE)

Cosntrain

Pedidos[País]=*"Colombia"*

(3): Construir Filter Context

Familia Calculate: Modifica y/o Agrega

Filter Context

Pedidos[Descuento]=*0.25*

Pedidos[Categoría de Descuento]=*"Devolución"*

Pedidos[País]=*"Colombiar"*

S'KU Productos'[Producto(s)]=*"The Dark Knight"*

(4): Aplicar y Propagar

Desucento(%)	Categoria de Desc
0.25	Black Fraday

SKU	Produto(s)
B02	The Dark Knigh

Tipode Compra	SKU	Ctagoria de	Preciode Vneta	País
Devolución	B02	Black Fraday	45.435	Colomb

(6): Retornar Valor

enta	Colombia Suma Precio de Venta
21.16	$242
3.856	$194
5.305	$45

(5): Ejecutar Expresión

1. [Suma of Precio de Venta]

2. SUM(TABLA_Pedidos[Precio de Venta])

3. SUM(45.435)

4. $45

Entender Flujo de Cálculo

Nosotros recomendamos hacer esquemas similares cuando se está en el aprendizaje o solucionando problemas complejos en DAX, ya que como veremos más adelante hay situaciones más complicadas que requieren de entender bien el flujo cálculo. Otro ejempló:

Medida: *Suma of Precio de Venta* | **Valor:** *136.305* | **Configuración:** *Tabla Dinámica Figura 7.1*

(1): Detectar Query Context

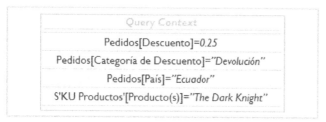

(2): ¿Existen Constrains Context?: NO

(3): Construir Filter Context

Como no hay Constrains el Filter Context es el mismo Query Context

(4): Aplicar y Propagar

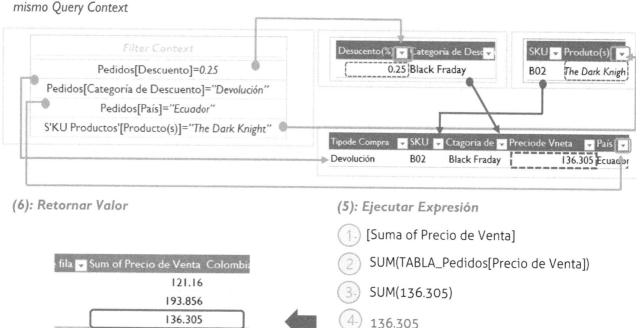

(6): Retornar Valor

fila ▼	Sum of Precio de Venta	Colombia
	121.16	
	193.856	
	136.305	

(5): Ejecutar Expresión

1. [Suma of Precio de Venta]
2. SUM(TABLA_Pedidos[Precio de Venta])
3. SUM(136.305)
4. 136.305

Las esquematizaciones las utilizaremos en momentos claves de ahora en adelante para resumir el diagrama de flujo y ver cómo se están determinando los valores en el cuerpo de la tabla dinámica detrás de cámara, hasta aquí entendemos cómo se lleva acabo y como los constrains juegan un papel crucial; estos son alteraciones que pueden ser de tres tipos: *Modificación, Agregación o Remoción.* Vimos como modificar o agregar si es el caso las coordenadas la función CALCULATE.

Táctica Nemotécnica

Tener impreso en nuestra memoria el diagrama de flujo del proceso para el cálculo de medidas es algo que hemos enfatizado fuertemente en estas últimas páginas, y no es para menos, pues es el secreto para entender aplicaciones de alta complejidad y ser unos gurús en el lenguaje DAX. Para facilitar la memorización el diagrama de flujo la siguiente táctica nemotecnia puede ser de utilidad; si tomamos las iniciales de cada paso en el proceso de diagrama de flujo se forma la siguiente palabra:

DECAER

Con esto ya podemos tomar cada inicial, organizarlo una debajo de la otro y describir en que consiste cada etapa

Detectar coordenadas del Query Context

Existen Constrains?

Construir Filter Context

Aplicar coordenadas (Propagar si aplica)

Ejecutar expresión

Retornar valor

Recordar la palabra DECAER también es fácil, si la relacionamos con la propagación, pues se propagan de forma decreciente, de arriba abajo, DECAEN según nuestra organización de tablas.

Etapas para Columnas Calculadas

Ya hemos discutido como se determina una columna calculada en el capítulo anterior, sin embargo, dejemos su diagrama de flujo aquí y repasemos rápidamente cada etapa.

NOTA

Ya hemos abordado los fundamentos del proceso para determinar las columnas calculadas, el diagrama de flujo simplemente estructura lo que ya hemos tratado.

Más adelante veremos aplicaciones con Row Context más complejas, pero interesantes y de gran utilidad.

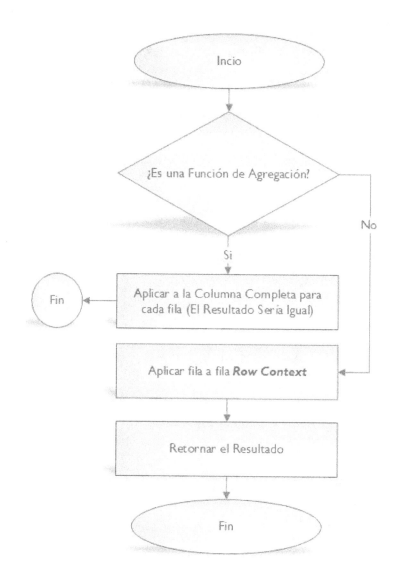

Etapa 1: ¿Es una Función de Agregación?

La etapa uno identifica si la función es de agregación si es así sigue directamente a la etapa siguiente, de lo contrario salta a la etapa 3.

Etapa 2: Aplicar a la Columna Completa

Como es una función de agregación entonces esta se aplica a la columna completa *(Ignora el Row Context)* a la que esté haciendo referencia o a las que esté haciendo referencia *(únicamente en las funciones de agregación ya que la expresión DAX puede contener de otro tipo, todo depende de la anidación y el orden de resolución de cálculos).*

Etapa 3: Aplicar fila a fila (Row Context)

Si la función no es de agregación, entonces se ejecuta la función fila por fila. Este recorrido fila a fila es el **Row Context**. El Row Context no es otra cosa que la fila actual, el cual lo define del DAX Engine de manera automática.

Row Context

Etapa 4: Retornar Resultado

Retorna resultado: Aquí simplemente se coloca el valor en la celda correspondiente.

Pausemos un Momento

Hay escenarios más complejos y versátiles con el Row Context, como Múltiples Row Context (Anidación) o Transition Context, pero por el momento relajémonos y disfrutemos de entender el proceso de ejecución de las columnas calculadas fácilmente.

Take Aways
Conclusiones:" Para Llevar"

De los procesos para hallar los dos tipos de cálculos personalizados y los contextos podemos sacar una serie de conclusiones para tener siempre en cuenta; para llevar.

Take Away Número 1: Encapsulación

Las medidas siempre deben estar encerradas *(Encapsuladas)*, por una función de agregación, en otras palabras, no podemos crear una medida que solamente utilice operaciones entre columnas, pues ello conducirá a un error inevitable. *¿Puedes inferir por qué?*

Para dejar el take Away número uno claro, veamos la tabla dinámica siguiente:

En el campo SKU que se ha agregado al área de filas, se ha hecho un filtro para observar sólo aquellos elementos que empiezan por la letra C. El fin de esto es poder visualizar toda la imagen en la figura.

Categoría de Descuento Balck Fraday

Etiquetas de fila	Sum of Precio de Venta
C10	1307.01
C11	1760.94
C12	962.34
C13	1304.5125
C14	1455.6675
CB01	123726.2175
CC01	20526.0975
CC02	6793.56
Total general	**157836.345**

Figura 7. 10 – Tabla Dinámica para el Take Away Número 1

Supongamos que queremos añadir la siguiente medida.

TABLA_Pedidos[Costo Variable]:=
TABLA_Pedidos[Costo de Envio]

Asumamos que Power Pivot nos deja crear la medida sin ningún inconveniente; posteriormente la llevamos al área de valores para que quede en paralelo con la medida *Sum of Precio de Venta* en el reporte, el reporte debería lucir algo del siguiente estilo:

Categoría de Descuento Balck Fraday   .▼

Etiquetas de fila ▼	Sum of Precio de Venta	Costo Variable
C10	1307.01	
C11	1760.94	
C12	962.34	
C13	1304.5125	
C14	1455.6675	
CB01	123726.2175	
CC01	20526.0975	
CC02	6793.56	
Total general	**157836.345**	

Figura 7. 11 – Reporte al que deseamos llegar

Visualicemos como se calcularía la celda resaltada en la figura anterior. Debemos detectar el query context que sería el mismo filter context ya que en la medida *Costo Variable* no hay funciones constrains, por lo que tendríamos las siguientes coordenadas:

- Pedidos[SKU]=*"C10"*
- Descuentos[Categoría de Descuentos]=*"Black Fraday"*

Aplicando las coordenadas a la tabla pedidos y propagando de la tabla descuentos a la tabla pedidos obtendríamos el siguiente filter context.

S.	Categoría de Desc...	Precio de Venta	Unidades	Costo del Producto	Costo de Envío
C10	Balck Fraday	103.185	3	5.73	3.73
C10	Balck Fraday	68.79	2	6.99	5.99
C10	Balck Fraday	34.395	1	10	5
C10	Balck Fraday	34.395	1	6	7
C10	Balck Fraday	68.79	2	7.9	3.9
C10	Balck Fraday	34.395	1	7.9	4.9
C10	Balck Fraday	103.185	3	6.14	3.14
C10	Balck Fraday	68.79	2	7.45	3.45
C10	Balck Fraday	103.185	3	8.22	3.22
C10	Balck Fraday	103.185	3	8.58	3.58
C10	Balck Fraday	103.185	3	6.22	5.22
C10	Balck Fraday	103.185	3	8.55	4.55
C10	Balck Fraday	34.395	1	8.45	4.45
C10	Balck Fraday	68.79	2	7.45	5.45
C10	Balck Fraday	34.395	1	9.61	5.61
C10	Balck Fraday	68.79	2	8.99	3.99
C10	Balck Fraday	68.79	2	9.99	4.99
C10	Balck Fraday	103.185	3	6.99	5.99

Figura 7. 12 – Filter Context para el Reporte de la Figura 7.11

Ahora en la etapa de cálculo Power pivot se pregunta qué hacer, pues tiene que mostrar lo que está en la columna envió en la celda de la tabla dinámica, es decir, cómo va resumir ese conjunto de elementos para "empaquetarlos" y presentarlos en la celda correspondiente, véase el esquema enseguida:

¿Cómo vas a hacer la tabla dinámica para empaquetar toda la columna y resumirla para presentarla en una celda?

Categoría de Descuento Balck Fraday	
Etiquetas de fila	**Sum of Precio de Venta** Costo Variable
C10	1307.0
C11	1760.94
C12	962.34
C13	1304.5125
C14	1455.6675
CB01	123726.2175
CC01	20526.0975
CC02	6793.56
Total general	**157836.345**

Figura 7. 13 – Esquema empaquetar columna para presentar en la celda del reporte

Esta es la razón por la cual toda medida debe estar encapsulada en una función de agregación, para poder resumir un conjunto de valores y presentarlos en la celda correspondiente en el cuerpo de la tabla dinámica, de hecho, si tratamos de añadir la medida *Costo Variable* a Power Pivot no muestra el siguiente mensaje de error.

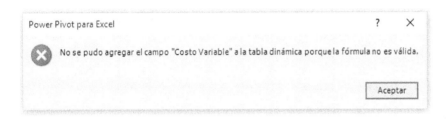

Figura 7. 14 – Error de Power Pivot al Tratar de Añadir Medidas no Encapsuladas

El escenario de la situación anterior es fácil de evitar y sencillo de identificar, sin embargo, hay algunas circunstancias en las que la encapsulación es algo más tramposa, supongamos por ejemplo que el valor del producto C10 en la tabla dinámica de la figura 7.10 lo queremos multiplicar por 2 *(Los demás no hacerlas nada)*. La medida que nos llega a la mente instantáneamente es esta:

```
TABLA_Pedidos[C10 Doble Suma Precio de Venta]:=
    IF( TABLA_Pedidos[SKU]="C10";
        [Suma of Precio de Venta]*2;
        [Suma of Precio de Venta]
        )
```

Como ya habrás deducido, la medida conduce a un error *¿Por qué?* – porque no hay una encapsulación adecuada, si analizamos el primer argumento de la función IF estaría pasando lo siguiente:

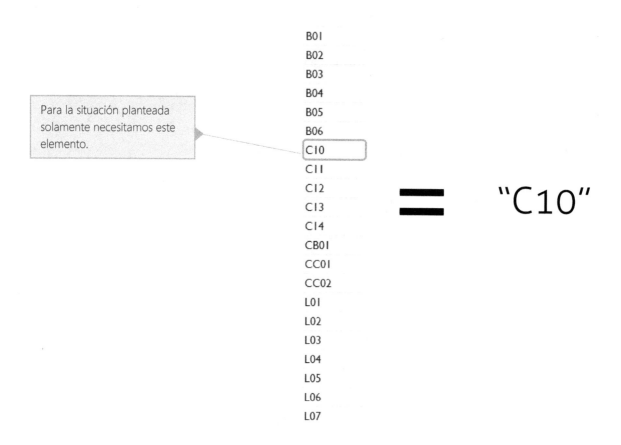

> Para la situación planteada solamente necesitamos este elemento.

Power Pivot no sabe cómo tratar esta situación pues no sabe cómo interpretar TABLA_Pedidos[SKU], ya que no está encapsulada para poder resumirla, para entenderlo de forma sencilla, identifica que esta parte del argumento no está encapsulado, retornando un error. *¿La solución?*, bien, si analizamos las coordenadas de la posición donde queremos que aparezca el valor, obtendríamos como coordenadas: *(Esto es de acuerdo al reporte de la figura 7.10)*

- TABLA_Pedidos[SKU]=*"C10"*
- Descuentos[Categoría de Descuentos]=*"Black Fraday"*

Como podemos ver en las coordenadas, solamente los C10 están filtrando la tabla, si contáramos con una función que nos trajera los elementos únicos de una columna obtendríamos una comparación resumida.

Bien, te presentamos la función VALUES().

VALUES(<Tabla o Columna>)

La función VALUES retorna todos los valores distintos de una columna especificada en su argumento o tabla, dicho de otra manera, remueve los elementos duplicados y devuelve los elementos únicos. Por lo que la fórmula correcta para nuestra situación sería:

NOTA

La función DISTINCT es prácticamente igual a VALUES, pero no idénticas, en la gran mayoría de los casos se puede utilizar cualquiera de las dos sin ningún inconveniente, aunque, hay escenarios donde una trabaja de manera correcta y la otra no, más adelante veremos sus diferencias, por el momento utiliza la función VALUES.

```
TABLA_Pedidos[C10 Doble Suma Precio de Venta]:=
IF(VALUES(TABLA_Pedidos[SKU])="C10";
    [Suma of Precio de Venta]*2;
    [Suma of Precio de Venta]
    )
```

No obstante, la expresión DAX anterior arroja un error debido a que puede haber más de un valor en la columna, para solucionarlo extendamos la expresión así:

```
TABLA_Pedidos[C10 Doble Suma Precio de Venta]:=
    IF(COUNTROWS(VALUES(TABLA_Pedidos[SKU]))=1;
        IF(VALUES(TABLA_Pedidos[SKU])="C10";
        [Suma of Precio de Venta]*2;
        [Suma of Precio de Venta]
        );
        [Suma of Precio de Venta]
    )
```

¡Toma Nota!

No confundas la función VALUE con VALUES, aparte de diferenciarse en la S al final, son funciones bien diferentes. VALUE es una función de conversión que transforma un valor de tipo texto en número; mientras que la función VALUES retorna la lista de elementos únicos.

Take Away Número 2: Omisión

Hemos recalcado esto también bastante, y lo escribimos aquí nuevamente para no excluirlo por su importancia: Las funciones de agregación en las columnas calculadas ignoran u omiten el Row Context y se aplican a la columna completa a la cual se está haciendo referencia, o a las que se estén haciendo referencia.

Take Away Número 3: Contextos

Las columnas calculadas se aplican en el row context, mientras que las medidas se aplican el filter context. Los Contextos: Query Context y Constrains son en realidad pasos intermedios que permiten construir el contexto de datos para evaluar las funciones de agregación, es decir el filter context, el cual si se aplica en la tabla y por lo tanto si construye un contexto.

Por otra parte, una expresión DAX dependiendo de su complejidad puede tener uno o más filter context que se aplican a diferentes miembros de la fórmula, estos escenarios son bastante frecuentes y los encontraremos en toda clase de situaciones, veremos esto más adelante.

NOTA

Hay situaciones en donde puede haber excepciones en los contextos, a parte de lo mencionado en take Away número 2, pero por ahora, tomemos la teoría como se ha descrito y en su debido momento veremos las alternativas.

Take Away Número 4: Escalar o Tabla

Como se ha podido inferir de las páginas anteriores, las funciones DAX pueden devolver bien sea un valor único al que llamaremos escalar o un conjunto de valores, en este último caso decimos que la función devuelve una tabla; tome por ejemplo el caso de la función VALUES, esta retorna una tabla de una columna con los valores únicos.

Pausemos un Momento

Tomate el tiempo necesario para comprender bien la teoría de este capítulo, léelo varias veces si es necesario, es mejor avanzar con la mayor comprensión posible a los siguientes temas, debido a que todo está construido en base a estos pilares teóricos, de ahora en adelante asumiremos ya se entiendes por lo menos en un 80%.

El Siguiente Paso

Después de conocer una parte bien importante del proceso detrás de cámaras que existe para las medidas y columnas calculadas, te presentaremos la joya de la corona en el lenguaje DAX, y otras poderosas expresiones que te darán una visión amplia del poder de Power Pivot y el Lenguaje DAX.

La Presente Página se ha dejado en Blanco de forma deliberada.

Capítulo 8

El Arte de las Medidas

Reportes Cuánticos
Función CALCULATE

NOTA

El presente capítulo aparte de ser el más largo de todo el libro, es el más complejo e importante, los ejemplos y temáticas aquí presentados proporcionan la caja de herramientas para encaminarnos hacia la experticia Power Pivot y en específico el lenguaje DAX. No trates de leer este capítulo rápidamente, ni siquiera considere estudiarlo en un solo día, pues requiere de análisis, práctica y varias lecturas para comprender y dominar los diferentes temas del capítulo; tomate tu tiempo para absorber y comprender de la mejor manera: cada ejemplo, cada nueva función y cada nuevo concepto.

"Energía y Persistencia Conquista Todas las Cosas." Benjamin

La función CALCULATE de la cual hemos visto sus fundamentos en el capítulo previo, es considerada *la joya de la corona en el lenguaje DAX* y, no es para menos, puesto que la cantidad de escenarios en la cual es vital son innumerables, además, con lo que hemos explorado sobre ella hasta el momento hemos visto que tiene un comportamiento "cuántico". *¿Comportamiento Cuántico? - ¡De qué estás hablando! - Se te estará pasando por la cabeza -*

En física, la mecánica cuántica enseña que el mundo *(Microscópico)* describe un comportamiento frenético donde la intuición no es válida y donde lo imposible e irracional sucede; por ejemplo: El Postulado Dualidad Onda/Partícula ilustra que las partículas se describen y comportan como dos cosas distintas al mismo tiempo, como onda y partícula. Imagínemelo de esta manera, hemos sabido que una roca en el océano es eso, una roca en el océano; mientras que una ola es algo independiente, sin embargo, la mecánica cuántica nos dice que una roca en el océano es a su vez una ola. *¡Esto es extraño!*, lo sé, pero lo que queremos sacar de la mecánica cuántica es que nos dice que algo puede tener dos estados al mismo tiempo, como, por ejemplo: el gato de Schrödinger.

No te vamos a aburrir hablando de física, pero si queremos decirte que las tablas dinámicas tienen un comportamiento cuántico gracias a la función CALCULATE. *¿No lo has notado mientras estudiábamos la etapa dos en medidas en el capítulo anterior?* Permítenos exponerlo nuevamente sin mucho rodeo.

Observa el siguiente reporte de tabla dinámica:

País				
Argentina	Brasil	Chile	Colombia	Ecuador
Paraguay	Perú	Uruguay	Venezuela	

Etiquetas de fila	Sum of Precio de Venta	Colombia Suma Precio de Venta
C10	$19,387.32	$1,910.07
C11	$28,657.67	$3,042.51
C12	$13,765.19	$1,515.87
C13	$17,284.29	$1,978.01
C14	$18,755.34	$1,622.03
CB01	$1,885,900.62	$212,427.20
CC01	$313,914.03	$35,326.43
CC02	$109,568.03	$11,004.63
Total general	**$2,407,232.47**	**$268,826.75**

Figura 8. 1 – Reporte para Analizar Comportamiento Cuántico

NOTA

En la tabla dinámica se agrega el campo SKU de la tabla Pedidos y se filtran todos los elementos por la letra C, además, se agregaron las medidas: *Sum of Precio de Venta* y, *Colombia Suma Precio de Venta* al área de valores.

Por otra parte, se creó un Slicer con el campo País *(Sin Ningún elemento Filtrado).*

La tabla dinámica esta simultáneamente filtrada y no filtrada, dos estados a la vez. La primera medida *(Suma Of Precio de Venta)* realiza la suma según los países que se seleccionen en el Slicer, en el caso de la tabla dinámica en la figura anterior: todos los países porque no se ha escogido ningún elemento en el Slicer, por otra parte, la segunda medida *(Colombia Suma Precio de Venta)* tiene un filtro aplicado en el país que corresponde al elemento Colombia. *¡Es más notorio ahora que lo vemos de esa forma!:* Los reportes de tablas dinámicas con CALCULATE tienen un comportamiento cuántico, es decir, podemos hacer que el reporte este filtrado y no filtrado al mismo tiempo.

Ahora hagamos el siguiente ejercicio: Pasemos el campo *SKU* al área de filtros, añadamos el campo *País* al área de filas y removemos todos los filtros que estén aplicados en él.

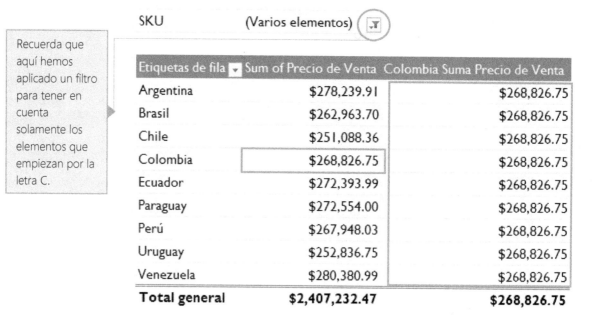

Recuerda que aquí hemos aplicado un filtro para tener en cuenta solamente los elementos que empiezan por la letra C.

Etiquetas de fila	Sum of Precio de Venta	Colombia Suma Precio de Venta
Argentina	$278,239.91	$268,826.75
Brasil	$262,963.70	$268,826.75
Chile	$251,088.36	$268,826.75
Colombia	$268,826.75	$268,826.75
Ecuador	$272,393.99	$268,826.75
Paraguay	$272,554.00	$268,826.75
Perú	$267,948.03	$268,826.75
Uruguay	$252,836.75	$268,826.75
Venezuela	$280,380.99	$268,826.75
Total general	**$2,407,232.47**	**$268,826.75**

Figura 8. 2 – Reordenación de Campos en el Reporte

¿Puedes decirnos por qué todos los valores que corresponden a la medida: Colombia Suma Precio de Venta son iguales? Algunas opciones para resumir un poco:

a) Hay un Bug para hallar el valor, debido a que el filtro esta aplicado en Colombia solamente debería aparecer en dicho elemento, mientras que en los demás un cero.

b) Las coordenadas del constrains sobrescribe las coordenadas del query context antes de determinarse los cálculos, por lo que para cada celda en la tabla dinámica siempre tendrá como filtro: Colombia, por consiguiente, valores iguales.

Esperamos que hayas seleccionado la opción b, puesto que como vimos en el capítulo anterior en la etapa dos, que es previa la ejecución del cálculo, dice que predomina la coordenada del constrain, sobrescribiendo todas los demás.

Función CALCULATE

Aterricemos lo que hemos visto en los diferentes momentos sobre la función CACULATE para así ir plasmando todo en un solo lugar.

La función CALCULATE del lenguaje DAX evalúa una expresión, como, por ejemplo: SUMA, CUENTA, MEDIANA, etc. Añadiendo, removiendo o modificando coordenadas del query context.

=CALCULATE(<expresión> [; filtro1] [; filtro2]; ...)

La función CALCULATE tiene un número indefinido de argumentos o parámetros:

Tabla 8. 1   Argumentos o Parámetros de la función CALCUALTE

Argumento	Descripción
Expresión	La Expresión DAX a evaluar, por ejemplo: *SUM(Precio de Venta) ó MEDIAN(Pedidos[Costo Total] ó DISTINCTCOUNT(Fecha de Envio)*
[Filtro 1]	(Opcional) Una Expresión Booleana o tabla para definir los filtros, ejemplos: *Pedidos[País]="Perú"*
[Filtro 2]; ...	(Opcional) Igual que el argumento 1

Aprovechemos este espacio y veamos la función CACULATE desde otro ángulo, desde Excel y las funciones de resumen en la funcionalidad de tablas dinámicas.

La familia ".SICONJUNTO" es bien reducida, ya que sólo cuenta con: SUMA, PROMEDIO y CUENTA. Alternativas Con MIN, DESVEST.M, etc. No existen.

Lo Anterior no quiere decir que no se pueden crear, aunque, requieren de manejo matricial, en el siguiente vídeo se explica cómo extender la familia de las funciones condicionales:

Extensión Funciones Condicionales

El 9 febrero del 2016 *(Mientras se escribía este libro)* Microsoft Lanzo una actualización para **Office 365** que cuenta con: MAX.SI.CONJUNTO, MIN.SI.CONJUNTO, SI.CONJUNTO, UNIRCADENAS, CAMBIAR, CONCAT.

Si lo analizamos y tratamos de encontrar una función similar en Excel no la hallaremos, sin embargo, curioseando un poquito más nos encontramos que su comportamiento es como el de las funciones: SUMAR.SI, SUMAR.SI.CONJUNTO, CONTAR.SI, CONTAR.SI, CONTAR.SI.CONJUNTO, etc. CALCULATE es como todas ellas y mucho más, dado que en el primer argumento podemos poner cualquier expresión que deseemos, un ejemplo:

$$CALCULATE(MAX(TABLA\_Pedidos[Unidades]);$$
$$TABLA\_Pedidos[País]="Chile")$$

Situación que en Excel no es tan evidente, puesto que no contamos con una función MAX.SI o MAX.SI.CONJUNTO y mucho menos con sus equivalentes en desviación estándar. En la funcionalidad de tablas dinámicas es como si tuviéramos todas ellas y más en la lista de funciones de resumen.

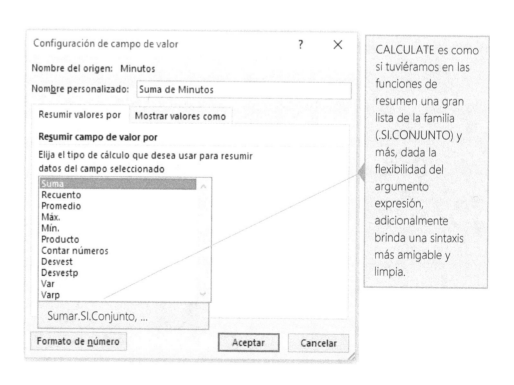

CALCULATE es como si tuviéramos en las funciones de resumen una gran lista de la familia (.SI.CONJUNTO) y más, dada la flexibilidad del argumento expresión, adicionalmente brinda una sintaxis más amigable y limpia.

Figura 8. 3 – Otro Ángulo de Visión con CALCUALTE

Vista Múltiple
Situación 1

Podemos presentar en un reporte el resumen de diversos países y generar en una sola vista.

```
[Perú]:=CALCULATE(
          SUM(TABLA_Pedidos[Precio de Venta]);
          TABLA_Pedidos[País]="Perú"
          )
```

```
[Chile]:=CALCULATE(
          SUM(TABLA_Pedidos[Precio de Venta]);
          TABLA_Pedidos[País]="Chile"
          )
```

```
[Argentina]:=CALCULATE(
          SUM(TABLA_Pedidos[Precio de Venta]);
          TABLA_Pedidos[País]="Argentina"
          )
```

```
[Uruguay]:=CALCULATE(
          SUM(TABLA_Pedidos[Precio de Venta]);
          TABLA_Pedidos[País]="Uruguay"
          )
```

Ahora agreguemos todas las medidas recién creadas al área de valores, también la medida *Suma of Precio de Venta*, SKU al área de filas con filtro de los elementos que empiezan por la letra C:

NOTA

La diferencia de crear medidas para "cada" país, en contra posición de sólo añadir el campo país al área de columnas, radica en que podemos tener un Slicer para país, y variar con el, la medida *Suma of Precio de Venta*, ello mantendrá las demás medidas intactas.

Antes de Power Pivot crear un escenario como la situación uno, era posible pero no en una única tabla dinámica, en aquel entonces teníamos que crear *n* tablas dinámicas *(Una para cada país según la situación)* ponerlas todas una al lado del otra y ocultar columnas para simular la situación presentada, no obstante, cualquier cambio en las áreas de colocación o incluso un simple filtro suponía toda una reordenación. Ahora es rápido, fácil y 100% flexible.

Etiquetas de fila	Colombia	Perú	Chile	Argentina	Uruguay	Sum of Precio de Venta
C10	$1,910.07	$2,180.64	$2,155.42	1804.591	1710.578	$19,387.32
C11	$3,042.51	$2,471.84	$2,643.04	3366.9825	4105.599	$28,657.67
C12	$1,515.87	$1,773.99	$743.02	1430.828	1771.004	$13,765.19
C13	$1,978.01	$2,050.82	$2,172.17	1990.14	1541.145	$17,284.29
C14	$1,622.03	$2,378.58	$1,439.82	1885.436	2602.377	$18,755.34
CB01	$212,427.20	$211,472.47	$192,222.47	219831.903	197773.2225	$1,885,900.62
CC01	$35,326.43	$33,125.42	$36,563.51	35801.8215	32256.0465	$313,914.03
CC02	$11,004.63	$12,494.27	$13,148.91	12128.208	11076.776	$109,568.03
Total general	**$268,826.75**	**$267,948.03**	**$251,088.36**	**278239.91**	**252836.748**	**$2,407,232.47**

Figura 8. 4 – Vista Múltiple para un Reporte de Tabla Dinámica

Hay un motón de situaciones donde este uso es relevante, una situación frecuente es cuando las ventas para una empresa pertenecen a clases diferentes, ejemplo: Ventas, reembolso, promoción, contracargo, ventas al por mayor, etc.

Tasa Básica de Crecimiento
Situación 2

La tasa básica de crecimiento es uno de esos cálculos matemáticos que siempre debemos hacer, pero que en realidad su frecuencia de uso es bastante baja. La tasa básica de crecimiento es la diferencia entre un valor final e inicial que están en el tiempo, esto expresado como porcentaje del valor inicial. En palabras se puede escuchar complejo, sin embargo, la fórmula matemática es bien sencilla

$$\text{Tasa de Crecimiento} = (\text{Final} - \text{Inicial}) / (\text{Inicial})$$

Otra formado expresarlo ya que las tasa están en términos de valores en el tiempo:

$$\text{Tasa de Crecimiento} = (\text{Presente} - \text{Pasado}) / (\text{Pasado})$$

De nuestros datos sabemos algo importante: Que el primer año de actividad de la empresa, con el cual sería tentativo hacer la tasa de crecimiento, no es adecuado, puesto que en dicho año la empresa inicio actividad en el último trimestre, por lo que no sería un buen punto de referencia. En su lugar el año 2000 es mucho más apropiado, porque tiene actividad a lo largo de todos los meses y lo podemos considerar como año inicial "completo" de actividad.

Primero creamos la medida que realice la suma del campo Precio de Venta siempre con filtro para el año 2002:

```
TABLA_Pedidos[Ingresos Primer Año Completo 2000]:=
CALCULATE( [Ingresos];
            TABLA_Pedidos[Fecha de Envio (año)]="2000"
            )
```

Antes de proceder vamos describir la función DIVIDE

La función DIVIDE realiza la división dado dos números reales y retorna BLANK() si la división es entre cero, por otra parte, podemos retornar un valor concreto como: " " o 0, si lo deseamos.

Función
DIVIDE

```
=DIVIDE(<numerador>; <denominador> [;<Resultado Alterno>])
```

Sintaxis

En la siguiente tabla se detallan sus argumentos:

| Tabla 8. 2 | Argumentos de la Función DIVIDE |

Argumento	Descripción
Numerador	Dividendo o número a dividir.
Denominador	Divisor o número que divide.
[Resultado Alterno]	**(Opcional)**Valor a retornar cuando la división es entre 0 lo cual deriva en error, cuando este argumento no se especifica retorna BLANK()

La función DIVIDE es una mejor opción que realizar la división a lo clásico, esto es así, porque ella nos proporciona la opción de manejo de errores, en consecuencia, es esta función la que utilizaremos para crear la medida *Tasa de Crecimiento Básico*.

NOTA

Crea todas las medidas que se han venido elaborando en este capítulo en la tabla TABLA_*Pedidos*, esto incluye las medidas *Ingresos Primer Año completo 2000* y *Tasa Básica e Crecimiento*.

```
TABLA_Pedidos[Tasa Básica de Crecimiento]:=
DIVIDE(
        [Ingresos] - [Ingresos Primer Año Completo 2000];
        [Ingresos Primer Año Completo 2000]
        )
```

Cuando estés creando la medida anterior, bríndale un formato de porcentaje con un decimal en el cuadro de diálogo Medidas.

Enseguida procedemos a realizar un reporte de tabla dinámica que tenga el campo *Fecha* de la tabla *Pedidos* en el área de filas, y llevamos las medidas *Ingresos* y *Tasa Básica de Crecimiento* al área de valores. Véase como queda la tabla dinámica en la figura presentada a continuación:

Etiquetas de fila ▾	Ingresos	Tasa Básica de Crecimiento
⊞ 1999	$8,685.83	-95.2 %
⊞ 2000	$180,680.24	-0.0 %
⊞ 2001	$166,860.36	-7.6 %
⊞ 2002	$184,876.83	2.3 %
⊞ 2003	$177,061.95	-2.0 %
⊞ 2004	$168,059.37	-7.0 %
⊞ 2005	$187,906.44	4.0 %
⊞ 2006	$198,797.54	10.0 %
⊞ 2007	$170,712.79	-5.5 %
⊞ 2008	$175,936.37	-2.6 %
⊞ 2009	$198,222.01	9.7 %
⊞ 2010	$240,873.82	33.3 %
⊞ 2011	$216,088.04	19.6 %
⊞ 2012	$229,644.13	27.1 %
⊞ 2013	$232,463.65	28.7 %
⊞ 2014	$256,692.19	42.1 %
⊞ 2015	$327,323.99	81.2 %
Total general	$3.320.885.54	1738.0 %

Figura 8. 5 - Tabla Dinámica con Tasa de Crecimiento Básica

Ahora vemos como ha sido el crecimiento de todos los años respecto al año 2000, lo bueno es que podemos variar dicho año con un par de clics, Por otra parte, si observamos la tabla dinámica el valor para el año 1999, es engañoso porque habíamos hablado que este año empezó tarde, por lo que determinar la tasa de crecimiento básica para 1999 carece de sentido, sería entonces, removerlo del reporte y así no desorientar nuestra atención.

¿Cómo hacemos que desaparezca el año 1999 o por lo menos que se muestra la celda vacía? – Lo sabemos no es así. Como vimos en la última parte del capítulo anterior, una combinación de las funciones IF() y VALUES() nos permite hacer esto. Si no recuerdas en qué consistía o no te quedo muy claro en aquel momento, te recomendamos volver refrescar memoria y comprenderlo al 100%, porque ahora simplemente dejamos la medida más robusta.

```
TABLA_Pedidos[Tasa Básica de Crecimiento]:=
IF(COUNTROWS(VALUES(TABLA_Pedidos[Fecha de Envio (año)]))=1;
    IF(VALUES(TABLA_Pedidos[Fecha de Envio (año)])="1999";
      BLANK();
      DIVIDE(
          [Ingresos] - [Ingresos Primer Año Completo 2000];
          [Ingresos Primer Año Completo 2000]
          )
      );
    BLANK()
  )
```

El reporte de tabla dinámica luciría finalmente de la siguiente forma:

Etiquetas de fila	Ingresos	Tasa Básica de Crecimiento
⊞ 1999	$8,685.83	
⊞ 2000	$180,680.24	-0.0 %
⊞ 2001	$166,860.36	-7.6 %
⊞ 2002	$184,876.83	2.3 %
⊞ 2003	$177,061.95	-2.0 %
⊞ 2004	$168,059.37	-7.0 %
⊞ 2005	$187,906.44	4.0 %
⊞ 2006	$198,797.54	10.0 %
⊞ 2007	$170,712.79	-5.5 %
⊞ 2008	$175,936.37	-2.6 %
⊞ 2009	$198,222.01	9.7 %
⊞ 2010	$240,873.82	33.3 %
⊞ 2011	$216,088.04	19.6 %
⊞ 2012	$229,644.13	27.1 %
⊞ 2013	$232,463.65	28.7 %
⊞ 2014	$256,692.19	42.1 %
⊞ 2015	$327,323.99	81.2 %
Total general	$3,320,885.54	

Figura 8. 6 – Reporte con Tasa de Crecimiento Básica con IF(VALUES())

Tasa de Crecimiento Promedio
Situación 3

La tasa básica de crecimiento toma un valor de referencia, generalmente el primer año y realiza el cálculo, empero, la tasa de crecimiento por intervalos es una manera un poco más justa para ver cómo ha sido el crecimiento al transcurrir los años cuando tenemos intervalos regulares, para no armar mucho embrollo explicando, vamos a tomar su fórmula directamente:

$$Tasa\ de\ Crecimiento\ Promedio = \left(\frac{Presente}{Pasado}\right)^{\frac{1}{n}} - 1$$

Descrito en palabras sería: La tasa de crecimiento promedio consiste en dividir el valor final sobre el valor inicial, después a dicha división elevarla a uno sobre el número de periodo, para finalmente restar uno. *(n = número de periodo en el tiempo).*

¿Cómo resolvemos esta situación? – Te invitamos a que tomes esta situación como un reto para crear tu propia fórmula DAX, de esta manera iras adquiriendo destrezas para realizar expresiones más extensas y así empezar a dominar el lenguaje DAX de verdad. A continuación, procedemos a crear una expresión que, de solución a la tasa de crecimiento promedio para elaborar una medida, a pesar de esto, insistimos en que te tomes un tiempo en pensar y encontrar una solución por tu cuenta, pues es la única forma de ir familiarizándote con las funciones DAX e ir entendiendo su lógica, *"no se aprende a nadar solo mirando las personas en una piscina."* *(Recuerda que tienes las funciones DAX del capítulo 6 y todo lo que hemos visto hasta ahora).* **Solucón** →

Recicla

Algo que notamos de entrada es que esta situación también debe omitir el año 1999 y empezar desde el 2000, por lo que es necesario hacer la misma manipulación con IF y VALUES, por lo que tenderíamos lo siguiente:

```
TABLA_Pedidos[Tasa Básica de Crecimiento Promedio]:=
IF(COUNTROWS(VALUES(TABLA_Pedidos[Fecha de Envio (año)]))=1;
    IF(VALUES(TABLA_Pedidos[Fecha de Envio (año)])="1999";
        BLANK();
        Aquí nuestra expresión para la tasa de
        crecimiento por intervalos
        );
    BLANK()
)
```

Ahora debemos preocuparnos por la parte azul que corresponde a la fórmula matemática de tasa de crecimiento promedio, la primera parte de la fórmula, esta:

$$\left(\frac{Presente}{Pasado} \right)$$

Es bien sencilla, en DAX para nuestro escenario sería:

```
DIVIDE(
    [Ingresos];
    [Ingresos Primer Año Completo 2000]
    )
```

Ok, pasemos la segunda parte el exponente, es decir esta:

$$\frac{1}{n}$$

¿Cómo conseguimos esta parte? el uno es un literal y no hay inconveniente, pero qué hay de la **n**. Observemos la tabla dinámica donde queremos añadir la medida.

Etiquetas de fila ▾	Ingresos	Tasa Básica de Crecimiento
⊞ 1999	$8,685.83	
⊞ 2000	$180,680.24	-0.0 %
⊞ 2001	$166,860.36	-7.6 %
⊞ 2002	$184,876.83	2.3 %
⊞ 2003	$177,061.95	-2.0 %
⊞ 2004	$168,059.37	-7.0 %
⊞ 2005	$187,906.44	4.0 %
⊞ 2006	$198,797.54	10.0 %
⊞ 2007	$170,712.79	-5.5 %
⊞ 2008	$175,936.37	-2.6 %
⊞ 2009	$198,222.01	9.7 %
⊞ 2010	$240,873.82	33.3 %
⊞ 2011	$216,088.04	19.6 %
⊞ 2012	$229,644.13	27.1 %
⊞ 2013	$232,463.65	28.7 %
⊞ 2014	$256,692.19	42.1 %
⊞ 2015	$327,323.99	81.2 %
Total general	$3,320,885.54	

1. Queremos que la medida para esta celda, la *n* de la fórmula tenga el valor de 1 para este filter context.

2. Queremos que la medida para esta celda, la *n* dela fórmula tenga el valor de 2 para este filter context.

Figura 8. 7 – Analizando Tabla Dinámica para la medida

Si analizamos podríamos hacer algo de este estilo:

- (2000-2000) +1 = 1
- (2001-2000) +1 = 2
- (2002-2000) +1 = 3

¿Cómo detectaríamos los números en azul?, de hecho, ya lo hicimos dado que las coordenadas para una celda en específico del filter context, arroja el valor del año, por lo que podemos valernos nuevamente de la función VALUES, así:

VALUES(TABLA_Pedidos[Fecha de Envio (Año)])

Pero es importante resaltar que la función anterior devuelve el valor como texto, así: "2000", "2001", "2002", etc. Dependiendo de la celda, es entonces necesario convertirlo en tipo de dato numérico *¿Recuerdas alguna función de conversión que realiza esta tarea?* Si respondiste VALUE, es lo mejor que podríamos escuchar; bien, este pedazo de la expresión quedaría así:

(VALUE(VALUES(TABLA_Pedidos[Fecha de Envio (Año)])))

Nuestro siguiente paso es organizar estas dos partes de tal manera que se ejecute en un orden correcto

$$TdCP=\left(\frac{Presente}{Pasado}\right)^{\frac{1}{n}}-1$$

(DIVIDE(

    [Ingresos];

    [Ingresos Primer Año Completo 2000]

    ))

^(1/(VALUE(VALUES(TABLA_Pedidos[Fecha de Envio (Año)]))-2000))

Con la parte de la expresión DAX anterior ya tenemos todo listo para construirla completamente, debemos restar un uno que falta de la fórmula y añadir los paréntesis correspondientes para que el orden de cálculo sea adecuado.

```
TABLA_Pedidos[Tasa de Crecimiento Promedio]:=
IF(COUNTROWS(VALUES(TABLA_Pedidos[Fecha de Envio (año)]))=1;
  IF(VALUES(TABLA_Pedidos[Fecha de Envio (año)])="1999";
    BLANK();
    ((DIVIDE(
          [Ingresos];
          [Ingresos Primer Año Completo 2000]
          )
      )
    ^(1/(((VALUE(VALUES(TABLA_Pedidos[Fecha de Envio (año)]))-2000)+1)))-1);
  BLANK()
  )
```

La tabla dinámica quedaría:

Etiquetas de fila ↓	Ingresos	Tasa Básica de Crecimiento	Tasa de Crecimiento Promedio
⊞ 2000	$180,680.24	-0.0 %	-0.0 %
⊞ 2001	$166,860.36	-7.6 %	-3.9 %
⊞ 2002	$184,876.83	2.3 %	0.8 %
⊞ 2003	$177,061.95	-2.0 %	-0.5 %
⊞ 2004	$168,059.37	-7.0 %	-1.4 %
⊞ 2005	$187,906.44	4.0 %	0.7 %
⊞ 2006	$198,797.54	10.0 %	1.4 %
⊞ 2007	$170,712.79	-5.5 %	-0.7 %
⊞ 2008	$175,936.37	-2.6 %	-0.3 %
⊞ 2009	$198,222.01	9.7 %	0.9 %
⊞ 2010	$240,873.82	33.3 %	2.6 %
⊞ 2011	$216,088.04	19.6 %	1.5 %
⊞ 2012	$229,644.13	27.1 %	1.9 %
⊞ 2013	$232,463.65	28.7 %	1.8 %
⊞ 2014	$256,692.19	42.1 %	2.4 %
⊞ 2015	$327,323.99	81.2 %	3.8 %
Total general	$3,312,199.71		

Figura 8. 8- Tabla Dinámica con Tasa de Crecimiento Promedio

Lo bonito de realizar las medias con tablas dinámicas como hemos venido recalcando a lo largo de todo el libro es que nos sigue brindando la flexibilidad de las mismas, por ejemplo, si de la tabla dinámica anterior con su medida tasa de crecimiento promedio tiene más sentido para aquellas ventas que no tuvieron ningún descuento, entonces con dicha tabla dinámica lo único que debemos hacer es llevar el campo categoría de descuento y realizar el filtro correspondiente.

Categoría de Descuento Non   .T

Etiquetas de fila	.T Ingresos	Tasa Básica de Crecimiento	Tasa de Crecimiento Promedio
⊞ 2000	$109,713.23	0.0 %	0.0 %
⊞ 2001	$88,002.18	-19.8 %	-10.4 %
⊞ 2002	$99,015.86	-9.8 %	-3.4 %
⊞ 2003	$88,055.77	-19.7 %	-5.3 %
⊞ 2004	$86,627.16	-21.0 %	-4.6 %
⊞ 2005	$163,247.63	48.8 %	6.8 %
⊞ 2006	$169,182.79	54.2 %	6.4 %
⊞ 2007	$89,109.75	-18.8 %	-2.6 %
⊞ 2008	$94,868.77	-13.5 %	-1.6 %
⊞ 2009	$97,818.32	-10.8 %	-1.1 %
⊞ 2010	$121,078.38	10.4 %	0.9 %
⊞ 2011	$109,126.48	-0.5 %	-0.0 %
⊞ 2012	$126,263.42	15.1 %	1.1 %
⊞ 2013	$122,330.33	11.5 %	0.8 %
⊞ 2014	$128,777.52	17.4 %	1.1 %
⊞ 2015	$267,541.67	143.9 %	5.7 %
Total general	$1,960,759.26		

Figura 8. 9 – Medida Tasa de Crecimiento Promedio con Filtro Non

Aplicación de Varios Constrains
Conjunción Lógica - CALCULATE

Consideremos en este momento, que deseamos crear una medida que nos muestra los ingresos, pero que independientemente de la configuración del reporte, solo tenga en cuenta los que en categoría de descuento sean *Non* y el tipo de compra *Normal*, ya que son considerados ingresos estándar o típicos.

La mediada como ya te imaginaras se realiza con CALCULATE, aunque, hasta el momento solo hemos trabajo con un solo filtro *(Constrains)*, independientemente de ello podemos añadir cuantos filtros deseemos ya que estos se comportan como si estuvieran dentro de la función AND() o Y() de Excel *(Conjunción lógica)* Habiendo discutido esto, la creación de nuestra medida sería:

TABLA_Pedidos[Ingresos Non y Normal]:=
CALCULATE(SUM(TABLA_Pedidos[Precio de Venta]);
       TABLA_Pedidos[Categoría de Descuento]=*"Non"*;
       TABLA_Pedidos[Tipo de Compra]=*"Normal"*
)

Ahora podemos comparar lado a lado estos dos ingresos, así podemos ver los ingresos cuando se han aplicado descuentos, y cuando no. Si añadimos un Slicer de *País*, podemos ver la conducta "geográfica" *¿No es eso estupendo?*

Etiquetas de fila	Ingresos	Ingresos Non y Normal
⊞ 2005	$187,906.44	$134,609.92
⊞ 2006	$198,797.54	$141,475.20
⊞ 2007	$170,712.79	$73,039.08
⊞ 2008	$175,936.37	$76,715.58
⊞ 2009	$198,222.01	$82,515.91
⊞ 2010	$240,873.82	$98,734.22
⊞ 2011	$216,088.04	$89,219.69
⊞ 2012	$229,644.13	$104,424.86
⊞ 2013	$232,463.65	$101,614.41
⊞ 2014	$256,692.19	$108,746.44
⊞ 2015	$327,323.99	$219,059.01
Total general	$2,434,660.96	$1,230,154.32

Figura 8. 10 – Tabla Dinámica Ingresos Vs Ingresos Non y Normal

Aplicación con Constrains Alternativos
Disyunción Lógica Inclusiva - CALCULATE

Visualicemos un panorama similar, pero con una diferencia en esta oportunidad, supongamos que *Non* o *Day Off Full* son válidos para ser considerados como ingresos típicos.

Esta vez queremos que la función CALCULATE actué como una disyunción lógica, es decir, que una serie de filtros se comporten como si estuvieran dentro de un OR() u O() de Excel. *¿Cómo hacer esto?* Solamente debes utilizar un operador lógico de Power pivot dentro de un argumento filtro y allí hacer las respectivas relaciones, la medida sería:

```
TABLA_Pedidos[Ingresos Típicos]:=
     CALCULATE( [Ingresos];
     TABLA_Pedidos[Categoría de Descuento]="Non"
      || TABLA_Pedidos[Categoría de Descuento]="Day Off Full";
     TABLA_Pedidos[Tipo de Compra]="Normal"
            )
```

¡Toma Nota!

Cuando se utiliza el operador || en un único argumento filtro de la función CACULATE solamente puede ser utilizados para comparar elementos de una misma columna, como la situación anterior, algo de este estilo: TABLA_Pedidos[Tipo de Compra]="Normal" || TABLA_Pedidos[País]="Colombia" no es posible

Etiquetas de fila ⌄	Ingresos	Ingresos Típicos
⊞ 2005	$187,906.44	$137,702.36
⊞ 2006	$198,797.54	$144,891.85
⊞ 2007	$170,712.79	$82,400.44
⊞ 2008	$175,936.37	$87,222.12
⊞ 2009	$198,222.01	$91,400.74
⊞ 2010	$240,873.82	$112,547.12
⊞ 2011	$216,088.04	$102,949.56
⊞ 2012	$229,644.13	$117,496.62
⊞ 2013	$232,463.65	$115,414.95
⊞ 2014	$256,692.19	$125,581.86
⊞ 2015	$327,323.99	$224,799.24
Total general	**$2,434,660.96**	**$1,342,406.88**

Figura 8. 11 – Tabla Dinámica Ingresos Vs Ingresos Típicos

Familia All: ALL, ALLEXCEPT y ALLSELECTED
Remover Coordenadas del Query Context

¿Recuerdas la etapa dos en el capítulo 7 y la temática de constrains? ¡Por supuesto que sí! Bien como breve resumen: vimos que podíamos alterar el query context *modificando, agregando o removiendo* coordenadas, estas constrains vienen empaquetadas en una familia de funciones. Es momento de explorar la familia ALL y como ellas remueven coordenadas del query context.

Emulando % del Total General

Vamos a emular el tipo de visualización de valor: *% del total general* mediante medidas para estudiar la familia remoción de coordenadas, empezaremos por la función ALL, esta remueve una o más coordenadas en el query context, vamos directamente al ejemplo.

Lo que deseamos observar es que porcentaje corresponde los ingresos de cada año respecto al total general, la medida sería:

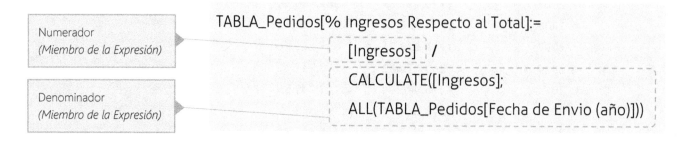

TABLA_Pedidos[% Ingresos Respecto al Total]:=

Numerador
(Miembro de la Expresión)

[Ingresos] /

Denominador
(Miembro de la Expresión)

CALCULATE([Ingresos];

ALL(TABLA_Pedidos[Fecha de Envio (año)]))

NOTA

¿Recuerdas la nota del capítulo anterior? La cual dice que en una expresión DAX se pueden aplicar diferentes Filter Context a distintos miembros de la misma. ¡Pues Bien Amigo@! Esta emulación nos deja el camino bien labrado para aprovechar y ver porque es esto con claridad. Véase el esquema de la página siguiente.

Ten en Cuenta También:

En el esquema de la próxima página se abrevia *Fecha de Envio (año)* como *FdE* y *TABLA_Pedidos* como Pedidos.

Creemos una tabla dinámica con la siguiente configuración: *Fecha de Envio* al área de filas, el campo *País* al área de filtros donde seleccionamos únicamente *Brasil*, y finalmente las medidas *Ingresos* y *% Ingresos Respecto al Total* al área de valores.

País	Brasil	.ᵀ

Etiquetas de fila ˅	Ingresos	% Ingresos Respecto al Total
⊞ 1999	$283.28	0.08 %
⊞ 2000	$15,919.51	4.39 %
⊞ 2001	$16,374.38	4.52 %
⊞ 2002	$19,683.48	5.43 %
⊞ 2003	$20,219.66	5.58 %
⊞ 2004	$14,342.59	3.96 %
⊞ 2005	$24,232.53	6.69 %
⊞ 2006	$20,710.53	5.72 %
⊞ 2007	$21,157.54	5.84 %
⊞ 2008	$22,829.37	6.30 %
⊞ 2009	$22,405.11	6.18 %
⊞ 2010	$27,657.29	7.63 %
⊞ 2011	$21,847.41	6.03 %
⊞ 2012	$27,132.71	7.49 %
⊞ 2013	$23,182.40	6.40 %
⊞ 2014	$27,155.50	7.50 %
⊞ 2015	$37,169.40	10.26 %
Total general	**$362,302.68**	**100.00 %**

Figura 8. 12 – Tabla Dinámica Emulando % del Total General

En la esquematización que sigue se analizan los contextos del *numerador* y *denominador* de la medida *% Ingresos Respecto al Total*, para ver como a distintos miembros de la expresión se aplican diferentes filter context. Se analiza el **valor 0.08%**

NUMERADOR: [Ingresos]

(1): Detectar Query Context

Query Context
Pedidos[País]="Brasil"
Pedidos[FdE]="1999"

(2): ¿Existen Constrains?: **NO**

(3): Construir Filter Context

En este caso el Query Context pasa a ser el Filter Context

Filter Context
Pedidos[País]="Brasil"
Pedidos[FdE]="1999"

1er Filter Context

(4): Aplicar Coordenadas

País	FdE	Precio de Venta	...
Brasil	1999	$ 25.00	...
Brasil	1999	$ 30.00	...
Brasil	1999	$ 23.00	...
Brasil	1999	$ 25.00	...
Brasil	1999	$ 31.00	...
Brasil	1999	$ 39.00	...
Brasil	1999	$ 49.00	...
Brasil	1999	$ 49.00	...
Brasil	1999	$ 49.00	...
Brasil	1999	$ 49.00	...
Brasil	1999	$ 49.00	...
Brasil	1999	$ 49.00	...

(5): Ejecutar Cálculo

1. SUM(TABLA_Pedidos[Precio de Venta])
2. SUM(50;56;89; ..)
3. $283.28

DENOMINADOR: CALCULATE(...

(1): Detectar Query Context

Query Context
Pedidos[País]="Brasil"
✖ Pedidos[FdE]="1999"

(2): ¿Existen Constrains?: **SI**

Cosntroins
ALL(Pedidos[FdE])

(3): Construir Filter Context

Aquí la función remueve cualquier coordenada de FdE, dicho de otro modo, quita cualquier filtro del campo FdE

Filter Context
Pedidos[País]="Brasil"

2do Filter Context

(4,5): Aplicar y Ejecutar

País	FdE	Precio de Venta	...
Brasil	1999	$ 49.00	...
Brasil	1999	$ 21.00	...
Brasil	2000	$ 23.00	...
Brasil	2000	$ 25.00	...
Brasil	2001	$ 31.00	...
Brasil	2001	$ 39.00	...
Brasil	2002	$ 49.00	...
Brasil	2003	$ 21.00	...

1. SUM(TABLA_Pedidos[Precio de Venta])
2. SUM(222;444; ..)
3. $362,302.68

[Ingresos	/	CALCULATE([Ingresos];ALL(TABLA_Pedidos[Fecha de Envio (año)]))

(6): Retornar

0.0008

Etiquetas de fila	Ingresos	% Ingresos Respecto al Total
⊞ 1999	$283.28	0.08 %

**Función ALL
Definición**

La función ALL remueve ciertas coordenadas *(filtros)* durante las etapas del proceso de cálculo para una medida. Veamos su sintaxis, argumentos y algunas consideraciones.

Sintaxis

ALL(<tabla> | Columna [;Columna] [; Columna] ...)

La función ALL tiene un número indefinido de argumentos:

Argumentos

Tabla 8. 3   Argumentos dela Función ALL

Argumento	Descripción
Tabla	Una tabla para remover coordenadas
Columna	columna a quitar Filtro

El primer argumento de la función ALL es obligatorio y puede ser una tabla o columna, después de este se pueden especificar cuantas columnas necesitemos siempre y cuando el primer argumento no especifique una tabla, es decir, si el primer argumento es una tabla, entonces no se pueden especificar columnas individuales. Es necesario remarcar que cuando se utiliza la función ALL es necesario incluir el nombre de la tabla.

**Ejemplos
Válidos**

Ejemplos Válidos:

- ALL(TABLA_Pedidos)
- ALL(TABLA_Pedidos[País]; TABLA_Pedidos[SKU])

**Ejemplos NO
Válidos**

Ejemplos NO válidos:

- ALL(País)
- ALL(TABLA_Pedidos, TABLA_Pedidos[País])
- ALL(TABLA_Pedidos[País];Descuentos[Descuento(%)])

Ahora bien, ya conociendo la función ALL, miremos que pasa si quitamos el campo de fecha del área de filas y en su lugar ponemos el campo *Países* sin ningún filtro aplicado, el resultado es este:

Etiquetas de fila	% Ingresos Respecto al Total
Argentina	100.00 %
Brasil	100.00 %
Chile	100.00 %
Colombia	100.00 %
Ecuador	100.00 %
Paraguay	100.00 %
Perú	100.00 %
Uruguay	100.00 %
Venezuela	100.00 %
Total general	**100.00 %**

Figura 8. 13 - Analizando % Ingresos Respecto Al Total

¿Por qué aparece 100% en todas partes de la tabla dinámica? - Si analizamos el esquema que elaboramos previamente para el valor 0.08% de la medida *% Ingresos Respecto al Total*, vemos que ALL solamente está removiendo la coordenada del campo *Fechas de Envio (año)* y cómo podemos apreciar este campo está ausente, por lo cual los dos filter context son exactamente iguales

Pausemos un Momento

Es importante que tomes estos escenarios y realices los esquemas para distintas situaciones (valores de tabla dinámica) con papel y lápiz, de esta manera entenderás e iras interiorizando la temática de los contextos lo cuál es el punto clave para ser un Master en el lenguaje DAX. ¡Así que manos a la obra!

**Optimizando %
del Total
General**

Entonces *¿Cuál es la manera adecuada de remover todas las coordenadas asociada a una tabla?*, visto desde una nueva perspectiva, *¿Cuál es la forma correcta de referirse al total general en una tabla dinámica?*

"Elemental, mi querido Watson", pues ya vimos que la función ALL acepta una tabla y con ello remueve todas las coordenadas del query context. Actualizando la medida de la siguiente manera.

**Medida
Reajustada**

```
TABLA_Pedidos[% Ingresos Respecto al Total]:=
                [Ingresos]   /
                CALCULATE([Ingresos];
                ALL(TABLA_Pedidos))
```

Una vez reajusta la medida, la tabla dinámica queda:

Etiquetas de fila ▾	% Ingresos Respecto al Total
Argentina	11.48 %
Brasil	10.91 %
Chile	10.48 %
Colombia	11.22 %
Ecuador	11.24 %
Paraguay	11.30 %
Perú	11.27 %
Uruguay	10.64 %
Venezuela	11.47 %
Total general	**100.00 %**

Figura 8. 14 - % Ingresos Respecto al Total General, Óptimo

Pausemos un Momento

Sé que estás pensando ¿Por qué molestarse en hacer esto cuando el porcentaje del total general es más fácil?, pero si lo visualizas a profundidad, si deseamos utilizar estos porcentajes en otras medidas la opción clásica de tablas dinámicas no es útil.

Si realizaramos el esquema no encontraríamos coordenadas para el filter context, por lo que dicho contexto sería toda la tabla.

Variaciones para "Borrar" Filtros

ALL y sus primos ALLEXCEPT y ALLSELECTED nos permiten remover coordenadas de distintos modos. ALLEXCEPT y ALLSELECTED son variaciones que nos asisten para poder "movernos", o manipular con mayor facilidad las coordenadas que queremos "borrar". Por ejemplo, supongamos que deseamos crear una tabla dinámica para un tercero donde vea los *Ingresos* categorizados por *años* en el área de filas, encima de esto se requiere que el reporte no permita filtros de ningún otro tipo exceptuando el de fecha y SKU.

Una alternativa válida puede ser listar columna a columna en los argumentos de la función ALL, no obstante, aparte de ser tedioso debido a que se tienen que listar 12 campos como *mínimo (Puede haber columnas calculadas)* también se tendría que añadir de forma manual cuando la base de datos crezca y por lo tanto aparezcan nuevos campos. La función ALLEXCEPT() solventa este inconveniente ya que es la variación de las funciones que nos permiten remover coordenadas exceptuando campos deseados.

| Función ALL EXCEPT Definición | La función ALLEXCEPT remueve ciertas coordenadas *(filtros)* durante las etapas del proceso de cálculo para una medida, excluyendo aquellos campos que especifiquemos. |

Sintaxis

$$ALLEXCEPT(<tabla>; Columna; ...)$$

La función ALLEXCEPT tiene un número indefinido de argumentos donde en el primer de ellos indicamos la tabla a remover todos sus filtros, a partir del segundo argumento vamos indicando las columnas que queremos mantener sus coordenadas.

Argumentos

Tabla 8. 4 — Argumentos de la Función ALLEXCEPT

Argumento	Descripción
Tabla	Una tabla para remover coordenadas
columna	Columna para NO remover Coordenada

Utilizando la función ALLEXCEPT la media quedaría de la siguiente manera:

```
TABLA_Pedidos[Ingresos GENERAL]:=
CALCULATE([Ingresos];
        ALLEXCEPT(TABLA_Pedidos;
                TABLA_Pedidos[Fecha de Envio (año)];
                TABLA_Pedidos[SKU]
                )
        )
```

Por otra parte, la función ALLSELECTED le brinda dinamismo a un reporte, puesto que nos permite detectar parámetros seleccionados en la tabla dinámica.

Dinamizando % del Total General

Resulta que nuestra medida *% Respecto al Total* aún no emula al 100% el % total general clásico de tablas dinámicas, para ver porqué vamos a construir una tabla dinámica donde el campo *País* vaya al área de filas, las medidas *Ingreso* y *% Ingresos Respecto al Total* al área de valores, y añadimos un Slicer con el *País (Todos los campos tomados de la tabla Pedidos).* Vamos a mostrar la medida Ingresos como % del total general de la manera clásica, posteriormente procedemos a seleccionar los elementos: *Argentina, Brasil, Venezuela* y *Uruguay* en el Slicer.

Figura 8. 15 - % Del Total General Clásico Vs % Del Total General (Medida)

El problema es que la medida *% Ingresos Respecto al Total General* está ignorando completamente el query context en el denominador, por lo que independiente de que elementos estén seleccionados en el Slicer va a mantener el valor que se refiere al total general y no al *"total visible"*, no obstante, el lenguaje DAX nos proporciona una función para realizar esto: la función ALLSELECTED.

Función ALLSELECTED

La función ALLSELECTED remueve las coordenadas *(filtros)* de una tabla especificada mantenido aquellas que se han filtrado explícitamente. Esta función puede ser utilizado para obtener el valor total visible.

Sintaxis

$$\text{ALLSELECTED([<tabla | Columna>])}$$

La función ALLEXCEPT tiene un único argumento donde le indicamos tabla a remover todos sus filtros dejando solo aquellas coordenadas que se seleccionaron directamente.

Tabla 8. 5	Argumentos de la Función ALLSELECTED
Argumento	*Descripción*
*[Tabla	Columna]*	Una tabla para remover coordenadas

Con lo anterior en mente podemos utilizar la siguiente versión para darle solución al problema de la tabla dinámica previa y proporcionándole más dinamismo:

```
[% Ingresos Total ALLSELECTED]:=
    [Ingresos]  /
    CALCULATE([Ingresos];
    ALLSELECTED(TABLA_Pedidos)
            )
```

Ahora podemos añadir esta nueva medida a la tabla dinámica y ver como coincide con la funcionalidad clásica de mostrar valores respecto al total general.

Etiquetas de fila	Ingresos	% Ingresos Respecto al Total	% Ingresos Total ALLSELECTED
Argentina	25.80%	11.48 %	25.80 %
Brasil	24.52%	10.91 %	24.52 %
Uruguay	23.91%	10.64 %	23.91 %
Venezuela	25.77%	11.47 %	25.77 %
Total general	**100.00%**	**44.50 %**	**100.00 %**

Figura 8. 16 - Dinamismo a % Del Total General como Medida

¡EUREKA! – AHORA SI HEMOS LOGRADO LA EMULACIÓN

ALLSELECTED tiene tres sabores para sus argumentos:

- Tabla
- Columna
- Sin Argumento

Cuando se indica una columna se tiene en consideración únicamente la columna especificada para mantener las coordenadas dinámicamente, cuando se especifica una tabla determinada, ALLSELECTED opera en todas a las columnas de la misma, mientras que, si se utiliza sin ningún argumento, es decir, de la siguiente manera: ALLSELECTED(), la función se aplica a todas las tablas en el modelo de datos.

ALLSELECTED es una función "inteligente" que detecta que fue lo que seleccionó el usuario para mantener las coordenadas respectivas en el filter context.

NOTA

Si añadimos otro Slicer, por ejemplo, el campo SKU y seleccionamos un elemento, vamos a poder ver que la medida *% Ingresos Total ALLSELECTED* sigue teniendo el mismo comportamiento qué *% ingresos respecto al total* general clásico, esto es así gracias a que la función ALLSELECTED detecta automáticamente que seleccionó el usuario, con ello mantiene las coordenadas en el filter context.

Iteración: SUMX, AVERAGEX, ..., RANX
Funciones de Iteración con Sufijo X

NOTA

Las funciones de iteración que tienen el sufijo X también son de agregación, pero con un comportamiento ligeramente diferente con las que ya estamos familiarizados,

teniendo esto claro, sabemos que estas funciones se aplican en la quinta etapa en el proceso de diagrama de flujo.

Repasemos un tema decisivo aquí sobre las columnas calculadas. Sabemos que este tipo de cálculo personalizado ocupa espacio en memoria porque se crea la columna en la tabla en Power Pivot, por lo que, si tenemos millones de datos y además le agregamos una gran variedad de columnas calculadas, incidirá inevitablemente en un modelo de datos lento y tedioso de manejar, es decir, minimizar las columnas calculadas al menor número posible repercute en un desempeño eficiente.

Conociendo esto recordemos que la columna *Costo Total* que se determinó mediante la suma de los diferentes costos (*Producto, Envio, Empaque*). *¿Qué tendríamos que hacer para convertir esa columna calculada en una medida?* ¡La solución salta a la vista! *¿cierto?* Con lo que hemos aprendido hasta el momento es sencillo:

```
TABLA_Pedidos[Costo Total Medida]:=
        SUM(TABLA_Pedidos[Costo  del  Producto])
        +SUM(TABLA_Pedidos[Costo   de   Envio])
        +SUM(TABLA_Pedidos[Costo Empaque])
```

También podemos recordar, que la columna calculada *Utilidad* se determinó como la diferencia entre la columna *Precio de Venta* y *Costo Total*, resulta que la *Utilidad* en realidad es un subtotal, esto es así ya que existe una política de acuerdo al número de días que

Transcurrieron desde que el cliente hizo la compra hasta que recibe el producto en sus manos.

Previamente en el capítulo cinco creamos una columna calculada con este dato, la cual llamaos *Días de entrega*.

La política de días de entrega establece que: de acuerdo al número de días transcurridos para recibir el producto se realiza un descuento respecto al precio de compra *(Precio de Venta)* para el cliente, si demora menos de 120 días se dice que está dentro del tiempo normal por lo que no hay descuento, si está entre 120 y 240 días se realiza un descuento del 20% respecto al precio de compra, si esta entre 240 y 365 un 80%, y cuando es estrictamente mayor a 365 se entrega gratis. La tabla resume la política:

Tabla 8. 6 ▶ Políticas de Días de Entrega, Inérvalos de Descuento

# Días Transc.			Descuento
0	<Días de Entrega≤	120	0%
120	<Días de Entrega≤	240	20%
240	<Días de Entrega≤	365	80%
	>Días de Entrega≤	365	100%

Loa anterior significa que debemos actualizar la Utilidad de la siguiente manera:

- ([Precio de Venta]*0.8)-[Costo Total]) entre 120 y 240
- ([Precio de Venta]*0.2)-[Costo Total]) entre 240 y 365
- [Costo Total] mayor a 365

Hacerlo con columnas calculadas es sencillo, sin embargo, ...

... queremos evitar columnas calculadas para no disminuir el rendimiento de nuestro modelo de datos, por lo que debemos buscar implementar la utilidad actualizada mediante una medida.

¿Cómo realizamos esta tarea?

Si recordamos la sintaxis de la función SUM en DAX, tenemos:

SUM(<Columna>)

Podemos apreciar que no existe una manera de incluir condicionales o alguna alternativa para tener en cuenta los descuentos, simplemente la función SUM hace la agregación de la columna señalada y no permite ningún otro tipo de acción.

¿CALCULATE? – Hmmmmm! Tampoco, ¿Cierto?

Hasta este momento en nuestro recorrido no tenemos manera de hallar una medida como la especificada, pero no nos aflijamos, las funciones de iteración son un conjunto de élite que nos darán la oportunidad de ejecutar cálculos como nunca antes.

Funciones de Iteración

Función de Iteración

Las funciones de iteración recorren todas las filas en una tabla especificada, una a la vez, una por una desde la primera fila hasta la última en la tabla, en cada paso *(Iteración)* la función de iteración ejecuta una expresión que señalemos, esto con el fin de alcanzar una meta deseada o retornar un resultado concreto *(Esto depende de la función de iteración en particular)*.

Vamos a simular lo que hace una función de iteración en una tabla de Power Pivot para interiorizar lo descrito en el párrafo anterior. Pero antes, vamos a ver la anatomía de una función de iteración.

=FUNCIÓN(<Tabla>;<Operación Entre Columnas>)

Estructura
General de una
Función de
Iteración

La estructura presentada la obedecen todas las funciones de iteración, es decir, un nombre y dos argumentos, vamos tomar una en específico, la función SUMX de iteración que tiene la siguiente sintaxis:

=SUMX(<Tabla>;<Expresión>)

Sintaxis
Función SUMX

¡Toma Nota!

Las funciones de iteración terminan con la letra X y todas las convencionales tienen su equivalente iterativo, por ejemplo: MINX, COUNTX, RANKX, etc. Todas las funciones con sufijo X son de iteración, sin embargo, hay algunas que no tienen una X al final y también lo son, en un momento veremos porque la distinción.

Para hacer la simulación vamos a crear la siguiente medida:

TABLA_Pedidos[Costo Total Ite]:=
SUMX(TABLA_Pedidos;
        TABLA_Pedidos[Costo del Producto]
      + TABLA_Pedidos[Costo de Envio]
      + TABLA_Pedidos[Costo Empaque])

Ahora creamos una tabla dinámica con la siguiente configuración: El campo *País* al área de filas, el campo *Tipo de Compra* al área de filtros y seleccionamos el elemento *Devolución*, el campo *Fecha de Envio (año)* también al área de filtros y seleccionamos el elemento *2015*, un Slicer del campo *SKU* para filtrar por el elemento *L03* y medida *Costo Total Ite* al área de valores *(Todos los campos de la tabla Pedidos)*.

NOTA

Aquí nuevamente para el esquema de la próxima página se abrevia *Fecha de Envio (año)* como *FdE* y *TABLA_Pedidos* como *Pedidos*.

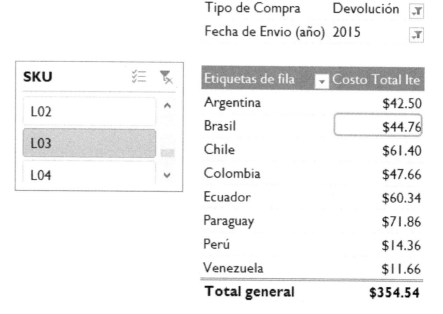

Figura 8. 17 – Tabla Dinámica de Ejemplo para Simular Iteración

Para no dejar lugar a confusiones vamos a realizar la esquematización para el valor $44.76 de la tabla dinámica anterior, ya que con este mismo haremos la simulación en la etapa correspondiente en el proceso de diagrama de flujo para el cálculo de medidas.

Medida: *Costo Total lte* | **Valor:** *$44.76* | **Configuración:** *Tabla Dinámica Figura 8.17*

(1): Detectar Query Context

Query Context
Pedidos[Tipo de Compra]="Devolución"
Pedidos[FdE]="2015"
Pedidos[País]="Brasil"
Pedidos[SKU]=L03"

(2): ¿Existen Constrains Context?: NO

Recuerda que no hay ninguna función de alteración (Tabla 7.1) en la medida, por lo tanto, no hay Constrains

(3): Construir Filter Context

El Query Context pasa a ser el Filter Context

Filtr Context
Pedidos[Tipo de Compra]="Devolución"
Pedidos[FdE]="2015"
Pedidos[País]="Brasil"
Pedidos[SKU]=L03"

(4): Aplicar y Propagar

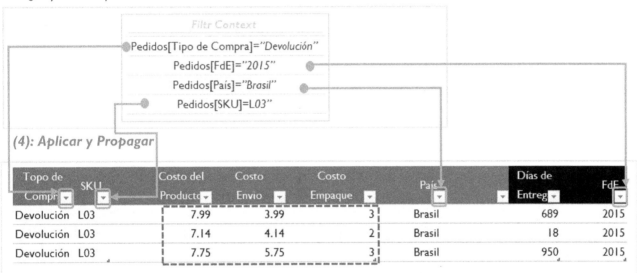

Topo de Compra	SKU	Costo del Producto	Costo Envio	Costo Empaque	País	Días de Entreg	FdE
Devolución	L03	7.99	3.99	3	Brasil	689	2015
Devolución	L03	7.14	4.14	2	Brasil	18	2015
Devolución	L03	7.75	5.75	3	Brasil	950	2015

(5): Ejecutar Expresión ¡ATENCIÓN!

Aquí es donde itera, ya que tenemos la función SUMX de iteración en la medida

Topo de Compra	SKU	Costo del Producto	Costo Envio	Costo Empaque	País	Días de Entreg	FdE
Devolución	L03	7.99	3.99	3	Brasil	689	2015
Devolución	L03	7.14	4.14	2	Brasil	18	2015
Devolución	L03	7.75	5.75	3	Brasil	950	2015

Iteración 1 (Row Context)

1. *La Operación en el segundo argumento de la función: <Operación entre Columnas> o <Expression> se ejecuta en el Row Context (Fila Actual) – **Primera Fila***

7.99 + 3.99 + 3 = **14.98**

2. *Almacena el resultado de la operación internamente* ➡

14.98

Sigue con la próxima Iteración...

Iteración 2 (Row Context)

1. *La Operación en el segundo argumento de la función: <Operación entre Columnas> o <Expression> se ejecuta en el Row Context (Fila Actual) -* **Segunda Fila**

7.14 + 4.14 + 2 = **13.28**

2. Almacena el resultado de la operación internamente

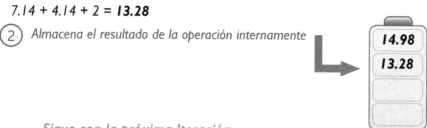

Sigue con la próxima Iteración...

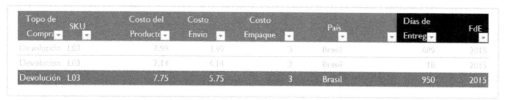

Iteración 3 (Row Context)

1. *La Operación en el segundo argumento de la función: <Operación entre Columnas> o <Expression> se ejecuta en el Row Context (Fila Actual) -* **Tercera Fila**

7.75 + 5.75 + 3 = **16.50**

2. Almacena el resultado de la operación internamente

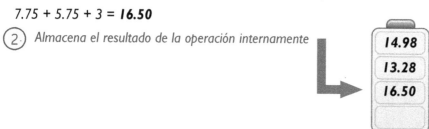

Como ya recorrió todas las filas en el filter context termina la iteración, ahora toma todos los valores almacenados y aplica la función, en este caso SUM ya que era la función **SUMX**

1. SUM(14.98;13.28;1650)

2. **44.76**

(6): Retornar

Fecha de Envío (ano) 2015

Etiquetas de fila	Utilidad Total Ite
Argentina	$42.50
Brasil	$44.76
Chile	$61.40

Anatomía, Operación y Descripción de las Funciones con Sufijo X

Como vimos hace un momento las funciones de iteración con sufijo X todas tienen la misma anatomía básica:

=FUNCIÓN(<Tabla>;<Operación Entre Columnas>

Habiendo hecho una sencilla simulación en el esquema anterior podemos decir cómo operan:

- Toma la tabla en el primer argumento, esta tabla puede ser el resultado de una expresión, por ejemplo, VALUES(TABLA_Pedidos[País]), en cuyo caso la función de iteración solo haría el procedimiento por los valores únicos del campo país.

- Recorre fila por fila y realiza la operación en el segundo argumento, es decir, opera en el row context.

- En cada iteración almacena el resultado para cuando acabe todo el proceso iterativo aplicarle la función.

Como todas las funciones de iteración, funciona de la misma manera, pero lo que cambia es el tipo de agregación que se hace al final del proceso iterativo, se puede decir que ya conocemos el funcionamiento de todas las funciones con sufijo X en general, nos haría falta listarlas en una tabla y así ver cuales tenemos disponibles. Esto es precisamente lo que vamos a hacer, en la siguiente tabla dejamos las funciones X de iteración organizadas con una breve descripción.

Tabla 8. 7	Descripción de Funciones de Iteración con Sufijo X

Función X	Descripción
SUMX	Devuelve la suma de una expresión evaluada para cada fila.
AVERAGEX	Devuelve el promedio aritmético de un conjunto de datos que han sido evaluados para cada fila.
COUNTX	Cuenta el número de valores que tiene números en una expresión, cuando se evalúa en toda la tabla.
COUNTAX	Cuenta los NOBLANK en una expresión iterando fila por fila.
MINX	Devuelve el número más pequeño que resulte de la evaluación de una expresión que ejecuta fila a fila.
MAXX	Devuelve el número más grande que resulte de la evaluación de una expresión que ejecuta fila a fila.
PRODUCTX	Devuelve el producto de una expresión evaluada para cada fila.
STDEVX.P	Devuelve la desviación estándar de un conjunto de datos que surgen de la evaluación de una expresión fila a fila. Utilizada cuando se cuenta con la totalidad de los datos (Población -Population-)
STDEVX.S	Devuelve la desviación estándar de un conjunto de datos que surgen de la evaluación de una expresión fila a fila Utilizada para cuando se tiene un subconjunto del total de datos (Muestra -Sample-).
VARX.P	Devuelve la varianza de un conjunto de datos que surgen de la evaluación de una expresión fila a fila. Utilizada cuando se cuenta con la totalidad de los datos (Población -Population-)

CONTINUA ....

VARX.S	*Devuelve la varianza de un conjunto de datos que surgen de la evaluación de una expresión fila a fila Utilizada para cuando se tiene un subconjunto del total de datos (Muestra -Sample-).*
RANKX	*Devuelve el ranking de un conjunto de números que han resultado de la evaluación de una expresión fila por fila. (Esta función es ligeramente diferente a las demás X)*
MEDIANX	*Devuelve la mediana de un conjunto de datos que han sido evaluados para cada fila.*
GEOMEANX	*Devuelve la media geométrica de un conjunto de datos que han sido evaluados para cada fila.*
CONCATENATEX	*Concatena el resultado de una expresión que se ha evaluado fila por fila.*

Ahora que ya dominamos las funciones de iteración es tiempo de resolver el problema que planteamos al principio de esta sección, calcular la utilidad actualizada, la medida sería así:

```
TABLA_Pedidos[Utilidad Act]
=SUMX(TABLA_Pedidos;
      SWITCH(TRUE();
            TABLA_Pedidos[Días de Entrega]<=129;(TABLA_Pedidos[Precio de Venta])-
(TABLA_Pedidos[Costo Total]);
            TABLA_Pedidos[Días de Entrega]<=240;((TABLA_Pedidos[Precio de Venta]*0.8)-
TABLA_Pedidos[Costo Total]);
            TABLA_Pedidos[Días de Entrega]<=365;((TABLA_Pedidos[Precio de Venta]*0.2)-
TABLA_Pedidos[Costo Total]);
            -TABLA_Pedidos[Costo Total]
            )
      )
```

Vamos a mostrar la medida con fuente más pequeña:

```
=SUMX(TABLA_Pedidos;
      SWITCH(TRUE();
            TABLA_Pedidos[Días de Entrega]<=129;(TABLA_Pedidos[Precio de Venta]) –(TABLA_Pedidos[Costo Total]);
            TABLA_Pedidos[Días de Entrega]<=240;((TABLA_Pedidos[Precio de Venta]*0.8)-TABLA_Pedidos[Costo Total]);
            TABLA_Pedidos[Días de Entrega]<=365;((TABLA_Pedidos[Precio de Venta]*0.2)-TABLA_Pedidos[Costo Total]);
            -TABLA_Pedidos[Costo Total]
            )
        )
```

Como las funciones con sufijo X, evalúan fila por fila en un proceso iterativo, podemos incluir una función lógica en el segundo argumento *(expresión)* para detectar en que intervalo de días de entrega se encuentra, y operar los valores específicos para dicha fila de precio de venta y de costo.

En la tabla dinámica que creamos anteriormente (figura 8.17) vamos añadir la medida *Utilidad Act* al área de valores.

| Tipo de Compra | Devolución | |
| Fecha de Envio (año) | 2015 | |

SKU	
L02	
L03	
L04	

Etiquetas de fila	Costo Total Ite	Utilidad Act
Argentina	$42.50	$17.48
Brasil	$44.76	$45.21
Chile	$61.40	$82.55
Colombia	$47.66	$12.32
Ecuador	$60.34	-$36.35
Paraguay	$71.86	-$41.87
Perú	$14.36	-$14.36
Venezuela	$11.66	$78.31
Total general	**$354.54**	**$143.29**

Figura 8. 18 – Tabla Dinámica con la Medida Utilidad Act

Queremos dejar esto lo más claro posible, así que a continuación dejamos la esquematización para el valor $45.21 que se resalta en la figura previa.

Medida: *Utilidad Act* | **Valor:** *$45.21* | **Configuración:** *Tabla Dinámica Figura 8.17*

(1): Detectar Query Context

Query Context

Pedidos[Tipo de Compra]="Devolución"

Pedidos[FdE]="2015"

Pedidos[País]="Brasil"

Pedidos[SKU]=L03"

(2): ¿Existen Constrains?: NO

Recuerda que no hay ninguna función de alteración (Tabla 7.1) en la medida, por lo tanto, no hay Constrains

(3): Construir Filter Context

El Query Context pasa a ser el Filter Context

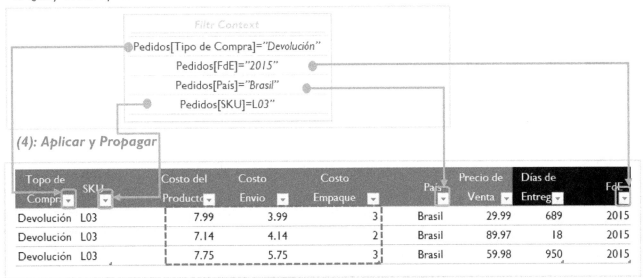

Filtr Context

Pedidos[Tipo de Compra]="Devolución"

Pedidos[FdE]="2015"

Pedidos[País]="Brasil"

Pedidos[SKU]=L03"

(4): Aplicar y Propagar

Topo de Compra	SKU	Costo del Producto	Costo Envio	Costo Empaque	País	Precio de Venta	Días de Entrega	FdE
Devolución	L03	7.99	3.99	3	Brasil	29.99	689	2015
Devolución	L03	7.14	4.14	2	Brasil	89.97	18	2015
Devolución	L03	7.75	5.75	3	Brasil	59.98	950	2015

(5): Ejecutar Expresión

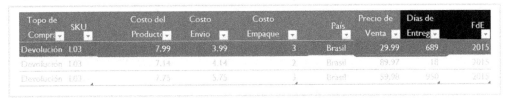

Topo de Compra	SKU	Costo del Producto	Costo Envio	Costo Empaque	País	Precio de Venta	Días de Entrega	FdE
Devolución	L03	7.99	3.99	3	Brasil	29.99	689	2015
Devolución	L03	7.14	4.14	2	Brasil	89.97	18	2015
Devolución	L03	7.75	5.75	3	Brasil	59.98	950	2015

Iteración 1 (Row Context)

① *La Operación en el segundo argumento, esta ocasión la expresión es más sofisticada –* **Primera Fila**

```
SWITCH(TRUE();
        689<=129;29.99-14.98;        FALSO
        689<=240; (29.99*0.8)-14.98;  FALSO
        689<=365; (29.99*0.2)-14.98;  FALSO
        -14.98                        VERDADERO
    )
```

② *Almacenar resultado de la operación* ➡

- 14.98

Sigue con la próxima Iteración...

Topo de Compra	SKU	Costo del Producto	Costo Envio	Costo Empaque	País	Precio de Venta	Días de Entreg	FdE
Devolución	L03	7.99	3.99	3	Brasil	29.99	689	2015
Devolución	L03	7.14	4.14	2	Brasil	89.97	18	2015
Devolución	L03	7.75	5.75	3	Brasil	59.98	950	2015

Iteración 2 (Row Context)

(1.) *La Operación en el segundo argumento, esta ocasión la expresión es más sofisticada – **Segunda Fila***

SWITCH(TRUE();
　　　　　18<=129; **89.97 - 13.28** ; …　　　**VERDADERO**
　　　　　No ejecuta más porque ya encontró el valor VERDADERO

　　　　)

(2.) *Almacenar resultado de la operación*

- 14.98
76.69

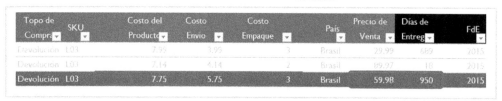

Topo de Compra	SKU	Costo del Producto	Costo Envio	Costo Empaque	País	Precio de Venta	Días de Entreg	FdE
Devolución	L03	7.99	3.99	3	Brasil	29.99	689	2015
Devolución	L03	7.14	4.14	2	Brasil	89.97	18	2015
Devolución	L03	7.75	5.75	3	Brasil	59.98	950	2015

Iteración 1 (Row Context)

(1.) *La Operación en el segundo argumento, esta ocasión la expresión es más sofisticada – **Primera Fila***

SWITCH(TRUE();
　　　　　950<=129;29.99-14.98;　　　**FALSO**
　　　　　950<=240; (29.99*0.8)-14.98;　**FALSO**
　　　　　950<=365; (29.99*0.2)-14.98;　**FALSO**
　　　　　-16.50

(2.) *Almacenar resultado de la operación*

- 14.98
76.69
-16.50

Como ya recorrió todas las filas en el filter context termina la iteración, ahora toma todos los valores almacenados y aplica la función, en este caso SUM ya que era la función SUMX

- 14.98
76.69
-16.50

(1.) *SUM(-14.98;76.69;-16.50)*

(2.) *45.21*

(6): Retornar

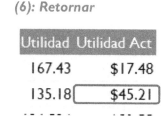

Utilidad	Utilidad Act
167.43	$17.48
135.18	$45.21

¡Toma Nota!

*Con este recorrido ya has podido notar como el filter context y row context trabajan de la mano, como un equipo, ya que el filter context proporciona el conjunto de datos bajo el cual se debe evaluar la medida y ulteriormente el row context proporciona el grado de especificación para que se ejecuten las funciones de agregación, lo cual es más claro cuando son de iteración, por lo anterior al filter context + el row context se les denomina **Evaluation context** (Contexto de Evaluación).*

Función FILTER

La función FILTER es una función de iteración bien especial, no solo por la ausencia del sufijo X, sino porque es una de las funciones de "alteración" del query context que listamos en la tabla 7.1 como habrá detectado inminentemente el lector más atento. No obstante, la función FILTER tiene una manera diferente de alterar el query context, pero antes ir a ello vamos a ver su sintaxis y fundamentos

La función FILTER del lenguaje DAX devuelve un subconjunto de datos dada una tabla o expresión.

Definición

```
=FILTER(<tabla>; <filtro>)
```

Sintaxis

La función tiene dos argumentos ambos obligatorios, la tabla enseguida los especifica

Tabla 8. 8 — Argumentos de la Función FILTER

Argumento	Descripción
Tabla	La tabla a ser filtrada, esta también puede ser una expresión que retorne una tabla.
Filtro	Una expresión Booleana (VERDADERO/FALSO) que será evaluada fila a fila, ejemplo: TABLA_Pedidos[SKU]="L01"

Retorna el filter context alterado o visto de otro modo una tabla que únicamente contiene las filas filtradas como VERDADERO.

Observación

Sabiendo esto, la función FILTER nos permite disminuir el número de filas del query context, o tomar una tabla y filtrarla aún más, para con ello realizar algún tipo de agregación, algún tipo de cálculo. Es decir, utilizar la función FILTER sola, como:

FILTER (TABLA_Pedidos; TABLA_Pedidos[País]="Uruguay")

Retorna un error ya que la medida no sabe cómo resumir la tabla para presentarlo como un valor único en la celda del cuerpo de la tabla dinámica, en otras palabras y como vimos en el capítulo anterior, la función debe estar **encapsulada**.

Ejemplo

Aterricemos la función con un ejemplo, supongamos que sabemos que aquellas ventas que tiene un ingreso mayor a $40.00 *(Precio de Venta)* son consideradas ventas de alta rentabilidad, con esto queremos conocer el número de ventas con alta rentabilidad en una tabla dinámica que tenga la siguiente configuración: los campos *País, Tipo de Compra, y Categoría de Descuento ...*

... área de filtros con Perú, Normal, Special Day aplicados respectivamente; el campo SKU al área de filas y filtrar todos lo que empiecen con la letra L, finalmente dejemos la medida *Ingresos* en el área de valores.

País	Perú	
Tipo de Compra	Normal	
Categoría de Descuento	Special Day	

Etiquetas de fila	Ingresos
L01	$279.83
L02	$548.73
L03	$194.94
L04	$78.26
L05	$474.44
L06	$165.95
L07	$320.17
Total general	**$2,062.30**

Figura 8. 19 – Reporte para Crear Medida Ventas de Alta Rentabilidad

La medida Sería:

```
[Ventas de Alta Rentabilidad]:=
 COUNTROWS(
            FILTER( TABLA_Pedidos;
                    TABLA_Pedidos[Precio de Venta]>=40 )
           )
```

Cuando se agrega la medida *Ventas de Alta Rentabilidad* al reporte de la figura anterior obtenemos el siguiente resultado.

	País	Perú	
	Tipo de Compra	Normal	
	Categoría de Descuento	Special Day	

Etiquetas de fila	Ingresos	Ventas de Alta Rentabilidad
L01	$279.83	
L02	$548.73	8
L03	$194.94	2
L04	$78.26	
L05	$474.44	7
L06	$165.95	1
L07	$320.17	3
Total general	**$2,062.30**	**21**

Figura 8. 20 – Medida Ventas de Alta Rentabilidad

Vamos a realizar la esquematización para el valor 2 de la medida de *Ventas de Alta rentabilidad* de la tabla dinámica presentada en la figura previa y así no dejar lugar a dudas de la manera en la cual opera la función de "alteración" FILTER.

Podemos lograr realizar la medida anterior de múltiples maneras, lo cual es una de las grandes bondades del lenguaje DAX, pero aquí lo estamos haciendo así para entender con un ejemplo sencillo el funcionamiento de FILTER.

¡Toma Nota!

La esquematización siguiente va a cambiar un poco respecto a las previas, debido a que en vez de mostrar las coordenadas del query context en esta oportunidad vamos a mostrar el query context como tal, es decir, la tabla.

Medida: *Ventas de Alta Rentabilidad* | **Valor:** *21* | **Configuración:** *Tabla Dinámica Figura 820*

(1): Detectar Query Context

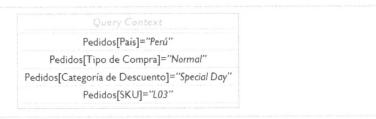

Query Context

Pedidos[País]="*Perú*"

Pedidos[Tipo de Compra]="*Normal*"

Pedidos[Categoría de Descuento]="*Special Day*"

Pedidos[SKU]="*L03*"

(2): ¿Existen Constrains?: SI

Si observamos la tabla 7.1 la cual presente las funciones de alteración principales vemos que allí se encuentra la función FILTER Constrains

(3): Construir Filter Context: Inicial   **(4): Aplicar y Propagar**

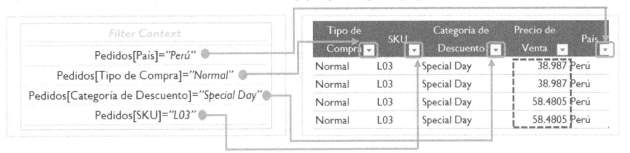

Las Construcción del Filter Context aún no ha terminado, de hecho, ahora se itera para disminuir la tabla del filter context previo. – ¡Inicia Iteración!

Iteración 1 *(Row Context)*

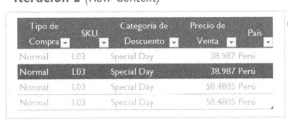

1. *Se ejecuta Operación en el segundo argumento de la función*   *38.987 > = 40 FALSO*

2. *No Almacena la fila para devolver la tabla (Un nuevo filter context)*

Iteración 2 *(Row Context)*

1. *Se ejecuta Operación en el segundo argumento de la función*   *38.987 > = 40 FALSO*

2. *No Almacena la fila para devolver la tabla (Un nuevo filter context)*

Iteración 3 *(Row Context)*

1. *Se ejecuta Operación en el segundo argumento de la función*   *58.4805 > = 40 VERDADERO*

2. *Almacena la fila para devolver la tabla (Nuevo filter context)*

Iteración 4 (Row Context)

1. Se ejecuta *Operación* en el segundo argumento de la función   **58.4805 > = 40 VERDADERO**

2. Almacena la fila para devolver la tabla (Nuevo filter context)

Filter Context Definitivo

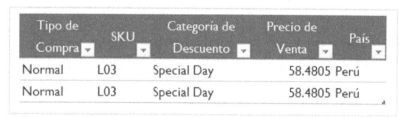

Tipo de Compra	SKU	Categoría de Descuento	Precio de Venta	País
Normal	L03	Special Day	58.4805	Perú
Normal	L03	Special Day	58.4805	Perú

(5): Ejecutar Expresión

1. COUNTROWS(TABLA_Pedidos[Precio de Venta])   *En el context actual (Filter Context Definitivo)*

2. 2

(6): Retornar

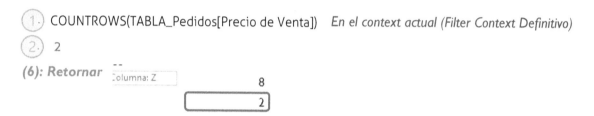

A Resaltar

Cosas a Resaltar: Como se puede apreciar en la esquematización anterior la función FILTER supone un cambio ya que se podría decir que la construcción del filter context se extiende hasta la etapa 4, de ello podemos concluir dos cosas:

Tenemos funciones que alteran el query context desde las columnas, tales son los casos de: ALL, ALLSELECTED, ALLEXCEPT y CALCULATE, cuya aplicación la hacemos en la etapa 2 del proceso de diagrama de flujo para el cálculo de medidas.

Por otra parte, tenemos funciones que alteran el contexto desde las filas, como el caso de FILTER, cuya aplicación se hace después de una construcción preliminar del filter context y después de haberse aplicado la etapa 4, pero antes de empezar la etapa 5.

Para dejar las cosas más claras: Recuerda que en el capítulo 7 introdujimos el query context el cual consiste en el subconjunto de datos que queda después de aplicar las coordenadas que vienen directamente del reporte de tabla dinámica, mientras que el filter context son alteraciones al query context mediante restricciones, teniendo esto en cuenta podemos ver porque surge un filter context inicial, en el esquema anterior cuando utilizamos la función FILTER, después de construir dicho contexto inicial se deben aplicar otra serie de pasos para disminuir la tabla

CALCULATE & FILTER

El ejemplo de la medida *Ventas de Alta Rentabilidad* lo podemos hacer fácilmente con la función CALCULATE como ya habrá advertido mi amigo y lector.

```
[Ventas de Alta Rentabilidad]:=
CALCULATE( COUNTROWS(TABLA_Pedidos);
           TABLA_Pedidos[Precio de Venta]>=40 )
```

Para ser honesto, la alternativa con CALCULATE es la más apropiada ya que esta función aparte de ser una de las más versátiles por la cantidad de escenarios en la que se puede utilizar, esta optimizada para ejecutarse de manera más eficiente que muchas otras funciones en el lenguaje DAX, no obstante, hay ciertas circunstancias en la cual el uso de filter e incluso FILTER & CALCULATE es ineludible.

Supongamos que queremos crear una medida que nos indique la suma de los costos de producto si estos son estrictamente menores que la suma de los costos de envió y empaque. Crear la medida con la función FILTER por si sola encapsulada en la función SUM no es posible, por otra parte, podemos tratar con la función CALCULATE algo de este estilo:

```
[Erogaciones Apropiadas de Producto ]:=
CALCULATE (
   SUM ( TABLA_Pedidos[Precio de Venta] );
   TABLA_Pedidos;
   TABLA_Pedidos[Costo del Producto]
     < TABLA_Pedidos[Costo de Envio] +
        TABLA_Pedidos[Costo  Empaque]
            )
```

Sin embargo, una vez escribimos la fórmula DAX y comprábamos vemos que arroja un error:

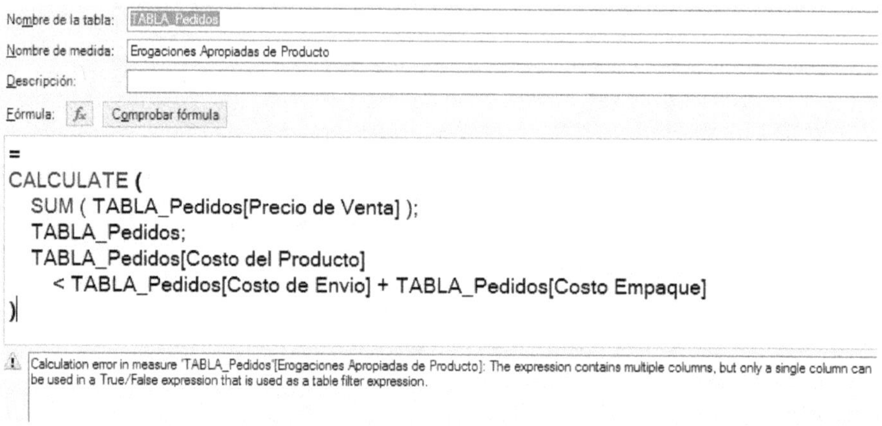

Figura 8. 21 – Error el argumento filtro tiene múltiples coordenadas

El error se produce porque solamente podemos utilizar en el argumento filtro de la función CALCULATE una columna de una tabla a la derecha y un valor "constante", un escalar al lado derecho, algo así: TABLA_Pedidos[País]="Chile", pero varias columnas como: TABLA_Pedidos<= TABLA_Pedidos[Costo de Envio] no es posible.

Claro esta situación tiene solución, la combinación CALCULATE-FILTER viene al rescate:

```
[Erogaciones Apropiadas de Producto]:=
CALCULATE (
   SUM ( TABLA_Pedidos[Precio de Venta] );
   FILTER (
      TABLA_Pedidos;
      TABLA_Pedidos[Costo del Producto]
        <TABLA_Pedidos[Costo de Envio]+TABLA_Pedidos[Costo Empaque]
   )
 )
```

En esta oportunidad no vamos a realizar la esquematización de la medida: *Erogaciones Apropiadas de Producto*, pero visualícemelo en nuestras mentes, podemos pensarlo de esta manera: el query context es afectado por un constrain en el argumento filtro de la función CALCULATE, pero este es una función FILTER que reduce el filter context *(debido a que el query context paso a ser el filter context inicial)* después de la reducción y tener el filter context definitivo se aplica la función.

CALCULATETABLE

Solamente nos hace falta CALCULATETABLE del grupo funciones de alteración *(Principales en realidad, ya que ciertamente hay un número mucho mayor)* Como puedes intuir CALCULATE trabaja de la misma manera que CALCULATETABLE con la diferencia que se ejecuta entre la etapa 2 y 4, es decir, la función CALCULATETABLE retorna una tabla.

$$CALCULATETABLE(<expresión>;<filtro1>;<filtro2>;...)$$

NOTA

Hay escenarios en los cuáles la función CALCULATETABLE es necesaria y obligatoria, sin embargo, en este capítulo no vamos entrar en estos detalles ya que el lector a medida que vaya utilizando el lenguaje DAX en el día a día de su trabajo podrá ir encontrando estas circunstancias, y si ha estudiado, practicado y por lo tanto dominado este capítulo, extenderse a otras escenarios y funciones será sencillo y natural. Por lo tanto, asegúrate de dominar este capítulo a la perfección.

La función CALCULATETABLE tiene un número indefinido de argumentos o parámetros.

Tabla 8. 9   Argumentos de la función CALCULATETABLE

Argumento	Descripción
Expresión	La tabla a ser evaluada, ejemplo: *TABLA_Pedidos*
Filtro 1	Una Expresión Booleana o tabla para definir los filtros, ejemplos: *Pedidos[País]="Perú"*
Filtro 2, ..	Igual que el argumento 1

Esta sería la versión de la medida *Ventas de Alta Rentabilidad* con la función CALCULATETABLE.

```
TABLA_Pedidos[Ventas de Alta Rentabilidad CALCULATETABLE]:=
COUNTROWS(CALCULATETABLE(
        TABLA_Pedidos;
        TABLA_Pedidos[Precio de Venta]>=40)
        )
```

El Siguiente Paso

Conociendo el Arte de las Medidas y su aplicación en la exploración de datos, vamos a seguir profundizando en algunas funciones que enriquecerán tu modelo, precisamente las funciones de filtro y la versatilidad que proporcionan para construir perspectivas de observación para un mismo reporte.

La Presente Página se ha dejado en Blanco de forma deliberada.

Capítulo 9

Alterando el Row Context: EARLIER
Iteración Múltiple Row Context -Anidación-

En el capítulo anterior nos centramos en estudiar las funciones de "alteración" principales: ALL, ALLEXCEPT, ALLSELECTED, CALCULATE, CALCULATETABLE y FILTER, que como mencionamos en su momento son las primordiales, estas funciones alteran el filter context quien está asociado de manera directa con las medidas. La cuestión ahora es *¿Podemos alterar el row context?*

Como vimos en el capítulo siete, el row context surge de manera natural cuando creamos una columna calculada, por ellos vamos a decir que el row context generado por columnas calculadas es automático. Por otra parte, vimos en el capítulo ocho como con las funciones de iteración se genera un row context que nos permite tomar acciones en dicha fila actual como multiplicar valores. A esta manera de crear el row context con iteradores vamos decir que se ha creado de forma programable o manual.

Entones, *¿Podemos crear de manera programable múltiples iteraciones en el row context?* Y como ya habrás supuesto la respuesta es sí, hasta el momento esto puede sonar confuso, pero vamos a plasmarlo con un ejemplo para entender a qué va todo esto.

Iteraciones Anidadas

Imaginemos que queremos crear una columna calculada que nos diga el número de ventas que tuvieron un mayor número de unidades compradas que el actual.

Por ejemplo, imagine una tabla con 10 registros, donde la primera fila corresponde a una unidad vendida y el resto de filas a 2 unidades vendidas, entonces nuestra columna calculada debería arrojar para la primera fila 9 y para el resto 0.

¿Cómo realizar esta columna calculada?

Si la columna indicara una constante, por ejemplo, el número de unidades mayores a 2, sería algo sencillo, así:

```
TABLA_Pedidos[Unidades Por Encima]=
COUNTROWS (FILTER(
                TABLA_Pedidos;
                TABLA_Pedidos[Unidades] >2) )
```

Sin embargo, nos piden comparar con el valor de la columna actual, algo como esto carecería de sentido:

```
TABLA_Pedidos[Unidades Por Encima]=
COUNTROWS(
 FILTER( TABLA_Pedidos;
        TABLA_Pedidos[Unidades]>TABLA_Pedidos[Unidades]))
```

En esencia porque todo devolvería BLANK(). Si nos detenemos a pensar requerimos una iteración doble, porque necesitamos que tome el valor de unidades de la fila actual, por ejemplo, de la fila 1 y con este haga la comparación mediante la iteración fila a fila con el valor actual, luego tome el valor de fila 2 y haga la comparación mediante iteración con todo lo valores de la columna nuevamente y así sucesivamente.

Si lo vemos desde el punto de vista de visual basic para aplicaciones, podemos visualizarlo como dos bucles *For* anidados que arrojan como resultado: el número de ventas que tuvieron un mayor número de unidades compradas que el actual. El código VBA podría ser algo de esta forma:

NOTA

Amigo lector, sino tienes un conocimiento sobre bucles en Visual Basic para aplicaciones, el siguiente vídeo te pude ser de utilidad para adentrarte un poco más en esta temática:

El Bucle For ... Next en VBA

```vba
Public Sub SimulacionVBA_EARLIER()

Dim i As Integer, x As Integer
Dim ValorActual As Double
Dim Respuesta As Integer

Dim ColumnaUnit As Range
Set ColumnaUnit = Range("Pedidos[Unidades]")

For i = 1 To ColumnaUnit.Count

    ValorActual = ColumnaUnit(i).Value


    For x = 1 To ColumnaUnit.Count

        If ColumnaUnit.Cells(x).Value > ValorActual Then
            Respuesta = Respuesta + 1
        End If

    Next
        Range("P" & 2 + i).Value = Respuesta
    Respuesta = 0

Next

End Sub
```

> Los dos bucles for, el bucle interno esta anidado en el bucle for exterior.

Pero aún no hemos respondido como dar solución a este problema mediante el lenguaje DAX.

¡Demos la bienvenida la función EARLIER!

La función EARLIER nos permite "almacenar" el valor de fila actual (Row Context Automático) y usarlo para comparar o realizar cualquier otra operación mientras se itera en el resto de filas de la columna, y así sucesivamente para cada valor en la columna *(Por cada valor en la columna itera una vez dicha columna haciendo la comparación u operación con el valor de la celda donde se está iterando por n-ésima vez).*

Definición
Función EARLIER

EARLIER(<columna Valor a Mantener>;[<Número>])

Sintaxis

Tabla 9. 1 Argumentos de la función EARLIER

Argumentos

Argumento	Descripción
Columna	Una columna que mantendrá su valor mientras itera en el resto de filas de la columna
Número	Número de pasos a omitir

Pausemos un Momento

Como puedes apreciar la función EARLIER tiene dos argumentos, el argumento número representa el número de pasos o iteraciones a omitir, no te preocupes por este parámetro ya que su utilización es muy poco frecuente, tendiendo a nula. Por otro lado, tenemos la función EARLIEST quién también nos permite jugar con el row context, pero también es muy raro su uso.

Conociendo la función EARLIER la fórmula DAX para la columna calculada sería:

Solución con DAX: EARLIER

```
TABLA_Peididos[Unidades por Encima]=
COUNTROWS(
FILTER( TABLA_Pedidos;
        TABLA_Pedidos[Unidades]
        > EARLIER(TABLA_Pedidos[Unidades])))
```

Observémosla ya creada en Power Pivot.

Agregamos la medida que determine el máximo de la columna Unidades, debido a que con esto podemos concluir que todas aquellas filas que tenga unidades igual a 3, deberán devolver BLANK en la columna calculada: *Unidades por Encima*, ya que, como no encontrará mayores, entonces, no retornará nada, en la imagen podemos ver como lo descrito se cumple.

Figura 9. 1 – Columna Calculada con EARLIER

Complementado EARLIER

Otra forma de ver la función EARLIER: La columna calculada se define dentro de la tabla *Pedidos*, la cual genera su row context automático *(como vimos al principio del capítulo, visto de otra forma, siguiendo el diagrama de flujo de columnas calculadas en el capítulo siete).* Pero además se crea un row context manual ya que se utiliza una función de iteración, *FILTER,* quien como vimos en el capítulo ocho genera un filter context por su carácter iterativo.

Es decir, que el row context de la función FILTER esta anidado dentro del row context de la columna calculada, el primero termina siendo oculto por el row context más interno, el de FILTER, esto es así porque FILTER crea un nuevo row context que prima por encima de cualquier otro row context. La función EARLIER permite referirnos al row context previo, dicho de otra manera, al row context que se genera automáticamente por la columna calculada.

Hace referencia al Row Context Programable o Manual

Hace referencia al Row Context Programable o Manual

FILTER(TABLA_Pedidos; TABLA_Pedidos[Unidades] > (TABLA_Pedidos[Unidades]))

Hace referencia al Row Context Programable o Manual

Hace referencia al Row Context Previo, es decir, al row context generado automáticamente por la columna calculada, esto es así gracias al función EARLIER

FILTER(TABLA_Pedidos; TABLA_Pedidos[Unidades] > EARLIER(TABLA_Pedidos[Unidades]))

Nosotros personalmente, pensamos que la explicación directamente con los row context es más difícil de entender y seguir, por esto, iniciamos la explicación inicial desde otra visual, no obstante, la explicación con los row context es la que aparece en el MSDN y, como se comporta en realidad; por ello la colocamos. Recomendamos que se comprenda de esta manera también.

Tomate tu tiempo para interiorizar la función EARLIER al 100% así como la existencia de los dos row context, y como esto se puede asemejar a una doble iteración. Entender esto es clave ya que la función EARLIER tiene un sinfín de escenarios de aplicación.

Funciones de Filtro

Ya hemos vistos las funciones de "alteración" principales, aquellas que nos permiten modificar el query context para realizar análisis dinámicos más potentes, además, en este capítulo vimos cómo podemos "jugar" con los row context para potenciar aún más el análisis dinámico, en definitiva:

- Funciones de "alteración" → Filter Context
- Funciones para "jugar" → Row Context (EARLIER & EARLIEST)

Estas dos denominaciones de categorías ("alteración", "jugar") quienes nos permiten manipular los contextos para crear análisis dinámicos están englobados en una categoría más grande llamada: Funciones de Filtro *(Filter Functions)* y son las más poderosas y complejas del lenguaje DAX. Las que hemos estudiado de esta categoría son:

Funciones de Filtro

| Tabla 9. 2 | Funciones de Filtro (Más comunes -Principales-) |

Funciones
CALCULATE
ALL
ALLEXCEPT
ALLSELECTED
CALCULATTABLE
DISTINCT
EARLIER
EARLIEST
FILTER
VALUES

VALUES Vs DISTINCT

Puedes notar en la tabla las funciones VALUES y DISTINCT de las cuales hablamos, pero no dijimos directamente que eran funciones de alteración, pero si lo piensas en segundo su comportamiento brindan precisamente esto, la posibilidad de alterar el query context o filter context.

¿Por qué? - Recuerda que tanto la función VALUES como DISTINCT devuelve solamente los elementos únicos en una columna, y para que puedan hacer esto deben alterar la tabla correspondiente del filter context.

La diferencia entre DISTINCT y VALUES, es que esta última retorna BLANK. Veamos el siguiente escenario para aterrizar la diferencia entre estas dos funciones.

VALUES y DISTINCT alteran el Filter Context

Diferencia entre DISTINCT y VALUES

Nombre	Fecha
Monica	8/2/2016
Monica	8/2/2016
Nicolas	8/2/2016
Nicolas	8/2/2016
Marta	4/11/2015
Marta	4/11/2015
Diego	4/11/2015

Activos - 2016
Monica
Nicolas

Etiquetas de fila	Contar con DISTINCT	Contar con VALUES
Monica	I	I
Nicolas	I	I
(en blanco)		I
Total general	**2**	**3**

Figura 9. 2 – Escenario para ver diferencia entre VALUES y DISTINCT

En la figura anterior se puede distinguir fácilmente la tabla matriz y la tabla de búsqueda y de qué manera están relacionados, sin embargo, dejamos la siguiente imagen.

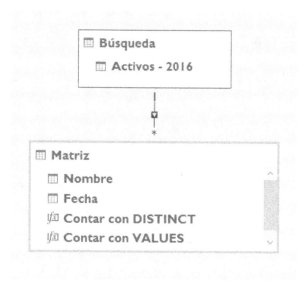

Figura 9. 3 – Vista de Diagrama Relación para ejemplo VALUES & DISTINCT

Las medidas creadas para la tabla dinámica que se puede ver en la parte inferior de la figura de la página anterior, son:

```
[Contar con DISTINCT]:=
COUNTROWS(DISTINCT('Búsqueda'[Activos - 2016]))
```

```
[Contar con VALUES]:=
COUNTROWS(VALUES('Búsqueda'[Activos - 2016]))
```

Como se puede apreciar en la tabla dinámica, VALUES devuelve una fila en blanco que surge porque los elementos: Marta y Diego no tienen un elemento coincidente en la tabla búsqueda, por otra parte, DISNTINCT devuelve solamente los valores que existen en la tabla de búsqueda.

¡Toma Nota!

La situación anterior es el único caso en el cual hay diferencia entre DISTINCT y VALUES. Es vital resaltar que si existen BLANK en la tabla de búsqueda bien sea por una columna calculada o por una medida, entonces tanto DISTINCT como VALUES tendrán encuentra estos BALNK de la misma manera, es decir, no será ignorado por la función DISTNICT.

Somos conscientes de la existencia de DISTINCTCOUNT, pero lo previo fue un ejercicio de tipo académico para comprender la diferencia entre estas dos funciones.

Listado de Funciones de Filtro

Como ya habrás notado y podrás imaginar las funciones de filtro son numerosas, de hecho, las que hemos tratado son tan solo una pequeña parte de ellas, empero, hemos estudiado hasta el momento y comprendiendo las principales, las cuales son las que hemos explorado hasta aquí, dadas las herramientas suficientes para entender el resto de las funciones de filtro con facilidad para cuando las necesitamos. Por lo anterior vamos dejar una lista de dichas funciones con una breve descripción, más que adentrarnos en cada uno de ellas, pues esto sería abrumador.

Como ya mencionamos, comprender el funcionamiento de las funciones de filtro restante es más intuitivo, y darles un vistazo por encima tendrás una idea de que tenemos a nuestra disposición, esto para cuando en su momento, dado algún escenario podemos acudir a ellas. A continuación, se listan.

Tabla 9. 3   Funciones de Filtro

Función	Descripción
ADDCOLUMNS	Añade una columna calculada a una tabla o expresión DAX.
ADDMISSINGITEMS	Añade una combinación de elementos de múltiples columnas si estos no existen.
ALL	Retorna todas las filas en una tabla ignorado cualquier filtro o coordenada.
ALLEXCEPT	Retorna todas las filas en una tabla ignorado cualquier filtro o coordenada a excepción de las que se indiquen.
ALLNOBLANKROW	Retorna todas las filas en una tabla ignorado cualquier filtro o coordenada a excepción de aquellas que de acuerdo a la relación generan BLANK.
ALLSELECTED	Retorna todas las filas en una tabla ignorado cualquier filtro a excepción de aquellos donde se seleccionó de manera explícita (Por el usuario).
CALCULATE	Evalúa una expresión de acuerdo a un filter context que fue modificado por esta misma.
CALCULATETABLE	Retorna una tabla de acuerdo a un filter context que fue modificado por esta misma.
CALENDAR	Retorna una tabla de una sola columna "fechas" que contiene fechas sucesivas, sin excepción y completamente contiguas, dado que se ha especificado una fecha de inicio y una final.
CALENDARAUTO	Retorna una tabla de una sola columna "fechas" que contiene fechas sucesivas, sin excepción y completamente contiguas, se calcula de acuerdo al modelo de datos.
CROSSJOIN	Devuelve una tabla que contiene el producto cartesiano de todas las filas de todas las tablas de los argumentos.
DISTINCT	Retorna una tabla de una única columna que devuelve los elementos únicos, es decir, remueve los duplicados.

Función	Descripción
EARLIER	Retornar el valor del row context previo especificado para una columna.
EARLIEST	Retorna el valor actual de una columna especificada proporcionada por una columna en particular.
FILTER	Retorna una tabla que representa un subconjunto de una tabla especificada, dado que se acoto de acuerdo a condicionales.
FILTERS	Retornar los valores que se utilizaran de manera directa para filtrar una columna.
GENERATE	Devuelve una tabla que contiene el producto cartesiano de una de dos tablas, en el contexto de la primera tabla.
GENERATEALL	Devuelve una tabla que contiene el producto cartesiano de una de dos tablas, en el contexto de la segunda tabla.
GROUPBY	Devuelve una tabla de resumen, sin hacer cálculos implícitos.
INTERSECT	Devuelve la intersección de dos tablas manteniendo valores duplicados.
KEEPFILTERS	Modifica la forma de aplicar mientras se evalúa la función CALCULATE o CALCULATETABLE.
RELATED	Retorna los valores relacionados de otra tabla en la tabla actual.
RELATEDTABLE	Evalúa una expresión (tabla) en un contexto que es modificado por el filtro dado.

Continuación   Funciones de Filtro

Función	Descripción
SAMPLE	Devuelve una muestra de N filas dada una tabla.
SUMMARIZE	Devuelve una tabla de resumen.
SUMMARIZECOLUMNS	Devuelve una tabla de resumen sobre un conjunto.
TOPN	Devuelve el Top N en cuántas filas dada una tabla.
UNION	Retorna la unión de dos tablas.
USERRELATIONSHIP	Especifica una relación para ser utilizado en un cálculo personalizado en particular.
VALUES	Retorna una tabla de una única columna que devuelve los elementos únicos, es decir, remueve los duplicados. También retorna BLANK.

Algo más acerca de las funciones de Filtro

Para ser honesto la tabla anterior omite algunas funciones de filtro, esto para que te hagas la idea de la vastedad de funciones avanzadas que tenemos en el lenguaje DAX *(sin contar la variedad prácticamente cósmica de funciones de otras categorías)*, no se omitirán muchas funciones de filtro, sin embargo, es bueno saber que aún hay algunas de ellas por allí.

Por otra parte, la intención de la tabla no es que las domines leyendo esa sencillísima descripción que se proporciona *(En algunos casos no dicen mucho, lo sabemos)*, más bien, el objetivo de listarlas, es que las escanees, para que te hagas una idea de las posibilidades y poder acudir y profundizar en las que necesites en el día a día de tus desarrollos de modelo de datos.

¡TAMBIÉN! Ten en cuenta que a pesar de haber tantas funciones de filtro (avanzadas), hasta aquí ya has aprendido una buena parte de los conceptos más complejos en el lenguaje DAX, junto con ello, hemos navegado y dominado las funciones más potentes y con mayor probabilidad de utilizar en el desarrollo de modelos de datos para nuestro trabajo, clientes o donde lo necesitemos. En definitiva, se consciente de que ya empiezas a ser un master en el lenguaje DAX.

Te recomendamos, no obstante, el tercer libro de la colección ADN de Excel Free Blog: *El ADN de Power BI (.com) y Desktop*. Donde podrás aprender e interiorizar la gran mayoría de las funciones de filtro, y así entrar a la élite de los más grandes gurús en DAX y visualización de datos.

Referencia Cruzada

LIBRO: EL ADN de Power BI (.com) y Desktop – Miguel Caballero & Fabian Torres. Este libro tiene la particularidad que aparte de dedicarse fuertemente a visualización de datos y BI, pasa un buen rato en la inmersión de las funciones de filtro más avanzadas (Las funciones de tablas complejas)

¡Pero Espera! Este libro tiene muchísimo más que ofrecer, todavía falta un mundo de maravillas y extraordinarias fantasías para tomar datos y realizar *Business Intelligence*. Pero antes queremos que notes como la tabla previa hace las descripciones de algunas funciones haciendo referencia a tablas, esto es algo que esta este momento no hemos mencionado directamente. Todo recae en la perspectiva desde donde miremos.

Perspectivas

Desde Contextos

Visto desde el Proceso de Diagrama de Flujo

Hemos estudiado las distintas funciones en las medidas desde el punto de vista del diagrama de flujo y como afectan los diversos contextos, que si lo pensamos detenidamente podremos recordar que los contextos son tablas y, las funciones de filtro alteran el query context o filter context, por lo que podemos verlas como funciones que retornan una tabla, es exactamente igual solo que visto desde otro ángulo de visión.

Desde Tablas

Visto como Tablas Directamente

Tomemos por ejemplo la función ALL, en su momento dijimos que es una función que remueve las coordenadas del query context, visto desde tablas, es una función que retorna una tabla que resulta de la remoción de los filtros de la tabla del query context *(Puedes ver los diagramas del capítulo 8 y hacer la equivalencia con tablas)*, pero debería ser intuitivo de forma inmediata, pues recuerda que los contextos son tablas, solo que en su momento lo mirábamos más desde el proceso de diagrama de flujo, sino tomate el tiempo para interiorizarlo.

¿Cuáles son los beneficios?

Hemos enfocado nuestro esfuerzo en el proceso de diagrama de flujo ya que cuando lo unimos con la visual desde tablas, podemos armar una imagen más completa del lenguaje DAX.

Analogía (Proyecciones Ortográficas)

Imagínalo como vistas de un objeto, por ejemplo, desde el ángulo del proceso de diagrama de flujo (contextos) puede ser la vista ortográfica de frente, mientras que el ángulo desde tablas puedes ser la vista ortográfica de lado. Tomemos por ejemplo un sofá y sus vistas como analogía:

PROYECCIONES ORTOGRÁFICAS

Las proyecciones ortográficas consisten en represar objetos tridimensionales en una hoja de papel en dos dimensiones, la idea es mirar el objeto desde un ángulo determinado y representarlo desde ese punto de vista, debido a que al hacer esto desde diversas vistas y representarlo en la hoja de papel la persona que lo puede visualizar en su mente el objeto 3d.

Modelo 3D Completo | *Lenguaje DAX*

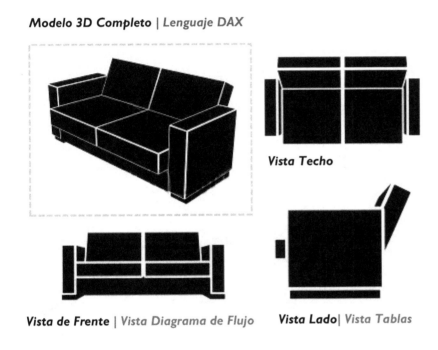

Vista Techo

Vista de Frente | *Vista Diagrama de Flujo*

Vista Lado| *Vista Tablas*

Figura 9. 4 – Analogía Proyecciones Ortográficas

Como puedes apreciar todo está haciendo referencia a lo mismo, desde el punto de vista gráfico, para construir el modelo tridimensional del "sofá"; lo que hemos hecho es lo mismo, las tablas y contextos son exactamente lo mismo, únicamente son representaciones para poder construir de forma completa el lenguaje DAX y ver cada detalle. *¡Ten en cuenta que nada ha cambiado, solo es otra forma de expresar (ver) lo que ya hemos estudiado!*

Transition Context

¡Y CALCULATE sigue haciendo de las suyas!

No por nada, es considerada la más versátil y mágica de las funciones en DAX. *¿A qué viene esto?* Vamos a ver otra de las grandes hazañas que podemos lograr con la función CALCULATE: *Transition Context – Transición de Contextos.*

Conversión de un Contexto a Otro

Resulta que la función CALCULATE nos permite convertir el row context en filter context ...

¡Así es! - Has leído correctamente, podemos convertir el row context en filter context, es a este proceso al cual se le ha denominado Transition Context.

Empecemos por entender cómo se realiza, en que consiste y que consecuencia pueden surgir derivado de esto, para en un capítulo posterior ver porque llega a ser de gran utilidad. En este instante hay mencionar que el único argumento que es obligatorio para la función CALCULATE es el primero, todos los demás *(los filtros)* son opcionales.

Cómo Realizar Transición de Contexto

Vamos a ver esto aplicándolo inmediatamente en Power pivot, como la transición de contexto desde el row hacia el filter, vamos a trabajar con columnas calculadas.

Nos ubicamos en la tabla *SKU_Productos* y creamos la siguiente columna calculada *(Nota que es la primera vez que construimos una columna calculada en una tabla de búsqueda):*

[Suma Agregada Ingresos]=
SUM(TABLA_Pedidos[Precio de Venta])

El resultado es el esperado, cada celda de la nueva columna en SKU Productos muestra la suma total de la columna Precio de Venta de la tabla Pedidos.

[Suma Agre... ▼	f_x =SUM(TABLA_Pedidos[Precio de Venta])	
S.. ▼	Producto(s) ▼	Suma Agregada Ing... ▼
1 L01	Calculus For Dummies - Mark	3320885.5
2 L02	Calculus, 7th Edition - James	3320885.5
3 L03	Calculus - Ron Larson	3320885.5
4 L04	Calculus and Analytic Geometry - George B	3320885.5
5 L05	Sears & Zemansky's University Physics, Vol. 1	3320885.5
6 L06	Sears & Zemansky's University Physics, Vol. 2	3320885.5
7 L07	Physics for Scientists and Engineers - Serway	3320885.5
8 L08	Materials Science and Engineering - Call	3320885.5
9 D01	Curso Power Point Pro	3320885.5
10 D02	Curso de Problogging	3320885.5
11 D03	Curso de Facebook Ad	3320885.5
12 D04	Curso de Gestión de Actividades	3320885.5
13 B01	Batman Begins	3320885.5

Figura 9. 5 – Columna Suma que Utiliza Columna de Otra Tabla (Igual Comportamiento)

Ahora vamos a crear otra columna calculada, justo al lado de la anterior, pero en esta ocasión vamos a encerrar la función SUM en la función CALCULATE, recordando que el primer argumento es el único obligatorio y omitiendo cualquier filtro.

[Suma Agregada Ingresos CALCULATE]:=
CALCULATE(SUM(TABLA_Pedidos[Precio de Venta]))

Parecería un poco tonto de entrada la columna calculada anterior, pero si miramos el resultado:

Esta fila, la primera, es la que se ilustra en la esquematización de la página siguiente. El proceso que se presenta en dicho esquema se repite para cada una de las filas de manera iterativa e independiente uno de la otra.

	fx =CALCULATE(SUM(TABLA_Pedidos[Precio de Venta]))		
S.	Producto(s)	Suma Agregada Ing...	Suma Agregada Ingresos CALCULATE
L01	Calculus For Dummies - Mark	3320885.5	106404.2
L02	Calculus, 7th Edition - James	3320885.5	171818.8
L03	Calculus - Ron Larson	3320885.5	78914.2
L04	Calculus and Analytic Geometry - George B	3320885.5	53645.7
L05	Sears & Zemansky's University Physics, Vol. 1	3320885.5	143427.4
L06	Sears & Zemansky's University Physics, Vol. 2	3320885.5	55012.9
L07	Physics for Scientists and Engineers - Serway	3320885.5	103312.8
L08	Materials Science and Engineering - Call	3320885.5	
D01	Curso Power Point Pro	3320885.5	
D02	Curso de Problogging	3320885.5	
D03	Curso de Facebook Ad	3320885.5	

Figura 9. 6 – Columna Calculada con CALCULATE que solo usa el primer argumento

¡Diferentes Valores! *¿Qué ha pasado?* – Como podrás imaginar, Transition context.

Cómo funciona el Transition Context

Básicamente CALCULATE toma el row context *(fila actual)* lo remueve por completo y lo reemplaza por el filter context que tiene como coordenadas los equivalentes de las celdas del row context removido, lo anterior lo hace para todas las filas iterando. Dicho con otras palabras, se aplica un filtro en cada columna correspondiente al valor del row context actual. *La Esquematización enseguida puede ayudar a su comprensión.*

Transition Context *Columna Calculada | Suma Agregada Ingresos Calculate*

Tomando la primera fila, el valor: 106404.2

Pasos 1: Remover Row Context Fila 1

Paso 2: Row Context en Filter Context

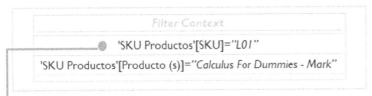

Filter Context
'SKU Productos'[SKU]="L01"
'SKU Productos'[Producto (s)]="Calculus For Dummies - Mark"

Cómo se aplicó en una tabla de búsqueda, entonces aquellas coordenadas relacionadas con la tabla matriz (O Tablas Matrices, Puesto que puedo haber más de una) se propagan esta (s)

Paso 3: Propagar   **Paso 4: Ejecutar**

Tipo de Compra	SKU	Categoría de Descuento	Precio de Venta	País
Devolución	L01	Non	92.25	Perú
Devolución	L01	Non	93.25	Perú
Devolución	L01	Non	94.25	Perú
Devolución	L01	Non	95.25	Perú

1. SUM(TABLA_Pedidos[Precio de Venta]
2. SUM(92.25,92.25, … ,19.875.19.875)
3. 106404.23

Paso 5: Retornar en la fila de la columna calculada

SKU	Producto(s)	Suma Agregada Ing...	Suma Agregada Ingresos CALCULATE
L01	Calculus For Dummies - Mark	3320885.5	106404.2

¡Toma Nota!

La esquematización anterior, no tiene nada que ver con los procesos de diagrama de flujo ni con los esquemas previos, presentamos esto aquí para ilustrar de manera gráfica el proceso de Transition context y poder brindar una forma para comprender e interiorizar este concepto.

Transición de Contexto Múltiples Row Context

La transición de contexto ocurre para todos los row context actuales, cuando la función CALCULATE se ejecuta podemos tener más de un row context, tome el siguiente ejemplo:

Cree la siguiente columna calculada en tabla SKU Productos

```
[X Ingresos] =
SUMX( 'TABLA_CategoríaDeProductos';
        CALCULATE(
                    SUM(TABLA_Pedidos[Precio de Venta])
                )
        )
```

Si analizamos la columna calculada, hay un row context de la tabla *SKU Productos* y otro de la TABLA_CategoríaDeProductos. En la expresión la función SUM dentro de CALCULATE se ejecuta en el row context únicamente para una categoría específica y un producto determinado.

Pausemos un Momento

La columna calculada X Ingresos produce el mismo resultado que la columna calculada Suma Agregada Ingresos CALCULATE, esencialmente porque el row context de tabla categoría ya es abarcado por el row context de la tabla SKU Productos, empero, la medida anterior capta la esencia de múltiples row context

El comportamiento previo es vital porque en este escenario el lenguaje DAX tiene un compartimiento singular. Resulta que, si utilizamos una medida en el primer argumento de CACULATE, así:

```
[X Ingresos con Medida]=
SUMX( 'TABLA_CategoríaDeProductos';
                CALCULATE( [Ingresos]))
```

Sabemos que ocurre una transición de contexto, pero, aquí es donde está la trampa, el meollo del asunto, resulta que, si utilizamos una medida en múltiples row context, entonces no hay necesidad de la función CALCULATE, es decir la siguiente columna CALCULADA:

[X Ingresos con Medida]=
SUMX('TABLA_CategoríaDeProductos';[Ingresos])

La transición de contexto también ocurre. Como dijimos antes es algo de ciudad "Medio tramposo del lenguaje DAX" que debe ser mencionado y debes tener en cuenta. Esta es la razón por la cual se utiliza como convención poner el nombre de la tabla cuando indicamos columnas, pues de esta manera podremos identificar con mayor propiedad si está ocurriendo transición de contexto.

El Siguiente Paso

Para continuar con nuestro viaje por el ADN de Power Pivot, inevitablemente, debemos entender que, para construir modelos más precisos y acertados, el manejo de fechas y tiempos es necesario, por eso en el capítulo número 10, conocerás todo lo que debes saber sobre Time Intelligence y funciones de Fecha y hora.

La Presente Página se ha dejado en Blanco de forma deliberada.

Capítulo 10

Tablas de Calendario

Cuando hablamos de análisis de datos e inteligencia de negocios, inevitablemente hablamos de dichos análisis o procesos en el tiempo, es más, es raro el caso donde encontremos bases de datos que no hagan sus transacciones en fechas específicas o intervalos de tiempo determinados, inclusive, el 90% de las tablas siempre cuentan con por lo menos un campo de fecha.

Time Intelligence

El Lenguaje DAX no es ajeno a ello, por eso trae un paquete especial de funciones encaminadas a moldear fechas y permitir reportes que de otra manera serían muy difícil de lograr, en ocasiones hasta imposibles. Esto es Time Intelligence, una categoría de funciones DAX especializadas en: *"deflactar, contornear y alabear el espacio tiempo"* – Ok, Ok, sabemos que no hay espacio para metáforas con la relatividad general. *Quisimos intentarlo, no nos juzgues* =)

Pero creo que nos has entendido el punto: *Manipular fechas a nuestro antojo para crear medidas que encajen en el análisis que deseamos.*

Tipos de Calendarios

Para poder hacer uso de estas funciones, debemos conocer, como reza el título, las tablas de calendario. *¿Qué son? ¿De dónde obtenerlas?* Y *¿Cómo utilizarlas?* Antes de ello, tenemos que decirte que existen dos tipos de tablas de calendario: *Tablas de Calendarios Estándar* y *Personalizados*, ambos son tema de este capítulo, y arrancaremos como ya te haz de imaginar por los calendarios estándar.

Calendarios Estándar

La tabla de calendario *(en general los dos tipos de tablas de calendario)* son una especie particular de tablas de búsqueda que tienen como objetivo permitir categorizar nuestros datos de múltiples maneras. Veamos una imagen la cual seguramente esclarecerá que son:

DateKey	DateInt	YearKey	QuarterOfYear	MonthOfYear
1/1/1900 0...	19000101	1900	I	I
2/1/1900 0...	19000102	1900	I	I
3/1/1900 0...	19000103	1900	I	I
4/1/1900 0...	19000104	1900	I	I
5/1/1900 0...	19000105	1900	I	I
6/1/1900 0...	19000106	1900	I	I
7/1/1900 0...	19000107	1900	I	I
8/1/1900 0...	19000108	1900	I	I
9/1/1900 0...	19000109	1900	I	I
10/1/1900 ...	19000110	1900	I	I
11/1/1900	19000111	1900	I	I

Figura 10. 1 – BasicCalendarEnglish Importado de Azure Marketplace

NOTA

La tabla de calendario que se muestra en la figura 10.1 fue la que importamos en el capítulo cuatro cuando estudiábamos como obtener datos de Azure Marketplace.

Puedes apreciarla en todo su esplendor en la ventana de Power Pivot en la hoja con nombre:

BasicCalendarEnglish

¡Eso es una tabla de calendario!

Okay excelente, pero si es una tabla de búsqueda, debe haber un Primary Key - *¿No es así?* - Y por supuesto, dicha columna con valores únicos existe, la columna DateKey contiene las fechas desde *1/1/1900* hasta *31/12/2100 de* manera consecutiva, un día tras otro, por consiguiente, ninguna fecha se repite y podemos tomar esta como clave principal *(Por cierto, toda tabla de calendario estándar debe tener una columna con estas características).*

La tabla de calendario también contiene columnas que indican ciertos grupos, por ejemplo, para la fecha se puede obtener, año, semestres, trimestres, mes, semana, etc.

**Primary Key
(Date Key)**

Grupos

Características Calendario Estándar

Detengámonos un momento y resaltemos cuáles son las características de un calendario estándar.

- Todos lo meses a excepción de febrero tienen 30 o 31 días.

- El mes de febrero tiene 28 días y 29 días en años bisiestos

- El número total de días del año son 365 o 364 si el año es bisiesto

Coloquialmente: El calendario que aparece en tu pc, celular o el que tienes fisco al lado de tu computador, ese es el calendario estándar, el que usamos día a día. *¡El Calendario Gregoriano!*

Propiedades Tablas de Calendario Estándar

Como ya hemos inferido la tabla de calendario sigue el comportamiento del calendario estándar, sin embargo, debemos tener en cuentas ciertas características para la tabla:

- Debe contener una columna con las fechas consecutivas, donde cada fila representa un día especifico, generalmente llamamos a esta columna: *DateKey*, *Fecha* o *Fecha Día a Día*.

- La columna Fecha debe contener fechas consecutivas sin ningún tipo de salto, es decir, incluye sábados, domingos y festivos sin excepción, no importa si no son días laborales en la empresa.

- Las tablas de calendario son tablas de búsqueda y, esta debe estar relacionada a la tabla matriz *(o tablas matrices si contamos con más de una)*.

- Grupos: Debe contener columnas que indiquen categorías: Mes, Semana, etc.

Que tal una imagen que ilustre las propiedades:

Columna con **Fechas Consecutivas**, cada fila representa un día determinado

Sin saltos entre fecha y fecha. 10,11,12,13,14,15, ...

Esta tabla de calendario se **debe relacionar con la tabla matriz** (Más adelante lo hacemos).

1·   2·   3·

DateKey	DateInt	YearKey	QuarterOfYear	MonthOfYear	DayOfMonth	MonthName
10/12/2100...	21001210	2100	4	12	10	December
11/12/2100...	21001211	2100	4	12	11	December
12/12/2100...	21001212	2100	4	12	12	December
13/12/2100...	21001213	2100	4	12	13	December
14/12/2100...	21001214	2100	4	12	14	December
15/12/2100...	21001215	2100	4	12	15	December
16/12/2100...	21001216	2100	4	12	16	December
17/12/2100...	21001217	2100	4	12	17	December

4·

Todas estas columnas son **grupos** que derivamos dela columna DateKey, y que podemos utilizar para categorizar en los reportes, por ejemplo, el nombre del mes, el número del mes, año, etc. Etc. Podemos tener cuantas columnas necesitamos, solamente ten presente que es mejor poner las necesarias para que el modelo de datos tenga mejor desempeño.

Figura 10. 2 – Ilustración de las Propiedades para las Tablas de Calendario Estándar

Pausemos un Momento

A las Tablas de Calendario generalmente se les asigna como nombre: Calendario, Fecha o CalendarioALGUNADESCRIPCIÓNBREVE, pero no es obligatorio denominarlas de esta manera, es más una convención para tener claro de que se trata de un tipo de tablas de búsqueda especial.

¡Toma Nota!

Una propiedad adicional (Opcional) para las tablas de calendario, es que la fecha de inicio debería ser desde donde tiene operación la empresa 14/12/1999 hasta la fecha actual (o la última fecha que tenga la base) 16/12/2015 y se vaya expandiendo a medida que se agregan más fechas, esta propiedad puede ser especialmente complicada, ya que incluso la nuestra arranca de 1/1/1900 a 31/2100

Obtener Tablas de Calendario Estándar

Hay infinidad de fuentes de donde podemos obtener o construir las tablas de calendario. Para nuestro caso, la tabla BasicCalendarEnglish se obtuvo desde Azure Marketplace, no obstante, puede ser incomodo tener los grupos con los nombres en inglés como: Monday, January, etc. En dicho caso debemos optar por obtener por otro medio la tabla o construirla. Algunas Alternativas:

Fuentes para Tablas de Calendario

- Azure Marketplace
- Base de Datos: SQL Server
- Construir con Power Query
- Construir en Excel
- Funciones CALENDAR y CALENDARAUTO

Hasta aquí solamente hemos visto con Azure Marketplace, y la verdad no pasaremos tiempo estudiando las otras alternativas, puesto que no es el objetivo del capítulo, en su lugar miraremos como construir la tabla de calendario en Excel, esta opción debe ser la alternativa más viable y preferida para el perfil del lector de este libro junto con la de Power Query.

Para construir una tabla de calendario estándar en Excel empezamos por crear una hoja nueva a la cual llamaremos Calendario *(Nosotros siempre llamamos a esta tabla: Calendario, sin embargo, Fechas, es una opción muy usada –A las tablas calendario tambié se les conoce como Tablas de Fechas)*

Ponemos los encabezados de columna que necesitemos, para esta oportunidad los *siguientes: (Por cierto, son lo más ampliamente usados)*

Figura 10. 3 – Encabezados para Tabla de Calendario en Excel

En caso de que no logres leer de manera correcta los encabezados, los listamos enseguida en su orden de izquierda a derecha:

- Fecha
- Año
- Mes Número
- Mes Nombre
- Mes Día
- Trimestre
- Día de la Semana Nombre
- Día de la Semana Número

Nuestro segundo paso sería identificar la primera fecha y última fecha que aparece en la tabla *Pedidos*.

La primera fecha es: 14/12/1999 y la última es: 17/12/2015. Procedemos a digitar la primera fecha en la celda inmediatamente debajo del encabezado fecha, dejamos la celda activa allí mismo para posteriormente dirigirnos a la pestaña INCIO, grupo MODIFICAR, desplegamos las opciones de relleno y pulsamos clic en el comando SERIES. En el cuadro de diálogo que se despliega seleccionamos las opciones como se muestra en la siguiente imagen:

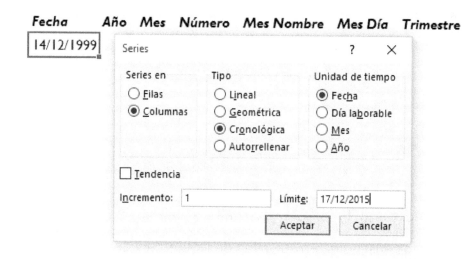

Figura 10. 4 – Serie para Intervalo de Fechas

Nota como en el cuadro de texto *Límite,* colocamos la última fecha de la tabla pedidos, finalmente pulsamos en el botón Aceptar.

Fecha	Año	Mes Número	Mes Nom
14/12/1999			
15/12/1999			
16/12/1999			
17/12/1999			
18/12/1999			
19/12/1999			
20/12/1999			
21/12/1999			

Figura 10. 5 – Segmento de Fechas creadas con la serie

Ahora procedamos a convertirla en una tabla estructurada, para ello dejamos la celda activa dentro de la tabla, pulsamos la combinación de teclas Ctrl + T y Aceptar.

Fecha	Año	Mes Número	Mes Nombre	Día del Año	Trime
14/12/1999					
15/12/1999					
16/12/1999					
17/12/1999					
18/12/1999					
19/12/1999					
20/12/1999					
21/12/1999					
22/12/1999					
23/12/1999					

Figura 10. 6 – Tabla Estructurada para la Creación de Tabla de Calendario

Renombremos la tabla como Calendario *(Recuerda que con este nombre es como aparecerá en la hoja de Power Pivot y el cual se utilizará para hacer referencia a sus campos)*. A continuación, se construye cada columna, la siguiente tabla deja las fórmulas para su implantación.

Tabla 10. 1 Fórmulas para Construir Columnas en Tabla de Calendario

Columna	Función
Año	=AÑO([@Fecha])
Mes Número	=TEXTO([@Fecha];"mm")
Mes Nombre	=TEXTO([@Fecha];"mmmm")
Mes Día	=DIA([@Fecha])
Trimestre	=REDONDEAR.MAS(MES([@Fecha])/3;0)
Día de la Semana Nombre	=TEXTO([@Fecha];"dddd")
Día de la Semana Número	=TEXTO([@Fecha];"d")

Así luciría nuestra tabla de calendario:

Fecha	Año	Mes Número	Mes Nombre	Mes Día	Trimestre	Día de la Semana Nombre	Día de la Semana Número
14/12/1999	1999	12	Diciembre	14	4	martes	14
15/12/1999	1999	12	Diciembre	15	4	miércoles	15
16/12/1999	1999	12	Diciembre	16	4	jueves	16
17/12/1999	1999	12	Diciembre	17	4	viernes	17
18/12/1999	1999	12	Diciembre	18	4	sábado	18
19/12/1999	1999	12	Diciembre	19	4	domingo	19
20/12/1999	1999	12	Diciembre	20	4	lunes	20
21/12/1999	1999	12	Diciembre	21	4	martes	21
22/12/1999	1999	12	Diciembre	22	4	miércoles	22
23/12/1999	1999	12	Diciembre	23	4	jueves	23
24/12/1999	1999	12	Diciembre	24	4	viernes	24
25/12/1999	1999	12	Diciembre	25	4	sábado	25
26/12/1999	1999	12	Diciembre	26	4	domingo	26
27/12/1999	1999	12	Diciembre	27	4	lunes	27
28/12/1999	1999	12	Diciembre	28	4	martes	28
29/12/1999	1999	12	Diciembre	29	4	miércoles	29
30/12/1999	1999	12	Diciembre	30	4	jueves	30
31/12/1999	1999	12	Diciembre	31	4	viernes	31
1/1/2000	2000	01	Enero	1	1	sábado	1
2/1/2000	2000	01	Enero	2	1	domingo	2
3/1/2000	2000	01	Enero	3	1	lunes	3
4/1/2000	2000	01	Enero	4	1	martes	4
5/1/2000	2000	01	Enero	5	1	miércoles	5
6/1/2000	2000	01	Enero	6	1	jueves	6
7/1/2000	2000	01	Enero	7	1	viernes	7

Figura 10. 7 – Tabla Calendario Final desde Excel

Procedemos a agregar la tabla de calendario a Power Pivot, una vez hecho esto vamos a la vista de diagrama.

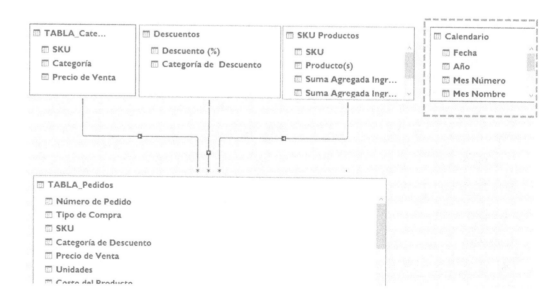

Figura 10. 8 – Vista de Diagrama con Tabla de Calendario de Excel

Como discutimos hace un momento las tablas de calendario son tablas de búsqueda que se deben relacionar con las tablas matrices, para nuestro caso la tabla de calendario, *Calendario*, se debe relacionar con la tabla *Pedidos*. Sabemos que en la tabla calendario la columna a vincular es el campo **Fecha** *(Primary Key)*, no obstante, cuando observamos la tabla *Pedidos* podemos apreciar que tenemos dos campos de fecha: **Fecha de Envio** y **Fecha de Llegada**; Aquí surge la pregunta:

¿Con cuál de los dos campos se debería relacionar estas dos tablas?

La respuesta: Depende.

¿Más detalle?

Depende ya que, si queremos basar nuestro análisis en las fechas en las cuales el cliente recibe el producto, entonces, la relación con el campo *Fecha de Llegada* es la indicada, por otra parte, si nuestro análisis se basa en la *Fecha de Envio*, el cual tiene las características de ser la fecha de compra, entonces la relacionamos con este último campo.

Tal vez, la primera opción que se te ha ocurrido mi amigo, fue relacionar el campo fecha con el campo *Fecha de Envio*, pues dicho escenario es de mayor factibilidad, dado que basar nuestros análisis con la "*Fecha de Compra*" es una de las opciones más usadas. Alternativamente, utilizar la opción con *Fecha de Llegada* también es perfectamente válido, dado que con ello podemos realizar otro tipo de análisis. Por el momento relacionaremos *Fecha* con *Fecha de Envio*.

NOTA

De pronto se te haya ocurrido crear las dos relaciones y crear medidas con una relación u otro o con ambas. Lo cual, *¡es una gran idea!* Veremos cómo llevar acabo tal tarea en un capítulo posterior, por el momento una única relación entre dos tablas.

Relacionando las tablas en la vista de diagrama:

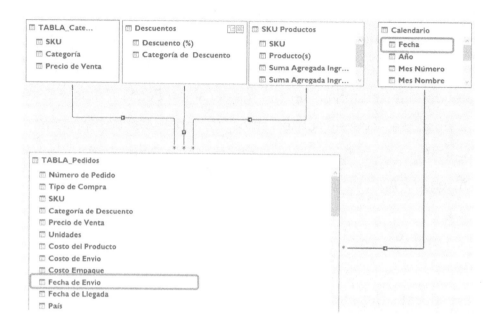

Figura 10. 9 – Relación Campo Fecha con Campo Fecha de Envio

Las tablas de calendario se comportan como cualquier tabla de búsqueda, con lo cual podemos usar sus campos de la manera como hemos venido trabajando, por ejemplo, podemos llevar el campo Año de tabla Calendario al área de filas y la medida ingresos al área de valores

Etiquetas de fila ▾	Ingresos
1999	$8,685.83
2000	$180,680.24
2001	$166,860.36
2002	$184,876.83
2003	$177,061.95
2004	$168,059.37
2005	$187,906.44

Figura 10. 10 – Campos de la Tabla Calendario Trabajan como Cualquier Tabla de Búsqueda

Time Intelligence Vs Funciones de Fecha y Hora

Time Intelligence son un grupo bastante especial de funciones dentro de la categoría de funciones de fecha y hora, porque se ajustan y operan para fechas que están cambiando constantemente, dependiendo del contexto en el reporte de tabla dinámica, por supuesto, la majestuosidad de time Intelligence es que nos permite manipular el query o filter context, ya sabes, como todo poder mítico del lenguaje DAX.

Por lo anterior, time Intelligence no tiene ningún equivalente con las funciones de fecha y hora en Excel, ni siquiera características parecidas, pero, no dejan de ser funciones de fecha y hora, de "élite", si, pero se encuentran agrupadas en la categoría de funciones de fecha y hora en Power Pivot.

Para nuestro gusto sería bastante bueno separar las funciones time Intelligence de las funciones de fecha y hora clásicas, pero no es el caso en Power Pivot, lo importante, a pesar de ello, es que nosotros somos conscientes de esta diferenciación; incluso, podemos buscar en google: *time Intelligence in DAX* y podremos encontrarlas en el MSDN agrupadas en su propia categoría.

Marca Tabla como Calendario

Para no tener inconvenientes con la utilización de las funciones Time Intelligence, debemos decirle explícitamente a Power Pivot cuales tablas es de calendario, para ello, estando posicionados en dicha tabla en la ventana de Power Pivot, nos dirigimos a la pestaña DISEÑOS, luego de eso ubicamos el grupo CAELNDARIOS ...

¿Qué son las funciones Time Intelligence?

No tiene Símil en Excel

Y clicamos encima de la opción: MARCAR COMO TABLA DE FECHAS.

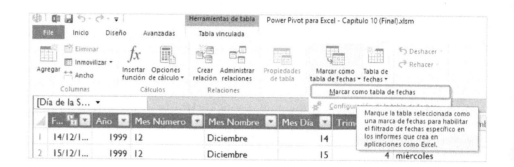

Figura 10. 11 – Marcar Tabla como Calendario

Funciones DAX Time Intelligence

Hay una buena cantidad de funciones DAX Time Intelligence, lo primero que vamos a hacer es listarlas y describirlas muy brevemente.

Tabla 10. 2 Funciones DAX Time Intelligence

Función	Descripción
CLOSINGBALANCEMONTH	Evalúa una expresión en la última fecha del mes del contexto actual.
CLOSINGBALANCEQUARTER	Evalúa una expresión en la última fecha del trimestre del contexto actual.
CLOSINGBALANCEYEAR	Evalúa una expresión en la última fecha del año del contexto actual.
DATEADD	Retorna una tabla que contiene columna de fechas, desfasada bien sea hacia adelante o atrás en el tiempo.

Función	Descripción
DATESBETWEEN	Retorna una tabla que contiene columna de fechas, dado que se especifica una fecha inicial y final (Pueden ser expresiones).
DATESINPERIOD	Retorna una tabla que contiene columna de fechas, dado que se especifica una fecha y continua en un intervalo especificado.
DATESMTD	Retorna una tabla que contiene una columna con las fechas desde el primer día del mes hasta la fecha actual, por ejemplo, si la fecha es: 16/2/2016 devuelve las fechas del 1/2/2016 hasta 16/2/2016, todo eso en el contexto actual
DATESQTD	Retorna una tabla que contiene una columna con las fechas desde el primer día del trimestre hasta la fecha actual, por ejemplo, si la fecha es: 07/12/2015 devuelve las fechas del 1/210/2015 hasta 07/12/2015, todo eso en el contexto actual
DATESYTD	Retorna una tabla que contiene una columna con las fechas desde el primer día del año hasta la fecha actual, por ejemplo, si la fecha es: 21/11/2015 devuelve las fechas del 1/1/2015 hasta 21/12/2015, todo eso en el contexto actual.
ENDOFMONTH	Retorna la última fecha del mes en el contexto actual para la columna de fecha especificada.
ENDOFQUARTER	Retorna la última fecha del trimestre en el contexto actual para la columna de fecha especificada.
ENDOFYEAR	Retorna la última fecha del año en el contexto actual para la columna de fecha especificada.
FIRSTDATE	Retorna la primera fecha en el contexto actual para una columna de fecha especificada. Esta función la podemos visualizar como la función MIN para valores de tipo fecha.

| Continuación | Funciones DAX Time Intelligence |

Función	Descripción
FIRSTNOBLANK	Retorna la primera fecha en el contexto actual para una columna de fecha especificada. Donde la expresión no es BLANK
LASTDATE	Retorna la última fecha en el contexto actual para una columna de fecha especificada.
LASTNOBLANK	Retorna la última fecha en el contexto actual para una columna de fecha especificada. Donde la expresión no es BLANK
NEXTDAY	Retorna una tabla que contiene una columna con todas las fechas desde el día siguiente, basado en la primera fecha especificada en la columna fecha en el contexto actual.
NEXTMONTH	Retorna una tabla que contiene una columna con todas las fechas desde el mes siguiente basado en la primera fecha especificada en la columna fecha en el contexto actual.
NEXTQUARTER	Retorna una tabla que contiene una columna con todas las fechas desde el trimestre siguiente basado en la primera fecha especificada en la columna fecha en el contexto actual.
NEXTYEAR	Retorna una tabla que contiene una columna con todas las fechas desde el año siguiente basado en la primera fecha especificada en la columna fecha en el contexto actual.
OPENINGBALANCEMONTH	Evalúa una expresión en la primera fecha del mes del contexto actual.

Función	Descripción
OPENINGBALANCEQUARTER	Evalúa una expresión en la primera fecha del trimestre del contexto actual.
OPENINGBALANCEYEAR	Evalúa una expresión en la primera fecha del mes del contexto actual.
PARALLERLPERIOD	Retorna una tabla que contiene una columna de fechas que representan el periodo paralelo a la fecha especificada en la columna fecha en el contexto actual, dado que las fechas se desfasa en un intervalo determinado.
PREVIOUSDAY	Retorna una tabla que contiene una columna de fecha de todas las fechas representando el día previo hasta la fecha indicada en su argumento fecha.
PREVIOUSMONTH	Retorna una tabla que contiene una columna de fecha de todas las fechas representando el mes previo hasta la fecha indicada en su argumento fecha.
PREVIOSQUARTER	Retorna una tabla que contiene una columna de fecha de todas las fechas representando el trimestre previo hasta la fecha indicada en su argumento fecha.
PREVIOUSYEAR	Retorna una tabla que contiene una columna de fecha de todas las fechas representando el año previo hasta la fecha indicada en su argumento fecha.
SAMEPERIODLASTYEAR	Retorna una tabla que contiene una columna de fechas desfasada un año adelante o atrás respecto a la fecha especificada en el argumento de la función.

Continuación ▸　Funciones DAX Time Intelligence

Función	Descripción
TOTALMTD	Evalúa una expresión para una fecha desde el inicio del mes hasta la fecha actual.
TOTALQTD	Evalúa una expresión para una fecha desde el inicio del trimestre hasta la fecha actual
TOTALYTD	Evalúa una expresión para una fecha desde el primer día del año hasta la fecha actual

Familias de Funciones Time Intelligence

Como podemos apreciar en la tabla, la cantidad de funciones time Intelligence es abrumadora, de hecho, algunas de sus descripciones son confusas si no se tiene claro las bases teóricas de contexto, incluso, si se tiene claro algunas de ellas aún pueden sonar ambiguas y enredadas; lo anterior es así, básicamente porque algunas de ellas son mucho más complejas describirlas con palabras que comprender lo que realmente hacen.

La solución, ver una por una de manera detallada. Sinceramente, eso sería una tarea para un libro completo.

La buena noticia es que todas esas funciones se pueden categorizar en subgrupos más pequeños por afinidad, ya que tienen un comportamiento similar, con tan solo cambios menores que se pueden extrapolar sin ningún problema.

DATESYTD, DATESMTD & DATESQTD

Este trio dinámico de funciones retorna una tabla con las fechas desde el principio del año, mes o trimestre hasta el día de "hoy"" respectivamente (Según el título). Si tuviéramos que traducirlas, probablemente sería algo así:

- DATESYTD: Fechas del año hasta hoy
- DATESMTD: Fechas del mes hasta hoy
- DATESQTD: Fechas del Trimestre hasta hoy

Vemos la sintaxis y argumentos primeramente de la función DATESYTD.

DATESYTD(<Fecha>; <Fecha_Fin_Año>)   Sintaxis

Tabla 10. 3	Argumentos de la Función DATESYTD	Argumentos

Argumento	Descripción
Fecha	Una Columna que contenga fechas.
Fecha_Fin_Año	**Opcional.** Una cadena de caracteres que señale la última fecha del año.

Observemos un ejemplo directamente para que nos ayude a visualizar como labora esta función.

```
TABLA_Pedidos[Ingreso del AÑOS HASTA HOY]:=
CALCULATE([Ingresos];DATESYTD(Calendario[Fecha]))
```

Creemos una tabla dinámica con la siguiente configuración: el campo *Mes nombre* de la tabla *Calendario* al área de filas, la medida *Ingresos e Ingresos del AÑOS HASTA HOY* al área de valores, el campo Año de la tabla calendario al área de filtros, y en el seleccionamos el elemento 2014.

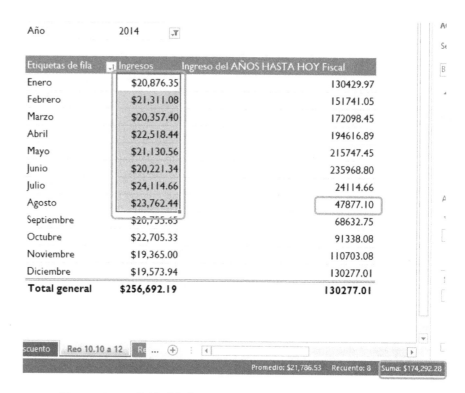

Año	2014

Etiquetas de fila	Ingresos	Ingreso del AÑOS HASTA HOY Fiscal
Enero	$20,876.35	130429.97
Febrero	$21,311.08	151741.05
Marzo	$20,357.40	172098.45
Abril	$22,518.44	194616.89
Mayo	$21,130.56	215747.45
Junio	$20,221.34	235968.80
Julio	$24,114.66	24114.66
Agosto	$23,762.44	47877.10
Septiembre	$20,755.65	68632.75
Octubre	$22,705.33	91338.08
Noviembre	$19,365.00	110703.08
Diciembre	$19,573.94	130277.01
Total general	**$256,692.19**	130277.01

Promedio: $21,786.53   Recuento: 8   Suma: $174,292.28

Figura 10. 12 – Tabla Dinámica para ejemplificar DATESYTD

Consideraciones Criticas

CALCULATE

Debemos enmarcar con negrita, que para la creación de la medida *Ingresos del año HASTA HOY*, se utilizó la función CACULATE debido a que **DATESYTD retorna una tabla**, esta es el filter context alterado hasta la primera fecha del año, por lo cual debemos resumir esos datos en un solo valor, es allí donde entra CALCULATE mediante su primer argumento podemos definir la expresión con la cual deseamos resumir los datos, mientras que en su segundo ...

Argumento definimos de qué manera queremos alterar el filter context, allí es donde ejecuta su rol DATESYTD.

Cuando entramos a mirar la función DATESYTD, podemos observar que en su argumento fecha, el cual es común a prácticamente todas las funciones Time Intelligence, indicamos Calendario[Fecha], es decir, para los argumentos fecha se debe poner la Primary key, la columna del primer requisito para la tabla de calendario.

Argumento Común en Time Intelligence

¡Toma Nota!

Somos conscientes que, en la tabla Pedidos, tenemos campos como: Año, Mes, Mes Número, etc. Similares a los que construimos en la tabla de calendario, la verdad es que debemos evitar a toda costa utilizar los de la tabla pedido o cualquier tabla matriz en general, debemos acostumbrarnos a hacer uso siempre de los campos en la tabla de calendario. En el Capítulo 12 dilucidamos porqué.

Retomando la función DATESYTD, en la tabla 10.3, que presenta sus argumentos, podemos fijarnos que tiene un segundo argumento opcional, este corresponde a la fecha que queremos que se tome como final de año, que por defecto es "31/12". El argumento *fin_de_año* es clave, porque lo podemos utilizar para indicar el año fiscal o financiero, este varía dependiendo del país y para alguno de ellos es "30/06".

Argumento Opcional DATESYTD

```
TABLA_Pedidos[Ingreso del AÑOS HASTA HOY Fiscal]:=
CALCULATE([Ingresos];DATESYTD(Calendario[Fecha];"06/30"))
```

La función DATESMTD es exactamente igual que DATESYTD con la diferencia que no se devuelve hasta la primera fecha del año, sino hasta la primera fecha del mes, veamos un ejemplo:

[Ingresos MES HASTA HOY]=
CALCULATE([Ingresos];DATESMTD(Calendario[Fecha]))

NOTA

En el ejemplo para la función DATEMYD utilizamos los meses y los subdivide por los distintos días, un escenario interesante es hacer lo mismo, pero con semanas, así podremos analizar el comportamiento semana tras semana de, ingresos, costos, lo que necesitemos. Lo único que debemos hacer es crear una columna que contenga las semanas y las puedas usar en cualquier reporte de tablas dinámica que derive de allí.

Año	2014	

Etiquetas de fila	Ingresos	Ingresos MES HASTA HOY
⊞ Enero	$20,876.35	$20,876.35
⊟ Febrero	$21,311.08	$21,311.08
1/2/2014	$1,334.94	$1,334.94
2/2/2014	$1,282.67	$2,617.60
3/2/2014	$953.00	$3,570.60
4/2/2014	$839.41	$4,410.01
5/2/2014	$472.91	$4,882.92
6/2/2014	$288.36	$5,171.28
7/2/2014	$291.59	$5,462.87
8/2/2014	$388.13	$5,851.00
9/2/2014	$179.09	$6,030.08
10/2/2014	$1,619.28	$7,649.37
⊞ Marzo	$20,357.40	$20,357.40
⊞ Abril	$22,518.44	$22,518.44
⊞ Mayo	$21,130.56	$21,130.56
⊞ Junio	$20,221.34	$20,221.34

Figura 10. 13 – Ejemplificación Medida con DATESMTD

Y adivina que, DATESQTD es exactamente los mismo, pero con trimestres.

Un aspecto a resaltar de las funciones DATESMTD y DATESQTD respecto a DATESYTD es que las dos primeras no tienen el argumento opcional.

TOTALYTD, TOTLAMTD & TOTALQTD

Estos tres chicos (TOTALYTD, TOTALMTD & TOTALQTD) son una evolución de las tres funciones anteriores para resumir los datos que retornan de una vez, visto de una manera diferente, son un reemplazo para no utilizar CALCULATE en las tres funciones anteriores. Veamos sus equivalencias:

- DATESYTD

TABLA_Pedidos[Ingreso del AÑOS HASTA HOY]:=
CALCULATE([Ingresos];DATESYTD(Calendario[Fecha]))

- TOTALYTD

[Ingreso del AÑOS HASTA HOY (Con TOTALYTD)]:=
TOTALYTD([Ingresos];Calendario[Fecha])

Año   2014   ⤓

Etiquetas de fila	Ingresos	Ingresos de AÑO HASTA LA FECHA	Ingreso del AÑOS HASTA HOY (Con TOTALYTD)
Enero	$20,876.35	$20,876.35	$20,876.35
Febrero	$21,311.08	$42,187.43	$42,187.43
Marzo	$20,357.40	$62,544.83	$62,544.83
Abril	$22,518.44	$85,063.27	$85,063.27
Mayo	$21,130.56	$106,193.83	$106,193.83
Junio	$20,221.34	$126,415.18	$126,415.18
Julio	$24,114.66	$150,529.84	$150,529.84
Agosto	$23,762.44	$174,292.28	$174,292.28
Septiembre	$20,755.65	$195,047.93	$195,047.93

Figura 10. 14 - DATESYTD junto a TOTALYTD

Después de haber visto la utilidad de la función TOTALYTD, aterricemos su definición, sintaxis y argumentos.

**Función
TOTALYSTD**

La función TOTALYTD evalúa una expresión, como DISTINCTCOUNT(TABLA_Pedidos[Precio de Venta]) o una medida como [Ingresos], teniendo como objetivo adicional alterar el filter context de tal manera que calcule desde la primera fecha del año hasta la actual.

Sintaxis

TOTALYSTD(<expresión>;<fecha>;[<filtro>];[<fin_de_año>])

Tabla 10. 4   Argumentos de la función TOTALYSTD

Argumento	Descripción
Expresión	Una expresión que retorne un escalar.
Fecha	Una columna que contenga las fechas.
Filtro	**Opcional.** Una alteración para el contexto.
Fin_de_año	**Opcional.** Última fecha de año.

A Resaltar

El argumento Filtro se comporta como los argumentos Filtros de CALCULATE, por lo que si lo deseamos podemos crear una medida algo así:

[Ingreso del AÑOS HASTA HOY (Con TOTALYTD Chile)]:=
TOTALYTD([Ingresos];
            Calendario[Fecha];
            'TABLA_Pedidos'[País]="Chile")

Adicionalmente, podemos ver que tenemos el argumento fin de año, con lo cual podemos hacer cálculos para años fiscales.

Las funciones TOTALMTD y TOTALQTD son los equivalentes para DATESMTD y DATESQTD, la diferencia es que no cuentan con último argumento "Fin_de_Año".

CLOSINGBALANCEYEAR, CLOSINGBALANCEMONTH & CLOSINGBALANCEQUARTER

Estos tres *"motorratones"* devuelve el valor de la expresión evaluado para el último día del año, mes o trimestre dependiendo del caso, un ejemplo para clarificarlas:

TABLA_Pedidos[Balance de Cierre del Año]
CLOSINGBALANCEYEAR([Ingresos];Calendario[Fecha])

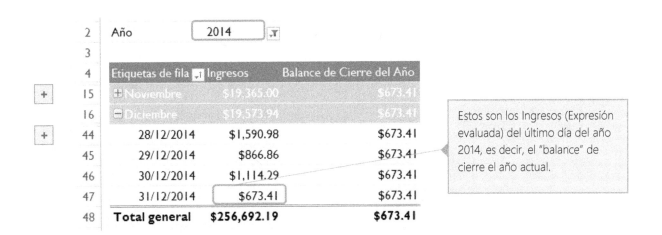

Figura 10. 15 – Ejemplo para CLOSINGBALANCEYEAR

Las funciones CLOSINGBALANCEMONTH y CLOSINGBALANCEQUARTER, tienen el mismo comportamiento solamente que evalúan la expresión para el último día del mes y del trimestre en el contexto actual respectivamente.

Función CLOSNGBALANCEYEAR

La función CLOSINGBALANCEYEAR evalúa una expresión para la última fecha del año en el contexto actual.

Sintaxis

CLOSINGBALANCEYEAR(

<expresión>;<fecha>;[<filtro>];[<fin_de_año>])

Tabla 10. 5   Argumentos función CLOSINGBALANCEYEAR

Argumento	Descripción
Expresión	Una expresión que retorne un escalar.
Fecha	Una columna que contenga las fechas.
Filtro	**Opcional.** Una alteración para el contexto.
Fin_de_año	**Opcional.** Última fecha del año.

Observemos que tenemos argumentos similares a la familia anterior, y por supuesto, se comportan de la misma manera; con el argumento filtro podemos alterar el contexto, mientras que con el parámetro fin_de_año podemos establecer cuál es el último día del año, como mencionamos anteriormente, para trabajar con años fiscales.

Igualmente, las funciones para mes y trimestre carecen del último argumento, podemos notar como este parámetro se repite en las distintas familias.

OPENINGGBALANCEYEAR, OPENINGBALANCEMONTH & OPENINGALANCEQUARTER

Habiendo visto la "familia" de funciones "CLOSING" podemos inferir directamente que: esta familia tiene un comportamiento que devuelve el valor de la expresión evaluado para el primer día de año, mes o trimestre dependiendo del caso. Vamos al ejemplo:

TABLA_Pedidos[Balance Inicio de Año]

OPENINGBALANCEYEAR([Ingresos];Calendario[Fecha])

Año   2014   .т

Etiquetas de fila	Ingresos	Balance de Cierre del Año	Balance Inicio de Año
Enero	$20,876.35	$673.41	$287.97
1/1/2014	$770.92	$673.41	$287.97
2/1/2014	$709.36	$673.41	$287.97
3/1/2014	$425.76	$673.41	$287.97
4/1/2014	$301.66	$673.41	$287.97
Febrero	$21,311.08	$673.41	$287.97
Marzo	$20,357.40	$673.41	$287.97
Abril	$22,518.44	$673.41	$287.97
Mayo	$21,130.56	$673.41	$287.97
Junio	$20,221.34	$673.41	$287.97
Julio	$24,114.66	$673.41	$287.97
Agosto	$23,762.44	$673.41	$287.97
Septiembre	$20,755.65	$673.41	$287.97
Octubre	$22,705.33	$673.41	$287.97
Noviembre	$19,365.00	$673.41	$287.97
Diciembre	$19,573.94	$673.41	$287.97
Total general	$256,692.19	$673.41	$287.97

Figura 10. 16 – Visualizando la función OPENINGBALANCEYEAR

Los argumentos son exactamente iguales a las dos familias anteriores.

DATESBETWEEN

Una familia con un solo integrante, pero muy querida ya que nos proporciona la posibilidad de crear tablas en intervalos de fechas determinados, veamos su definición, sintaxis y argumentos.

Función DATESBETWEEN

La función DATESBETWEEN, retorna una tabla compuesta por una columna de fechas que empieza en una fecha inicial indicada en el segundo argumento y una final señalada en el tercer argumento.

Sintaxis

DATESBETWEEN(<fechas>;<inicial>;<final>)

Tabla 10. 6	Argumentos de la Función DATESBETWEEN

Argumento	Descripción
Fecha	Una columna que contenga las fechas.
Inicial	Expresión que devuelva una fecha
Final	Expresión que devuelva una fecha

¡Toma Nota!

Fíjate como los dos últimos argumentos indican expresiones que retornen una fecha. Si queremos colocar una fecha fija, por ejemplo, 01/04/2000, entonces lo debemos hacer mediante una de las funciones clásicas de fecha y hora: DATE, así: DATE(2000;4;1). Aunque en los argumentos se puede indicar como: "1/4/2000", evita esta forma ya que puede retornar valores inesperados e incorrectos.

Realicemos una sencilla tabla dinámica donde veamos los ingresos generados entre las fechas 01/04/2000 y 01/10/2000.

```
[Ingresos 2015 (6 Meses Representativos)]:=
CALCULATE( [Ingresos];
              DATESBETWEEN(Calendario[Fecha];
              DATE(2000;4;01);
              DATE(2000;10;01))
           )
```

Con la medida anterior podemos llevar el campo categoría al área de filas y así ver los ingresos representativos.

Etiquetas de fila ▼	Ingresos 2015 (6 Meses Representativos)
Blue-Ray	$4,180
CD	$2,748
Combo	$62,210
Libro	$18,744
Total general	**$87,883**

Figura 10. 17 – Tabla Dinámica con Medida que utiliza DATESBETWEEN

LASTDATE & FIRSTDATE

Esta familia la podemos tomar como los equivalentes de MAX y MIN para campos de tipo fecha, la función LASTDATE retorna la última fecha en un campo especificado, mientras que FIRSTDATE retorna la primera fecha del campo (Primer día de operaciones). Ambas funciones solamente cuentan con un argumento y este es la columna donde queremos hallar el "máximo" o el "mínimo" en términos de fecha,

Conociendo estas funciones podemos plantear un escenario interesante junto con DATESBETWEEN, consiste en evaluar una expresión desde el primer día de operación hasta la fecha presente en el contexto actual.

```
[Ingresos (Vida de Operación)]=
CALCULATE (
    [Ingresos];
    DATESBETWEEN (
        Calendario[Fecha];
        FIRSTDATE ( ALL ( Calendario[Fecha] ) );
        LASTDATE ( Calendario[Fecha] )
    )
)
```

Tabla Dinámica:

Figura 10. 18 – Tabla Dinámica con Medida Vida de Operación

DATEADD & SAMESPERIODLASTYEAR

La función DATESADD retorna una tabla que contiene una columna con fechas desfasadas hacia adelante o hacia atrás en el tiempo de acuerdo a las fechas en el contexto actual.

DATEADD(<Fecha>;<núm_ desfase;<tipo>)

Tabla 10. 7 ▶　Argumentos de la función DATESADD

Argumento	Descripción
Fecha	Una columna que contenga las fechas.
Núm_Desfase	Un valor entero que indique que se debe desfasar hacia adelante o atrás.
Tipo	En términos de qué está el desfase: Años, Trimestre, Mes o Días.

Conociendo esta función podemos crear la tasa de crecimiento básica, la cual compare el año actual con el año previo, a diferencia de la tasa de crecimiento básica que creamos en el capítulo 8 año que toma un año base.

¿Cómo identificamos los ingresos de año previo?

```
[Ingresos Año Previo]:=
CALCULATE( [Ingresos];
          DATEADD(Calendario[Fecha];-1;YEAR)
        )
```

TABLA_Pedidos[Tasa de Crecimiento (Año a Año)]:=
DIVIDE([Ingresos]-[Ingresos Año Previo];[Ingresos Año Previo])

Campo Año de la tabla Calendario.

Etiquetas de fila ⏷	Ingresos	Ingresos Año Previo	Tasa de Crecimiento (Año a Año)
1999	$8,685.83		
2000	$180,680.24	$8,686	1980.172 %
2001	$166,860.36	$180,680	-7.649 %
2002	$184,876.83	$166,860	10.797 %
2003	$177,061.95	$184,877	-4.227 %
2004	$168,059.37	$177,062	-5.084 %
2005	$187,906.44	$168,059	11.810 %
2006	$198,797.54	$187,906	5.796 %
2007	$170,712.79	$198,798	-14.127 %
2008	$175,936.37	$170,713	3.060 %
2009	$198,222.01	$175,936	12.667 %
2010	$240,873.82	$198,222	21.517 %
2011	$216,088.04	$240,874	-10.290 %
2012	$229,644.13	$216,088	6.273 %
2013	$232,463.65	$229,644	1.228 %
2014	$256,692.19	$232,464	10.423 %
2015	$327,323.99	$256,692	27.516 %

Figura 10. 19 – Tabla Dinámica con DATESADD, Tasa de Crecimiento (Año a Año)

NOTA

Ten en cuenta que la medida Tasa Básica Crecimiento creada en el capítulo 8 si se utiliza en esta tabla dinámica arroja valores erróneos, en esencia, porque está haciendo los filtros respecto a las fechas en la tabla pedidos.

SAMEPERIOD LASTYEAR

Esta es una versión especifica de la función DATESADD, ya que desfasa las fechas en el contexto actual un año previo. La medida Ingresos Año previo puede ser escrita:

```
[Ingresos Año Previo]:=
CALCULATE([Ingresos];
SAMEPERIODLASTYEAR(Calendario[Fecha]))
```

STARTOFMONTH, STARTOFQUARTER & STARTOFYEAR

Estas funciones las podemos traducir, así:

- STARTOFMONTH: Primera fecha del mes en el contexto actual

- STARTOFQUARTER: Primera fecha del trimestre en el contexto actual

- STARTOFYEAR: Primera fecha del año en el contexto actual

Estas tres funciones solamente necesitan un argumento, y este es el campo de fecha con las fechas consecutivas en nuestra tabla de calendario.

ENDOFMONTH, ENDOFQUARTER & ENDOFYEAR

Nada extraño con este grupo, similares a las anteriores solo que devuelven la última fecha. Una imagen para ilustrar:

Etiquetas de fila	Fecha Inicio Mes	Fecha Incio Trimestre	Fecha de Incio de Año	Fecha Fin Mes	Fecha Fin Trimestre	Fecha fin Año
⊞ 1999	14/12/1999 00:00	14/12/1999 00:00	14/12/1999 00:00	31/12/1999 00:00	31/12/1999 00:00	31/12/1999 00:00
⊞ 2000	1/1/2000 00:00	1/1/2000 00:00	1/1/2000 00:00	31/12/2000 00:00	31/12/2000 00:00	31/12/2000 00:00
⊞ 2001	1/1/2001 00:00	1/1/2001 00:00	1/1/2001 00:00	31/12/2001 00:00	31/12/2001 00:00	31/12/2001 00:00
⊟ 2002	1/1/2002 00:00	1/1/2002 00:00	1/1/2002 00:00	31/12/2002 00:00	31/12/2002 00:00	31/12/2002 00:00
⊟ 1	1/1/2002 00:00	1/1/2002 00:00	1/1/2002 00:00	31/3/2002 00:00	31/3/2002 00:00	31/12/2002 00:00
Enero	1/1/2002 00:00	1/1/2002 00:00	1/1/2002 00:00	31/1/2002 00:00	31/3/2002 00:00	31/12/2002 00:00
Febrero	1/2/2002 00:00	1/1/2002 00:00	1/1/2002 00:00	28/2/2002 00:00	31/3/2002 00:00	31/12/2002 00:00
Marzo	1/3/2002 00:00	1/1/2002 00:00	1/1/2002 00:00	31/3/2002 00:00	31/3/2002 00:00	31/12/2002 00:00
⊟ 2	1/4/2002 00:00	1/4/2002 00:00	1/1/2002 00:00	30/6/2002 00:00	30/6/2002 00:00	31/12/2002 00:00
Abril	1/4/2002 00:00	1/4/2002 00:00	1/1/2002 00:00	30/4/2002 00:00	30/6/2002 00:00	31/12/2002 00:00
Junio	1/6/2002 00:00	1/4/2002 00:00	1/1/2002 00:00	30/6/2002 00:00	30/6/2002 00:00	31/12/2002 00:00
Mayo	1/5/2002 00:00	1/4/2002 00:00	1/1/2002 00:00	31/5/2002 00:00	30/6/2002 00:00	31/12/2002 00:00
⊟ 3	1/7/2002 00:00	1/7/2002 00:00	1/1/2002 00:00	30/9/2002 00:00	30/9/2002 00:00	31/12/2002 00:00
Agosto	1/8/2002 00:00	1/7/2002 00:00	1/1/2002 00:00	31/8/2002 00:00	30/9/2002 00:00	31/12/2002 00:00
Julio	1/7/2002 00:00	1/7/2002 00:00	1/1/2002 00:00	31/7/2002 00:00	30/9/2002 00:00	31/12/2002 00:00
Septiembre	1/9/2002 00:00	1/7/2002 00:00	1/1/2002 00:00	30/9/2002 00:00	30/9/2002 00:00	31/12/2002 00:00
⊟ 4	1/10/2002 00:00	1/10/2002 00:00	1/1/2002 00:00	31/12/2002 00:00	31/12/2002 00:00	31/12/2002 00:00
Diciembre	1/12/2002 00:00	1/10/2002 00:00	1/1/2002 00:00	31/12/2002 00:00	31/12/2002 00:00	31/12/2002 00:00
Noviembre	1/11/2002 00:00	1/10/2002 00:00	1/1/2002 00:00	30/11/2002 00:00	31/12/2002 00:00	31/12/2002 00:00
Octubre	1/10/2002 00:00	1/10/2002 00:00	1/1/2002 00:00	31/10/2002 00:00	31/12/2002 00:00	31/12/2002 00:00
⊞ 2003	1/1/2003 00:00	1/1/2003 00:00	1/1/2003 00:00	31/12/2003 00:00	31/12/2003 00:00	31/12/2003 00:00
⊞ 2004	1/1/2004 00:00	1/1/2004 00:00	1/1/2004 00:00	31/12/2004 00:00	31/12/2004 00:00	31/12/2004 00:00

Figura 10. 20 – Funciones STAR y END (MONTH, QUARTER y YEAR)

Tablas de Calendario Personalizado

Los calendarios personalizados son un tipo de calendario importante, debido a que los calendarios estándar pueden tener varios inconvenientes para distintas empresas, algunos ejemplos:

Comparar meses no siempre es adecuado, puede que el mes actual tenga más días que el mes anterior (31 días y 30 días) con lo cual hacer un análisis de crecimiento de ventas por este día de diferencia no siempre será una comparación justa.

Aunque tengan el mismo número de días los meses, varia el número de domingos y días feriados, por lo cual la comparación tampoco sería justa.

Es frecuente querer comparar períodos en el tiempo, una longitud de días, meses o incluso años.

¿Dónde se Presentan Calendarios Personalizados?

Para ser honestos, los calendarios personalizados son más frecuentes que los estándares, por mencionar algunos:

- Temporadas Deportivas
- Programación de Proveedores
- Semestres Académicos
- Calendarios de Minoristas.

Además, estamos seguros que se te viene a la cabeza uno o dos ejemplos adicionales.

Las tablas de calendarios pueden estar configuradas como nosotros necesitemos, es decir, puede que las columnas de fechas no tengan fechas consecutivas, que las fechas correspondan a periodos o ciclos asignados en vez de meses. Por ejemplo, un calendario universitario, las primeras 5 semanas a partir de febrero pueden corresponder a la categoría primer tercio, luego 4 semanas a segundo tercio y otras 5 semanas posteriores a tercer tercio.

CALENDARIO Personalizado: 4-4-5

Otro tipo en el ámbito laboral, es el calendario personalizado 4-4-5, que es frecuente para algunas industrias de manufactura. El calendario 4-4-5 divido un año en 4 trimestres, donde cada uno está compuesto por 13 semanas las cuales se agrupan en dos periodos de 4 semanas uno de 5 semanas, estos hacen las veces de los meses.

A continuación, presentamos este tipo de calendario como tabla en Excel *(Puedes encontrarlo en el compendio de archivos)*

Día del Año	Fecha	Número Día Semana	Nombre Abreviado Día	Nombre Día de la Semana	Día del Mes	¿Fin de Semana?	Semana del Año Núm	Sem
1	1/1/1999	6	sáb.	sábado	1	N	1	
2	2/1/1999	7	dom.	domingo	2	Y	1	
3	3/1/1999	1	lun.	lunes	3	Y	1	
4	4/1/1999	2	mar.	martes	4	N	1	
5	5/1/1999	3	mié.	miércoles	5	N	1	
6	6/1/1999	4	jue.	jueves	6	N	1	
7	7/1/1999	5	vie.	viernes	7	N	1	
8	8/1/1999	6	sáb.	sábado	8	N	2	
9	9/1/1999	7	dom.	domingo	9	Y	2	
10	10/1/1999	1	lun.	lunes	10	Y	2	
11	11/1/1999	2	mar.	martes	11	N	2	
12	12/1/1999	3	mié.	miércoles	12	N	2	
13	13/1/1999	4	jue.	jueves	13	N	2	
14	14/1/1999	5	vie.	viernes	14	N	2	
15	15/1/1999	6	sáb.	sábado	15	N	3	
16	16/1/1999	7	dom.	domingo	16	Y	3	
17	17/1/1999	1	lun.	lunes	17	Y	3	
18	18/1/1999	2	mar.	martes	18	N	3	
19	19/1/1999	3	mié.	miércoles	19	N	3	

Figura 10. 21 – Tabla de Calendario Personalizado 4-4-5

Para las tablas de calendario personalizado se deben crear las funciones time Intelligence de manera personalizada con las funciones que se han estudiado hasta este punto.

TOTALYTD Para Calendarios Personalizados

Por ejemplo, la siguiente fórmula emula TOTALYSTD:

```
[TOTALYSTD Personalizado]=
CALCULATE (
    [Ingresos];
    FILTER (
        ALL ( Calendario );
        Calendario[Año] = MAX ( Calendario[Año] )
            && Calendario[Fecha] <= MAX ( Calendario[Fecha] )
    )
)
```

Si agregamos esta fórmula podemos ver que hace exactamente lo mismo:

Etiquetas de fila	TOTALYSTD Personalizado
Abril	$69,793.95
Agosto	$150,502.86
Diciembre	$229,644.13
Enero	$17,316.83
Febrero	$32,781.16
Julio	$131,840.43
Junio	$114,579.93
Marzo	$53,491.26
Mayo	$92,605.80
Noviembre	$209,633.56
Octubre	$191,667.26
Septiembre	$170,975.94
Total general	**$229.644.13**

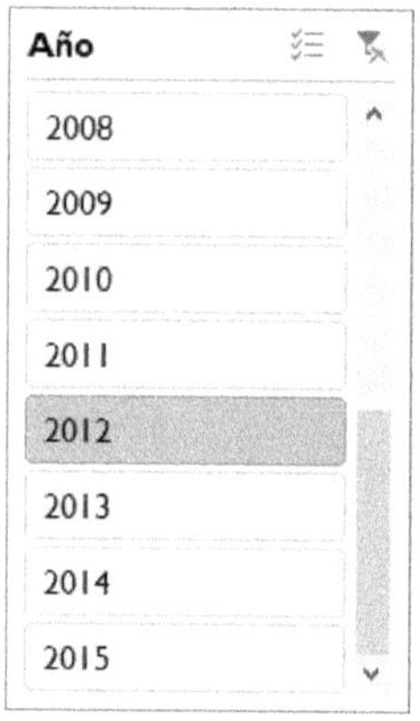

Año: 2008, 2009, 2010, 2011, 2012, 2013, 2014, 2015

Figura 10. 22 -TOTALYSTD Personalizado

La diferencia es que estas fórmulas nos sirven para tablas de calendario personalizado.

Pausemos un Momento

Esta temática es muy buena, para que construyas tus propias fórmulas y columnas calculadas en la tabla de calendario de acuerdo a tus necesidades, y explotes tu creatividad para lograr los objetivos. Si utilizas tablas de calendario personalizado en tu trabajo, es ideal que experimentes e interiorices el lenguaje DAX con funciones Time Intelligence Personalizadas.

El Siguiente Paso

En el capítulo número once, descubrirás como recibir valores de entrada del usuario que incidan de forma inmediata en reporte de tabla dinámica, esto mediante una implementación especial de tablas en el modelo de datos, con lo cual podemos crear lo que se denomina: reporte parametrizable. *¿Qué tal suena?* Continúa leyendo para que entiendas de que estamos hablando.

La Presente Página se ha dejado en Blanco de forma deliberada.

Capítulo 11

Reportes Parametrizables

Primero, debemos recordar que las tablas dinámicas tienen un serio problema para trabajar en equipo con el usuario final en términos de análisis de escenarios, debido a que no es posible establecer una comunicación: Reporte – Usuario, en otras palabras, las tablas dinámicas **NO** cuentan con la habilidad de recibir parámetros y en consecuencia modificar sus cálculos para obtener otra perspectiva de la situación analizada. Si quisieras suministrar algún parámetro al reporte, tendrías que alterar su estructura agregando o modificando campos, algo que resulta poco intuitivo y nada amigable, una situación que afecta directamente en la productividad; sin embargo, para cambiar este crudo panorama contamos con las Tablas Slicer, elemento que es posible crear, gracias al inmenso poder de Power Pivot ...

¿Qué es un Reporte parametrizable?

Es un tipo de reporte que permite al usuario suministrar parámetros a una tabla dinámica a través de un Slicer, para así, obtener conclusiones en diferentes escenarios, su funcionalidad es posible gracias al lenguaje DAX, más adelante comprenderás como las Expresiones DAX entienden el parámetro, y posteriormente, obtienen los cálculos correspondientes.

Tabla Slicer

Es un Slicer que contiene los diferentes parámetros a aplicar en el reporte y que, a su vez, ha sido creado a partir de una tabla agregada al modelo de datos pero que **NO** ha sido relacionada con ninguna otra dentro del modelo, si, aunque no lo creas, la tabla para crear el Slicer con los diferentes parámetros, no debe estar conectada, lo sabemos ¡Pobre Tabla!, *debe estar muy triste aislada y sola*, no obstante, su propósito dentro del modelo es muy importante, pero entendamos que papel juega a través de un ejemplo.

Lineamientos para Construir Reporte Parametrizado

Imaginemos que hemos creado una tabla dinámica a partir de la *Tabla_Pedidos*, que muestra la utilidad obtenida en los diferentes países, sin embargo, para completar el reporte vamos a estimar la utilidad neta después de impuestos, teniendo en cuenta que la tasa varía en cada país y, en consecuencia, debe ser flexible para que el usuario final pueda elegir entre diferentes tasas, *¡Manos a la Obra!*

País	Utilidad ($)
Argentina	339.659
Brasil	321.821
Chile	308.522
Colombia	332.051
Ecuador	332.623
Paraguay	334.109
Perú	333.343
Uruguay	313.965
Venezuela	340.161
Total general	**2.956.254**

Figura 11. 1 – Tabla de Utilidad Antes de Impuestos

```
Tabla_Pedidos[Utilidad ($)] :=
SUM ( TABLA_Pedidos[Precio de Venta] ) - SUM ( TABLA_Pedidos[Costo de Envio] )
 - SUM ( TABLA_Pedidos[Costo del Producto] ) - SUM ( TABLA_Pedidos[Costo Empaque] )
```

Crear Tabla de Parámetros

Pues bien, lo primero que vamos a hacer es crear una Tabla Estructurada con las diferentes tasas de impuesto, para luego agregarla al modelo de datos.

Impuesto (%)
15%
16%
17%
18%
19%
20%

Figura 11. 2 – Tabla de Impuestos

NOTA

Las tablas que se utilizaran como parámetros (Tablas Slicer) no son la excepción a las buenas prácticas que hemos mencionado anteriormente, en particular, se le debe asignar un nombre descriptivo y apropiado antes de añadirla a Power Pivot.

La tabla estructurada debe ser creada en una hoja que no contenga más tablas dentro de sí, puesto que debemos restringir el acceso por parte del usuario final, pero más adelante hablaremos de ello, ahora, lo que nos interesa es agregar la tabla al modelo de datos; dejando la celda activa dentro de la Tabla, nos dirigimos a la Pestaña POWER PIVOT y en el grupo TABLAS, elegimos el Comando AGREGAR A MODELO DE DATOS.

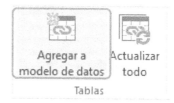

Figura 11. 3 – Comando Agregar al Modelo de Datos

Cuando trabajamos con tablas desconectadas, es buena práctica organizarlas en la vista de diagrama, de tal forma que queden aisladas en la parte derecha, en la siguiente figura se ilustra mejor la situación para repasar la metodología:

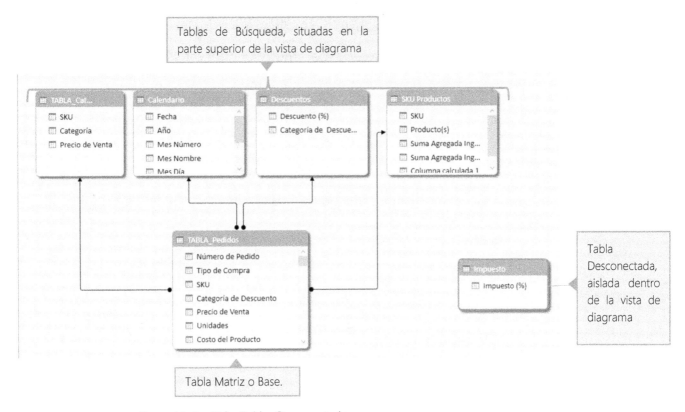

Figura 11. 4 – Aislar Tablas Desconectada

Ubicar las tablas con esta configuración ayuda a que el entendimiento del modelo sea intuitivo y fácil para cualquier usuario. Por último, agregamos un slicer con el campo de la tabla desconectada *(Impuesto %).*

NOTA

La ilustración de la vista de diagrama de este capítulo se presente en la interfaz de Excel 2013, situación que es una variante respecto al resto de capítulos donde todo se ilustra en Excel 2016.

Impuesto (%)

| 0,15 | 0,16 | 0,17 | 0,18 | 0,19 | 0,2 |

País	Utilidad ($)
Argentina	339.659
Brasil	321.821
Chile	308.522
Colombia	332.051
Ecuador	332.623
Paraguay	334.109
Perú	333.343
Uruguay	313.965
Venezuela	340.161
Total general	**2.956.254**

Figura 11. 5 – Insertar Slicer a partir de la Tabla Desconectada

Antes de construir la Medida que trabajara en equipo con el Slicer que contiene los parámetros, debemos presentarte la función HASONEVALUE, así que hablemos un poco sobre ella.

Función HASONEVALUE

La función HASONEVALUE, retorna TRUE si en la columna especificada solo existe un único valor, en caso contrario *(la columna contiene dos o más valores diferentes)*, retorna FALSE.

Sintaxis

$$HASONEVALUE(<Columna>)$$

Argumentos

Tabla 11. 1   Argumentos Función HASONEVALUE

Argumento	Descripción
Columna	*Nombre de una Columna Existente*

La función HASONEVALUE, solo cuenta con un único argumento, Columna, el cual, es la columna en la que se identificará si tiene un único valor o no, teniendo en cuenta que ya te hemos presentado esta función vamos a continuar con la construcción de nuestro reporte parametrizable.

Recordemos que la Utilidad después de impuestos es igual al Impuesto multiplicado por la diferencia entre 1 menos la tasa de impuesto, a continuación, se muestra la fórmula:

Utilidad Neta = (Utilidad Antes de Impuestos)*(1- % de Impuesto)

Bien, ha llegado el momento de la verdad, ya conocemos cómo se calcula la utilidad neta, en este momento, vamos a traducir la fórmula al lenguaje DAX, a continuación, se muestra la medida.

```
Impuesto[Utilidad Neta]=
IF ( HASONEVALUE ( Impuesto[Impuesto (%)] );
    [Utilidad ($)]
     * ( 1 - MAX ( Impuesto[Impuesto (%)] ) );
    BLANK () )
```

Esta función identifica si se ha elegido un solo parámetro en el Slicer, de ser cierto calcula la utilidad neta, en caso de elegir más de un parámetro en el Slicer, la función NO calcula la utilidad, sino que muestra valores en blanco en la tabla dinámica.

¡Toma Nota!

Aprovechamos para repasar un concepto fundamental, encapsulación: Siempre que trabajes con columnas dentro de una medida, debes encapsular dicha columna en una Función de Agregación, como puedes ver en la anterior expresión DAX, donde se utiliza MAX para encapsular la columna Impuesto en el segundo argumento de IF.

Con *Países* a filas y *Utilidad Neta* a valores, tenemos:

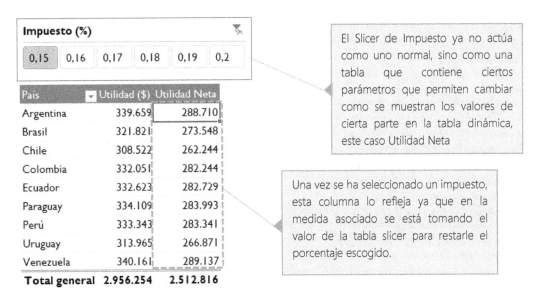

Figura 11. 6 – Utilidad Neta de acuerdo al impuesto (%) seleccionado en el Slicer

NOTA

Como las tablas Slicer no están relacionadas con ninguna otra tabla por naturaleza, Excel mostrará el mensaje de detección y creación de relaciones, esto puede ser un poco confuso, por lo cual desactivar la detección automática no es mala idea.

En este punto, si elegimos otro porcentaje, la columna utilidad neta realizara los cálculos dependiendo del impuesto elegido, todo esto es posible gracias a las formula DAX que hemos creado, aunque, en el panel de campos de la tabla dinámica aparece un mensaje sugiriéndonos que se necesita una relación entre tablas, no debes asustarte, simplemente debes omitir este mensaje.

Figura 11. 7 – Sugerencia de Creación de relación

Si seleccionamos más de dos parámetros, la tabla dinámica no muestra ningún valor, puesto que es ilógico calcular el impuesto con ambas tasas, esto se ha hecho intencionalmente y es posible gracias a la función BLANK(), utilizada en la medida *Utilidad Neta*.

Se han seleccionado dos elementos en tabla slicer. Lo cual carecería de sentido, ya que, no se sabe qué porcentaje utilizar; una opción por defecto es mostrar la utilidad sin ningún impuesto aplicado, empero, nosotros preferimos mostrar los valores en blanco, pues es más fácil de intuir para el usuario, por esto se utilizó BLANK() en el segundo argumento de la función IF.

Figura 11. 8 – Elección de Dos Parámetros

Para finalizar la construcción de nuestro reporte, vamos a ocultar la hoja que contiene la tabla de Impuesto, podemos hacerlo de la manera clásica, dando clic derecho sobre la hoja y presionando la opción Ocultar, aunque si prefieres ser más precavido, puedes dirigirte a la pestaña DESARROLLADOR, grupo CONTROLES, y allí das clic sobre el comando PROPIEDADES, y en este cuadro de dialogo debes configurar la opción VISIBLE como *2 – xlSheetVeryHidden (Hoja de Excel Bien Oculta)*

Figura 11. 9 – Ventana de Propiedades

Por este camino, la hoja queda oculta para que no se pueda mostrar desde la ventana de Excel, si deseas mostrar la hoja nuevamente, debes cambiar la propiedad a: *xlSheetVisible* en el editor de Visual Basic, con la tabla oculta, damos por finalizado la construcción de nuestro primer reporte parametrizable, para que te hagas una idea de la cantidad ilimitada de aplicaciones que tienen los reportes que reciben datos de entrada del usuario, vamos a recrear posibles escenarios en los pueden ser de ayuda.

Escenarios con Tablas Slicers

Escenario 1: Cambio de Unidades

Para facilitar la lectura del reporte podemos crear una Slicer que permita cambiar la escala de las unidades presentadas en la tabla dinámica, para ello, en una nueva hoja vamos a crear una tabla con las diferentes escalas que queremos sean visualizadas, para posteriormente agregarla al modelo de datos y NO relacionarla con ninguna otra tabla:

Figura 11. 10 – Tabla de Unidades

Con la tabla agregada en el modelo de datos, vamos a crear una medida que nos permita cambiar las unidades de todo el reporte, para llevar a cabo esta acción solo debemos dividir cada valor del reporte, sobre la escala elegida:

Unidades en Reporte = Valor en la Tabla / Escala elegida

Teniendo en cuenta la ecuación para el cambio de escala, vamos a crear nuestra medida en el lenguaje DAX:

```
Escala[Cambio de Escala]:=
        IF ( HASONEVALUE ( Escala[Escala] );
        [Utilidad ($)]/ MAX ( Escala[Escala] );
        BLANK () )
```

Ahora, agregamos esta medida al área de valores de la tabla dinámica, por cierto, no puedes olvidar crear el slicer de parámetros a partir de la tabla desconectada *(Tabla de Escala)* que hemos agregado al modelo de datos.

Escala		
1	1000	1000000

País	Utilidad ($)	Cambio de Escala
Argentina	339.659	339,7
Brasil	321.821	321,8
Chile	308.522	308,5
Colombia	332.051	332,1
Ecuador	332.623	332,6
Paraguay	334.109	334,1
Perú	333.343	333,3
Uruguay	313.965	314,0
Venezuela	340.161	340,2
Total general	**2.956.254**	**2.956,3**

Figura 11. 11 – Cambio der Escala

Como podrás imaginar, la columna Cambio de Escala, muestra la utilidad dependiendo de las unidades seleccionadas en el Slicer, además, al igual que en el primer ejemplo, si elegimos más de un parámetro, la columna no mostrara ningún valor, recuerda que las posibilidades son infinitas y si bien este ejemplo parece sencillo, podemos extender la aplicación de las Tablas Slicer a cualquier escenario.

Escenario 2: Umbrales

Con las tablas slicers también podemos darle la posibilidad al usuario de manipular rangos, por eso, observa el siguiente escenario en el que vamos a calcular la utilidad en términos del ...

Número de unidades adquiridas, para así determinar qué tipo de cliente es el que genera más ingresos, para ello, creamos una tabla con los rangos, posteriormente la agregamos al modelo de datos.

Menor	Mayor	Umbral
1	2	Mayor a 1 y Menor que 2
2	3	Mayor a 2 y Menor que 3
3	10	Mayor a 3

Figura 11. 12 – Tabla de Rangos

En la tabla se muestran los diferentes rangos de cantidad de unidades adquiridas del mismo producto por cada persona, ahora, para hacer el cálculo vamos a crear la siguiente medida, para que, dependiendo el umbral seleccionado, los cálculos se modifiquen:

```
Rango[Utilidad – Rango] :=
   CALCULATE ( [Utilidad ($)];
    FILTER ( TABLA_Pedidos;
        TABLA_Pedidos[Unidades] >= MAX ( Rango[Menor] )
       && TABLA_Pedidos[Unidades] < MAX ( Rango[Mayor] )
      ))
```

Pausemos un Momento

Una variación de los umbrales que llega con la utilización de fechas, imagina por ejemplo que queremos ver desde el inicio del mes hasta algún momento determinado o hasta el final, en dicho caso también es válido y con lo ayuda de las funciones time Intelligence que vimos en el capítulo anterior ya podemos construir esta variación.

Para finalizar la construcción de nuestro reporte parametrizado, vamos a agregar la medida a la tabla dinámica y crearemos un slicer a partir de la tabla desconectada con el campo Umbral.

País	Utilidad - Rango
Argentina	54.460,3085
Brasil	46.774,0040
Chile	47.739,2280
Colombia	51.723,2500
Ecuador	47.126,6260
Paraguay	50.206,2590
Perú	48.769,8735
Uruguay	45.869,3350
Venezuela	51.841,6335
Total general	**444.510,5175**

Umbral

- Mayor a 1 y Menor que 2
- Mayor a 2 y Menor que 3
- Mayor a 3

Figura 11. 13 – Cambiar Escala

Para entender el comportamiento de nuestros compradores y generar una política de descuentos robusta y basada en datos, adicionalmente, crearemos una medida que funcione en conjunto con el slicer ya creado y que nos muestre la cantidad de compradores por cada rango y en cada país.

```
Rango[Compradores/Rango]:=
        COUNTROWS ( FILTER ( TABLA_Pedidos,
                    TABLA_Pedidos[Unidades] >= MAX ( Rango[Menor] )
                && TABLA_Pedidos[Unidades] < MAX ( Rango[Mayor] )
                    )
                )
```

Finalmente, agregamos la medida al área de valores de la tabla dinámica y el reporte debe tener el siguiente aspecto

País	Utilidad - Rango	Compradores/Rango
Argentina	110.827,1440	909
Brasil	111.096,4540	966
Chile	113.551,0530	907
Colombia	112.244,1000	919
Ecuador	114.828,6420	949
Paraguay	108.655,3630	918
Perú	102.829,7670	882
Uruguay	100.708,2200	896
Venezuela	111.688,8820	890
Total general	**986.429,6250**	**8.236**

Umbral

Mayor a 1 y Menor que 2

Mayor a 2 y Menor que 3

Mayor a 3

Figura 11. 14 – Reporte Finalizado

Al elegir otro rango en el slicer, ambas columnas de la tabla modificaran sus calculos, algo muy elegante y útil, porque rapidamente podemos obtener información, para entender una parte del comportamiento de los compradores en diferentes paises, con ello se puede crear una politica de descuentos.

Adicionalmente, queremos mencionarte que en un mismo reporte puedes agregar el número de tablas slicer que requieras, no tienes ningún límite para agregar estos elegantes elementos a tus reportes, y como ya te hemos dicho, puedes expandir las tablas slicer a casi cualquier escenario, recuerda que le brinda la posibilidad al usuario de establecer una comunicación con el reporte, para analizar diferentes situaciones dado un parámetro o diferentes rangos.

El Siguiente Paso

Después de una buena dosis de parametrización con tablas slicers para diferentes escenarios comunes, es tiempo de adentrarnos más en los tipos de relaciones entre tablas y sus implicaciones, lo cual es la temática del siguiente capítulo.

La Presente Página se ha dejado en Blanco de forma deliberada.

Capítulo 12

Múltiples Tablas Base y Relaciones Avanzadas

Prólogo a Relaciones Avanzadas y Múltiples Tablas Base

A lo largo de los últimos capítulos nos hemos centrado vigorosamente en el lenguaje DAX, y si, teníamos que hacerlo; no solo por todos los beneficios y maravillas que podemos lograr con él, sino por todas las implicaciones que derivan de ello, ya que es la espina dorsal de las tecnologías de *Microsoft Business Intelligence*. El lenguaje DAX está presente en:

- SSAS Tabular
- Power BI (.com)
- Power BI Desktop
- Power Pivot for Share Point

Por lo tanto, si deseas ir a explorar y profundizar en algunas de las tecnologías listadas, lo puedes hacer debido a que ya conoces el cerebro de cada una: *El DAX Engine*. De hecho, una vez termines de estudiar, profundizar y dominar este texto te recomendamos Power BI como próximo destino en el mundo *Microsoft Business Intelligence*.

Este capítulo no será la excepción, es decir, lo que estudiemos aquí también es perfectamente válido para Power BI y sus colegas, y es que a diferencia de los capítulos previos donde todo giraba alrededor del lenguaje DAX, ahora vamos a sumergirnos en las diversas relaciones entre tablas y el abanico de conceptos y consideraciones que encontramos al navegar por esas aguas.

Pausemos un Momento

Permítenos aclara algo: Aunque el título e introducción del capítulo tiene la palabra avanzado, la verdad es que a estas alturas la temática que será tratada a continuación no tiene absolutamente nada de compleja, comprenderlas, sabemos que no tendrá mayores complicaciones. Con la palabra avanzado más bien queremos dar entender: (el siguiente paso); entonces: ¡Que empiece la Diversión!

Múltiples Tablas Base o Matrices

Démosle un vistazo a la vista de diagrama, ya sabes, para refrescar la memoria de cómo va el entretejido de tablas.

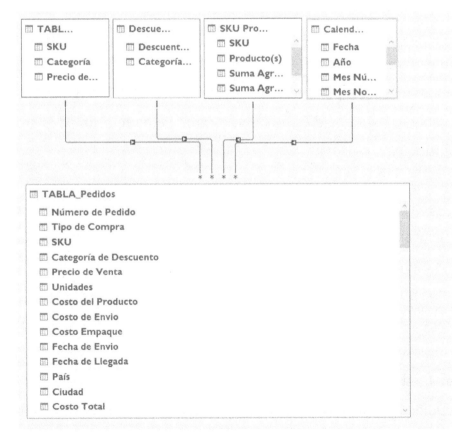

NOTA

En la figura únicamente se muestran las tablas que están relacionadas, las tablas desconectadas se omitieron, pues el objetivo en este capítulo es centrarnos netamente en los diversos tipos de relaciones.

Figura 12. 1 – Entretejido de Tablas Hasta Aquí (Sin Tablas Desconectadas)

NOTA

En el mundo de bases de datos y Cubos OLAP *(Si, Power Pivot es un Cubo OLAP, así que ya puedes decir que sabes sobre desarrollo OLAP),* se les denomina técnicamente a las tablas base como tablas de hechos *(Fact Tables)* y a las tablas de búsqueda: tablas de dimensión *(Dimension Tables)*, estos son los términos precisos y exactos para cuando los veas o estudies por allí. A pesar de lo anterior seguiremos utilizando en este libro nuestros términos: Tablas Base y Tablas de Búsqueda.

Extendiendo el Escenario de la Compañía

Recordemos también que la tabla hacia donde apuntan las flechas *(¡Ojo! En Excel 2016 y Power BI, en 2013 y 2010 es, al contrario)* la llamamos tabla base o matriz. La tabla base es aquella que tiene la clave externa *(donde se repiten los elementos a lo largo de la columna)*. Por otra parte, las tablas de búsqueda, son quienes albergan la clave principal *(donde NO se repiten elementos)* y sirven en esencia como tablas de información.

En la construcción de nuestro modelo de datos tenemos varias tablas de búsqueda, incluso una especial que es la de calendario, siguiendo este hilo nos podemos preguntar ahora.

¿Será que no podemos contar con más de una tabla matriz?

Porque si lo meditamos por un instante, es lógico que nos encontremos en la compañía con otras tablas con estas características, pues para cada proceso es 99.9% seguro que se generan registros días tras días y otros datos relacionados con el proceso.

Metámonos un poco más en el escenario de la compañía que hemos estado trabajando en este libro, resulta que la compañía no se dedica únicamente a distribuir los artículos *(Libros, DVD, CD, etc.)* sino que también cuenta con la planta de producción para crearlos, con lo cual, a su vez se dedica a proveer con dicho material a otras distribuidoras; entonces, si nos vamos a la planta de producción es natural que nos encontremos con un registro de datos que nos indique en los diversos días la producción. Y si, de hecho, este es el caso. →

He aquí la tabla: *TABLA_Produccion.*

SKU	Fecha	Cantidad	Tiempo de Producción	Bodega
B06	1/12/1999	150	12	All Out
B06	1/12/1999	150	12	All Out
C10	1/12/1999	216	14	All Out
CB01	1/12/1999	290	10	All Out
CC01	1/12/1999	264	12	All Out
CC02	1/12/1999	396	18	All Out
L01	1/12/1999	284	20	All Out
L02	1/12/1999	433	2	All Out
L03	1/12/1999	359	10	All Out
L04	1/12/1999	187	5	All Out

Figura 12. 2 - Tabla Base: Producción

Procedamos a conocer cada campo y entender qué papel juegan en la tabla de producción, a continuación, se listan y justifican:

- **SKU:** Es el identificador que se utiliza para un producto o conjunto de productos específicos, en la tabla indica cuál se produjo en la fecha.

- **Fecha:** Indica el día especifico en el cual se realizó la producción del producto.

- **Cantidad:** Como su nombre lo indica, señala cuantas unidades se produjeron de dicho producto para la fecha señalada.

- **Tiempo de Producción:** Tiempo en minutos que tardo la producción del tipo de producto.

- **Bodega:** Este es un campo de texto que puede tener dos valores: *All Out* o *Sunk,* cuando es All Out indican que absolutamente nada de la producción de ese día quedo en bodega, bien sea por que se vendió a clientes directamente en la compañía o porque se vendió a otro distribuidor. Mientras que Sunk, indica que esa producción quedó en bodega, nunca se vendió.

Dándole una mirada cercana a las tablas podremos notar rápidamente que tal vez sea posible relacionar el campo SKU de la *TABLA_Produccion* con el campo SKU de la tabla *'SKU Productos'*. *¿Será esto posible? Dado que ya tenemos relaciones entre tablas.*

Averigüémoslo, pero primero agreguemos la tabla de producción a Power Pivot, esta se genera en un archivo de Excel externo, con lo cual podemos agregarla sin ningún problema.

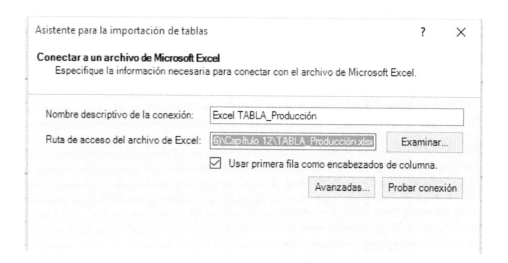

Figura 12. 3 – Agregando Tabla Producción a Power Pivot

No olvides seleccionar la casilla: Usar primera fila como encabezado, siguiente y cerrar en el cuadro de diálogo.

Pausemos un Momento

Al igual que todos los archivos utilizados en este texto, la tabla de producción puedes encontrarla en el compendio de archivos. Para el caso TABLA_Produccion puedes hallarla en la carpeta asociada al capítulo número doce.

Ahora bien, procediendo a crear la relación encontraras lo que esperabas: se crea sin ninguna clase de inconveniente, al fin y al cabo, es exactamente los mismo solo que ahora hay más tablas.

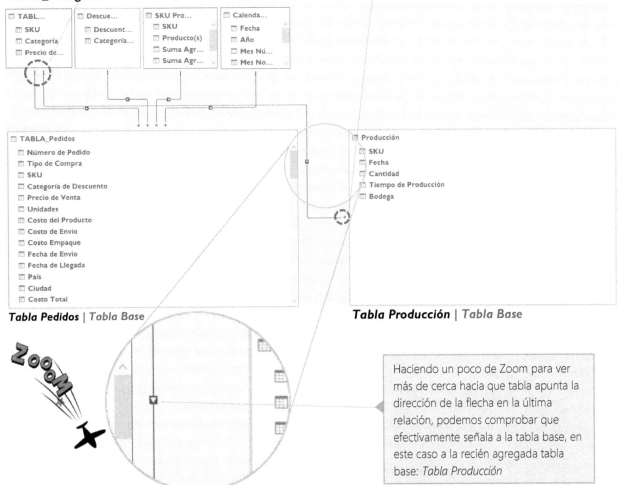

Nota como ahora hay dos "unos" (1) en la parte inferior de la tabla categoría de productos, indicando que ahora salen dos relaciones, donde ese lado de la tabla sirven como clave principal.

Aquí podemos notar a donde llega la nueva relación, donde el asterisco nos indica que es el lado de clave externa *(muchos elementos)*. Todo es exactamente igual que antes solo que ahora tenemos dos tablas bases.

TABLA_CategoríaDeProductos, Descuentos, SKU Productos, Calendario | *Tablas de Búsqueda*

Tabla Pedidos | *Tabla Base*

Tabla Producción | *Tabla Base*

Haciendo un poco de Zoom para ver más de cerca hacia que tabla apunta la dirección de la flecha en la última relación, podemos comprobar que efectivamente señala a la tabla base, en este caso a la recién agregada tabla base: *Tabla Producción*

Figura 12. 4 – Primera relación entre las tablas producción y una de las tablas de búsqueda

NOTA

Fíjate en cómo no existe ningún tipo de relación entre la tabla *Descuentos* y la tabla *Producción*, esto es bastante frecuente, pues hay información que solo concierne a ciertos procesos.

Analizando las tablas de búsqueda y la nueva tabla base, podemos llegar fácilmente a que estas son las relaciones:

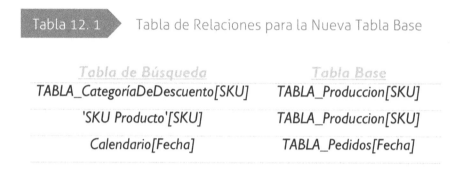

Tabla 12. 1   Tabla de Relaciones para la Nueva Tabla Base

Tabla de Búsqueda	Tabla Base
TABLA_CategoríaDeDescuento[SKU]	*TABLA_Produccion[SKU]*
'SKU Producto'[SKU]	*TABLA_Produccion[SKU]*
Calendario[Fecha]	*TABLA_Pedidos[Fecha]*

El entretejido de tablas quedaría:

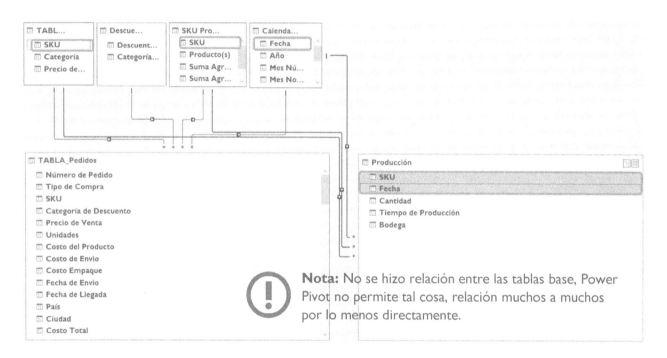

Figura 12. 5 – Todas las Relaciones de las Tablas de Búsqueda Hacia la Tabla Producción

Evidentemente, si tenemos más de dos tablas bases, no habrá ningún inconveniente en relacionarlas con las tablas de búsqueda; no obstante, nota como no se ha creado una relación que sea directamente entre las tablas base.

¡Toma Nota!

La relación entre tablas base sería del tipo: Muchos a Muchos y Power Pivot no lo permite, si se intenta, por ejemplo, relacionar los campos SKU o fechas, Power Pivot mostrará un error inevitable. Pero, podemos llevar a cabo dicha relación en Power Pivot con ayuda de tablas intermedias, veremos esto más adelante en el presente capítulo.

Cuadro de Diálogo Relaciones

Estando en Excel 2016 podemos ir a la pestaña DATOS, grupos HERRAMIENTAS DE DATOS y clic en el comando RELACIONES.

Figura 12. 6 – Comando Relaciones en la Pestaña Datos

Con esto se despliega el siguiente cuadro de diálogo.

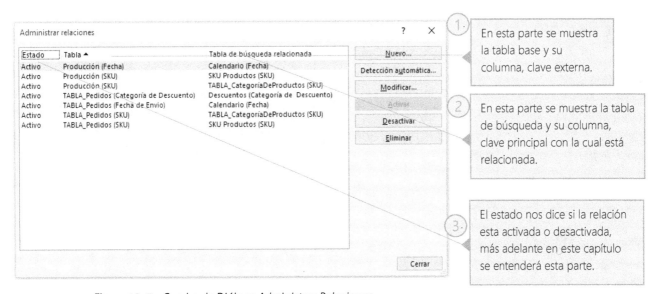

Figura 12. 7 - Cuadro de Diálogo Administrar Relaciones

Para Excel 2013 puedes desplegar el cuadro de diálogo dejando la celda activa dentro dela tabla dinámica para así tener acceso a la pestaña contextual ANALIZAR, grupo CÁLCULOS, comando RELACIONES.

Medidas de Múltiples Tablas Base

Medidas de Múltiples Tablas Base

Digamos que necesitamos ver en un reporte de tabla dinámica todas las unidades vendidas en los distintos años, tanto para la distribuidora de la compañía como en la planta de producción. Específicamente detallado para los meses del año 2014.

Medida Unidades Ventas en la tabla *Pedidos*:

Tabla_Pedidos[Unidades Ventas]:=
         SUM(TABLA_Pedidos[Unidades])

Medida *Cantidades* Ventas en la tabla *Producción*:

```
Producción[Cantidades]:=
CALCULATE( SUM('Producción'[Cantidad]);
        'Producción'[Bodega]="All Out")
```

NOTA

Fíjate como se ha utilizado la función CALCULATE para crear un filtro en el campo Bodega para aquellos que sean All Out, pues como se vio en el análisis exploratorio de la tabla producción, solamente aquellos que digan All Out SALIERON DE BODEGA PARA VENTAS, bien sea para la distribuidora de la compañía o para proveer otras

Creemos la tabla con la siguiente configuración: los Campos *Año* y *Mes Nombre* de la tabla *Calendario* al área de filas, y las dos medidas recién creadas al área de valores. Contraemos todos los años y únicamente dejamos los meses visibles para el 2014.

¿Tú qué dices? - ¿Funcionará? Averigüemos →

Etiquetas de fila ↓	Unidades Ventas	Cantidades
⊞ 1999	117	3620
⊟ 2014	4017	75745
Enero	347	5650
Febrero	300	6380
Marzo	318	5839
Abril	350	6263
Mayo	325	6237
Junio	327	6317
Julio	364	6798
Agosto	362	5768
Septiembre	298	6780
Octubre	368	5345
Noviembre	320	7212
Diciembre	338	7156
⊞ 2015	4690	72272

Figura 12. 8 – Tabla Dinámica con Medidas de Múltiples Tablas Base

¿Por qué funciona? – Porque, como vimos en el capítulo siete, los filtros de las tablas de búsqueda se propagan hacia las tablas base, en este caso, son dos, y funciona correctamente.

Medidas Híbridas

Pero la tabla dinámica no está mostrando lo que necesitamos exactamente, pues a *Cantidades* se le debe restar las *Unidades* que fueron para la distribuidora de la compañía. *¿Será que podemos hacer un cruce entre medidas de distintas tablas base y realizar esta resta?*

¡AVERIGÜÉMOSLO!

Producción[Unidades Proveídas]:=
[Cantidades]-[Unidades Ventas]

La tabla dinámica:

Etiquetas de fila	Unidades Ventas	Unidades Proveídas	Cantidades
⊞ 1999	117	3503	3620
⊟ 2014	4017	71728	75745
Enero	347	5303	5650
Febrero	300	6080	6380
Marzo	318	5521	5839
Abril	350	5913	6263
Mayo	325	5912	6237
Junio	327	5990	6317
Julio	364	6434	6798
Agosto	362	5406	5768
Septiembre	298	6482	6780
Octubre	368	4977	5345
Noviembre	320	6892	7212
Diciembre	338	6818	7156
⊞ 2015	4690	67582	72272

Figura 12. 9 – Reporte de Tabla Dinámica con Medida Híbrida

¿Sorprendido por qué funciona? – Probablemente no, *¿Ya lo habías intuido verdad?* – porque, como recordaremos del capítulo siete, el cálculo o aritméticas de las medidas se ejecutan en el penúltimo paso justo antes de retornarlo a la tabla dinámica. Debido a que los filtros ya se han aplicado, se obtiene los valores justos de cada medida base arrojando el valor que queríamos. En conclusión, podemos utilizar medidas hibridas, es decir, medidas creadas a partir de operaciones entre medidas de tablas base.

Consideraciones Múltiples Tablas Base

Si se crean tablas dinámicas y medidas cuando hay múltiples tablas base en el modelo de datos, es importante tener claro ciertas consideraciones para evitar resultados inesperados y confusos.

Evita utilizar los campos de una tabla base especifica cuando utilices medidas híbridas en el reporte, por ejemplo, si en lugar de utilizar los campos *Año* y *Mes nombre* de tabla *Calendario*, usamos *Fecha de Envio (Año)* de la tabla base *Pedidos*, obtendremos resultados extraños, tanto para la medida de la segunda tabla base *(Producción)* como para le medida híbrida.

Consideración #1

Etiquetas de fila	Unidades Ventas	Cantidades	Unidades Proveídas
1999	117	1207956	1207839
2000	2577	1207956	1205379
2001	2523	1207956	1205433
2002	2695	1207956	1205261
2003	2734	1207956	1205222
2004	2595	1207956	1205361
2005	2600	1207956	1205356
2006	2667	1207956	1205289
2007	2637	1207956	1205319
2008	2631	1207956	1205325
2009	3032	1207956	1204924
2010	3509	1207956	1204447
2011	3452	1207956	1204504
2012	3508	1207956	1204448
2013	3477	1207956	1204479
2014	4017	1207956	1203939
2015	4690	1207956	1203266
Total general	**49461**	**1207956**	**1158495**

Todos los valores son exactamente iguales, ya que las coordenadas se indican, son de un campo de la tabla base *Pedidos* y estas no se propagan *(Solamente influyen en la tabla base que contiene el campo) Es decir*, no son detectadas por la segunda tabla (Producción). Lo que sucede entonces, es como la tabla producción no tiene ningún filtro, entonces devuelve el gran total

Esto valores varían, pero están mal. Porque como una medida se calculó correctamente entonces da la sensación de variación, sin embargo, la medida de la segunda tabla base no cambia, dañando por completo la medida híbrida

Figura 12. 10 – Utilizando Campos de una Tabla Base cuando hay Medidas Hibridas

¡Toma Nota!

RECALCANDO Y REPASANDO: La Propagación de Coordenadas para aplicar filtros únicamente ocurre de las tablas de búsqueda a la tablas base, es decir, la propagación no sucede de la tabla base a las de búsqueda, los filtros en la tabla base solamente la afectan a ella y nada más. Esto es extremadamente importante. Esto es tan importante que sentimos la necesidad de dejarlo aquí nuevamente.

Tabla Dinámica de la *Figura 12.9*

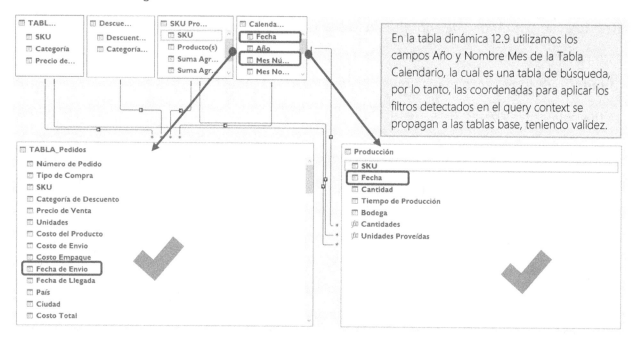

En la tabla dinámica 12.9 utilizamos los campos Año y Nombre Mes de la Tabla Calendario, la cual es una tabla de búsqueda, por lo tanto, las coordenadas para aplicar los filtros detectados en el query context se propagan a las tablas base, teniendo validez.

Tabla Dinámica de la *Figura 12.10*

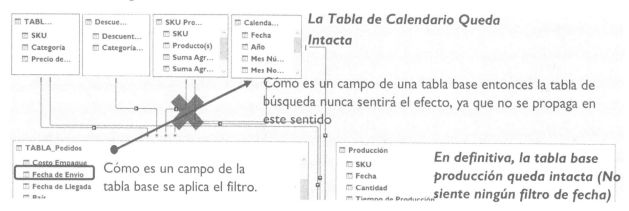

La Tabla de Calendario Queda Intacta

Cómo es un campo de una tabla base entonces la tabla de búsqueda nunca sentirá el efecto, ya que no se propaga en este sentido

Cómo es un campo de la tabla base se aplica el filtro.

En definitiva, la tabla base producción queda intacta (No siente ningún filtro de fecha)

Figura 12. 11 – Visualizando la Problemática de Propagación de Coordenadas para Aplicar Filtros

Repitiendo y escarbando en la propagación de filtros, tal vez esto es algo repetitivo y sonemos algo "cansones", la verdad es que es tan importante que no queremos dar ni la más diminuta posibilidad a que sea confuso. Con múltiples tablas base era algo que definitivamente debíamos enmarcar y visualizar con cierto grado de detalle.

Utiliza las tablas de búsqueda compartidas o comunes a todas las tablas base, de otra manera se generan tablas dinámicas ambiguas, por ejemplo, agreguemos el campo *Categoría de Descuento* en el área de filas y dejemos las dos medidas anteriormente creadas.

Consideración #2

Etiquetas de fila	Unidades Ventas	Cantidades	Unidades Proveídas
Balck Fraday	3927	1207956	1204029
Cyber Monday	13668	1207956	1194288
Day Off Full	2958	1207956	1204998
Non	26616	1207956	1181340
Special Day	2292	1207956	1205664
Total general	**49461**	**1207956**	**1158495**

Esta medida basada en campos de la tabla base Producción, no tiene absolutamente nada que ver con las categorías de descuento que solo concierne a la tabla Pedidos (base), sin embargo, un tercero podría asumir que las cantidades producidas estaban asociadas algún lote para descuento, por ejemplo, ediciones especiales y/o limitadas.

Figura 12. 12 – Reporte que Utiliza Campo de una Tabla de Búsqueda que no es Común

Pausemos un Momento

Teniendo claras las consideraciones, hacer uso de múltiples bases es más seguro, de hecho, después de la lectura seguramente será más intuitivo y lógico para el lector, por lo que estas casos serán manejados de manera natural y sin ningún inconveniente. Estamos seguros de ello.

Relaciones Avanzadas

Ahora si veamos ciertas relaciones con las cuales podemos lograr modelos de datos más robustos.

Varias Relaciones Entre un Par de Tablas

Hasta ahora, el campo *Fecha de Envío* de la tabla *Pedidos* ha sido la relación con el campo *Fecha* de la tabla de *Calendario*, por lo tanto, las base para nuestro análisis, pero imaginemos el siguiente escenario: supongamos que deseamos conocer los ingresos de acuerda a la *Fecha de Llegada* de los productos, lo cual, es un escenario bastante interésate porque se puede basar los análisis en ingresos 100% generados, debido a que aseguramos que no existió ningún percance.

Pero lo anterior, requiere que la relación sea con el campo *Fecha de Llegada*. *¿Parecería que tal cosa llevaría a un error inevitable?* Miremos a ver qué pasa:

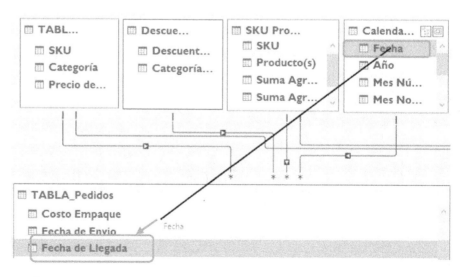

Figura 12. 13 – Creando Nueva Relación Entre Par de Tablas ya Relacionadas

¿Esperabas un error no es así? – Pero, todo lo contrario, ha ocurrido algo bien interesante, miremos las buenas nuevas.

TABLA_CategoríaDeProductos, Descuentos, SKU Productos, Calendario | *Tablas de Búsqueda*

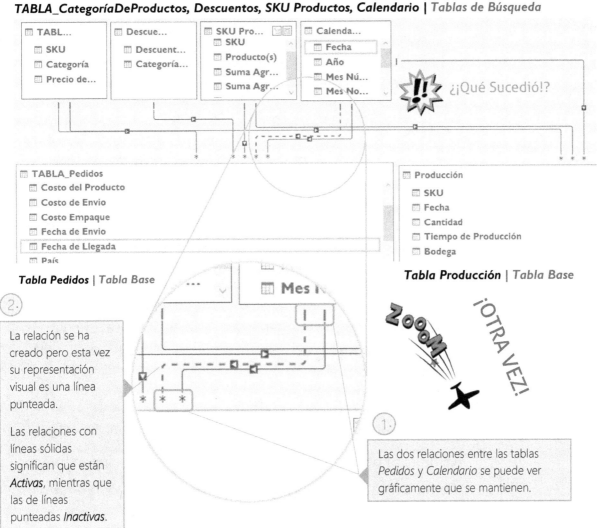

Figura 12. 14 – Relación Línea Punteada, Relación Inactiva

¡Toma Nota!

¡DE NINGUNA MANERA! ¿De Verdad? Podemos apreciar que las dos relaciones están presentes entre el par de tablas (Pedidos y Calendario), donde la primera es una línea sólida, mientras que la recién creada es una línea punteada, esto significa que dicha relación esta inactiva, básicamente porque en cualquier instante en el tiempo solo una relación entre un par de tablas puede estar activa.

Si vamos al cuadro de diálogo relaciones podremos observar claramente cuales están activas e inactivas.

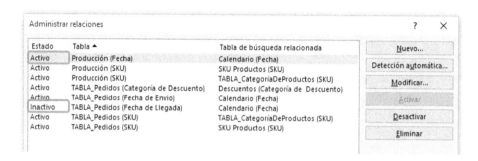

Figura 12. 15 – Observando Estado de Relaciones: Activo o Inactivo

Con el botón Activar en la parte derecha del cuadro de diálogo podemos activar o desactivar las relaciones, no obstante, que sucede si queremos ver los ingresos basados tanto en la *Fecha de Envio* como en la *Fecha de Llegada,* uno al lado del otro a lo largo de los años en un mismo reporte de tabla dinámica. La solución, la función: USERELATIONSHIP.

USERELATIONSHIP

Función
USERELATIONSHIP

La función USERELATIONSHIP, especifica una relación entre un par de tablas para ser utilizada en calculo concreto, entre un par de columnas señaladas en sus argumentos.

Sintaxis

USERELATIONSHIP(Columna1; Columna2)

Tabla 12. 2	Argumentos de la Función USERELATIONSHIP

Argumento	Descripción
Columna1	Columna de la primera tabla (*Clave Externa*)
Columna2	Columna de la segunda tabla (*Clave Principal*)

La función USERELATIONSHIP es bastante "especial", pues no retorna ningún valor, dado que únicamente establece la relación durante el tiempo de cálculo; es diferente, a las funciones que hemos venido trabajando, pero es sencilla de entender.

Creemos la medida para ver su funcionamiento:

> [Ingresos por Fecha de Llegada]:=
> CALCULATE([Ingresos];
>   USERELATIONSHIP(TABLA_Pedidos[Fecha de Llegada];Calendario[Fecha]))

En este preciso instante podemos poner la medida *Ingresos* e *Ingresos por Fecha de Llegada* una al lado de la otra sin ningún problema.

Etiquetas de fila	Ingresos	Ingresos por Fecha de Llegada
⊞ 1999	$8,685.83	
⊞ 2000	$180,680.24	$182,644.87
⊞ 2001	$166,860.36	$168,421.85
⊞ 2002	$184,876.83	$184,048.77
⊞ 2003	$177,061.95	$177,587.81
⊞ 2004	$168,059.37	$165,946.88
⊞ 2005	$187,906.44	$190,600.41
⊞ 2006	$198,797.54	$196,793.34
⊞ 2007	$170,712.79	$173,730.49
⊞ 2008	$175,936.37	$174,180.51
⊞ 2009	$198,222.01	$174,197.59
⊞ 2010	$240,873.82	$191,255.24
⊞ 2011	$216,088.04	$171,751.07
⊞ 2012	$229,644.13	$183,368.21
⊞ 2013	$232,463.65	$187,033.05
⊞ 2014	$256,692.19	$165,328.25
⊞ 2015	$327,323.99	$182,627.14
⊞ (en blanco)		$451,670.06
Total general	**$3,320,885.54**	**$3,320,885.54**

Funciona de la manera esperada, los ingresos desfasados en cierta proporción porque una vez sale el producto, toma unos cuántos días en llegar a las manos de cliente, la primera celda en blanco lo aclara ya que las operaciones del a compañía empezaron tarde en 1999, por lo tanto, los ingresos empiezan a sumar desde el año siguiente

¿Puedes decirnos por qué ha aparecido este BLANK?

Tomate un par de minutos y dinos la respuesta. ¿Listo?

Porque la tabla de calendario solo llega hasta el 2015, mientras que la columna fecha de llegada tiene fechas posteriores, 2016, 2017 y hasta 2018.

Figura 12. 16 – Medidas de Diversas Relaciones Entre un Mismo Par de Tablas

¡Toma Nota!

La función USERELATIONSHIP es empelada en funciones que reciban como argumentos filtros, las más familiar y extendida: CALCULATE, por tal motivo la utilizamos en el ejemplo previo, a pesar de ello, hay otras funciones que reciben filtros en sus argumentos, como: CALCULATETABLE, CLOSINGBALANCEMONTH y su familia, OPENINGBALANCEMONTH y su familia, y TOTALYTD y su familia.

Relación Muchos a Muchos (Many To Many)

Hemos visto que Power Pivot solo trabaja con el tipo de relación uno a muchos *(en consecuencia, uno a uno, "también")*. Pero, Power Pivot no soporta la relación muchos a muchos, por ejemplo, si tratamos de relacionar las tablas base *Pedidos* y *Producción* mediante sus campos de fecha, entonces saldrá el siguiente error

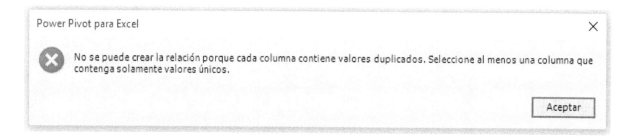

Figura 12. 17 – Error Relación Muchos a Muchos Directamente

Pausemos un Momento

El mensaje del error es bastante claro, falta una clave principal, es más, la relación que tratamos de hacer carece de sentido, por tal motivo Power Pivot no permite este tipo de relaciones, generalmente son relaciones que carecen de sentido lógico (Recuerda además que dijimos que las tablas base no se relacionan directamente).

Aunque Power Pivot, es amable al evitar complicaciones con las relaciones muchos a muchos, sí que hay escenarios donde tienen sentido y aplicabilidad.

Many To Many: Válidas e Inválidas

Para aterrizar la relación muchos a muchos, veamos en que circunstancias son válidas y cuales carecen de sentido.

Cuando tenemos un elemento, el cual puede pertenecer a dos categorías de otra característica, en dicho caso la relación muchos a muchos es válida, por ejemplo, una película puede tener dos géneros y estos se pueden superponer con otros géneros de una película diferente, un "gráfico" será más claro:

Válido

Película	Genero	Duración (Min)	Rating
Interstellar	Ciencia Ficción	169	4.2
Interstellar	Drama	169	4.2
Capitan America II	Ciencia Ficción	135	3.8
Capitan America II	Acción	135	3.8
X-Men	Ciencia Ficción	131	4.1
X-Men	Acción	131	4.1

1. El elemento de la columna Películas pertenece a dos categorías de la Columna Genero: Ciencia Ficción y Drama.

2. Otro elemento de la columna Películas pertenece a la categoría de la Columna Genero: Ciencia Ficción.

Figura 12. 18 – Tabla de "Búsqueda", Muchos a Muchos Válido

Tal vez estés pensado: Ok, esa sería la tabla base, sin embargo, dada la información que contiene, se orienta más una **Pseudotabla de búsqueda**, esto es más claro cuando vemos la tabla de ventas de la sala de cine.

Fecha	Hora	Película	Entradas
lunes, 1 de Septiembre de 2014	12:50 p.m	Interstellar	19
lunes, 1 de Septiembre de 2014	12:50 p.m	Capitan America II	17
lunes, 1 de Septiembre de 2014	12:50 p.m	X-Men	19
lunes, 1 de Septiembre de 2014	12:50 p.m	Guardianes de la Galaxia	19
lunes, 1 de Septiembre de 2014	12:50 p.m	Planeta de lo Simios	15
lunes, 1 de Septiembre de 2014	12:50 p.m	Al filo del Mañana	12
lunes, 1 de Septiembre de 2014	12:50 p.m	Godzilla	17
lunes, 1 de Septiembre de 2014	12:50 p.m	Hobbit	19
lunes, 1 de Septiembre de 2014	12:50 p.m	Spiderman	10
lunes, 1 de Septiembre de 2014	12:50 p.m	Robocop	12

Figura 12. 19 – Tabla Base, Ventas para la Sala de Cine

Este si es una tabla base, ya que el hecho de contener datos día a día funciona como transacciones *(alta densidad de datos)*.

¡Toma Nota!

Las categorías a las cuales pertenecen los elementos de una primera, deben ser de la misma, es decir, las películas pertenecen a varias categorías de género. El caso en que pertenezcan a varias categorías, pero de diversas columnas, ejemplo: Sabor=Dulce y Empaque=Plástico, no cuenta como relación muchos a muchos (Esta situación se da el 98% de los casos)

Inválidos

El otro lado del espectro son las relaciones muchos a muchos que no se superponen, por consiguiente, son inválidas, ejemplo:

Páis	Continente
Francia	Europa
Japón	Asia
Mexico	América
Colombia	América

Figura 12. 20 – Los Países NO Pueden Pertenecer a Dos Continentes

Teniendo esto claro *¿Cómo hacemos para crear relaciones muchos a muchos válidas?* Tomemos el escenario de la sala de cine y agreguemos las tablas al modelo de datos, incluyendo una de calendario *(Una vez se conocen no pueden faltar).*

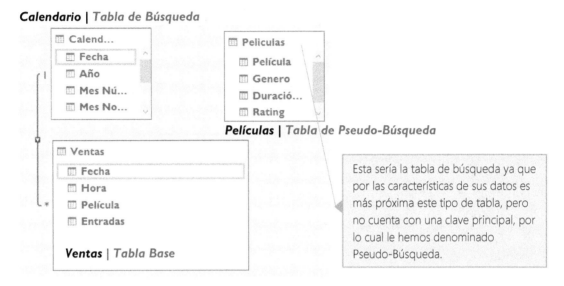

Figura 12. 21 - Vista de Diagrama Tablas Sala de Cine

Supongamos, por ejemplo, que queremos crear un reporte de tabla dinámica que muestre el número de entradas de acuerdo a los distintos géneros. Para ello debemos relacionar las Películas y Ventas de alguna forma.

Reporte a Crear

Tablas Intermedias

Sabemos que no podemos relacionar este par de tablas directamente, ya está más que claro, pero indudablemente algo podemos hacer. Para abordar el problema necesitamos un par de tablas intermedias.

La primera tabla es fácil de identificar, solamente cogemos el campo por el cual queremos categorizar la tabla dinámica ....

Tabla de Filtro Intermedia

... Y extraemos lo valores únicos para construir una tabla que servirá para arrastrar a las áreas de colocación.

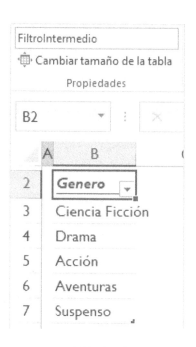

Figura 12. 22 – Tabla de Filtro Intermedio

Una vez hecho, debemos remover la columna de la tabla de donde la extrajimos, es decir, eliminar la columna Genero de la tabla Películas, junto con ello remover todos lo duplicados, quiere decir que nuestra tabla base *Ventas* quedaría.

Película	Duración (Min)	Rating
Interstellar	169	4.2
Capitan America II	135	3.8
X-Men	131	4.1
Guardianes de la Galaxia	122	3.7
Planeta de lo Simios	131	3.5
Al filo del Mañana	113	4
Godzilla	123	3.6
Hobbit	144	4.1
Spiderman	142	3.6
Robocop	118	3.3
Divergente	139	4
Maze Runner	113	3.9

Figura 12. 23 – Tabla Base Ventas, Removiendo Duplicados

Lo que necesitamos ahora es una tabla que conecte la tabla de filtros intermedia con la Pseudo-tabla de búsqueda. A esta tabla le denominamos Tabla de Conexión *(Bridge Table en inglés)*, y también es fácilmente identificable. La tabla de conexión, para nuestro caso contiene para cada una de las películas todos los géneros a las que pertenece, ver la tabla será más claro:

Tabla de
Conexión

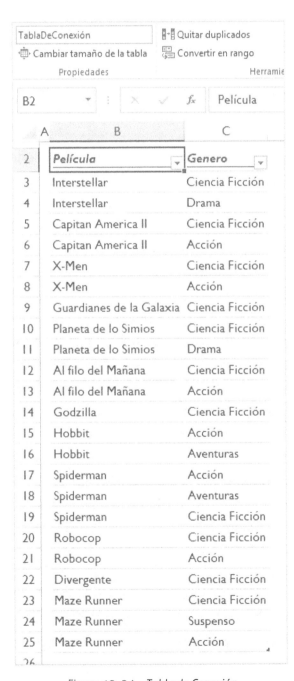

Figura 12. 24 – Tabla de Conexión

Realizando las relaciones quedaría:

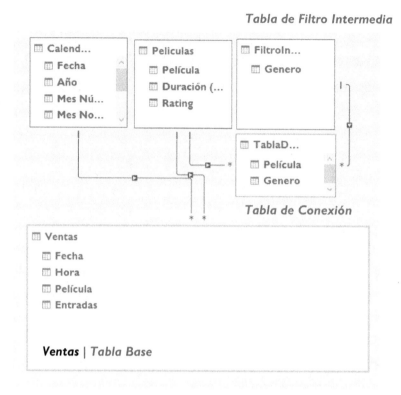

Figura 12. 25 – Relaciones con Tablas Intermedia y de Conexión

Aunque como ya habrás intuido, si creamos una tabla dinámica con la solicitud no va funcionar. *¿Puedes decirnos por qué?*

Ventas[Entradas Adición]:=SUM(Ventas[Entradas])

Etiquetas de fila ▾	Suma de Entradas Medida
Acción	35249
Aventuras	35249
Ciencia Ficción	35249
Drama	35249
Suspenso	35249
Total general	**35249**

Figura 12. 26 – Tabla Dinámica (Muchos a Muchos) Hasta Ahora

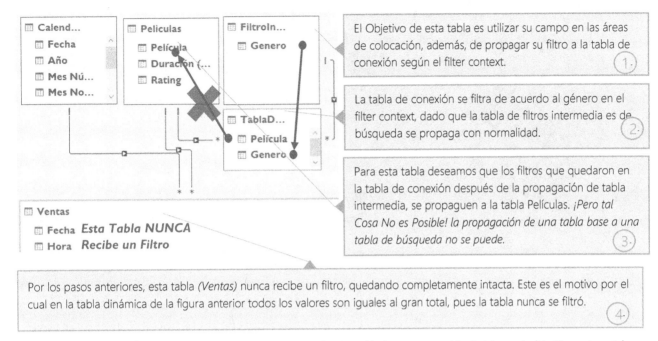

El Objetivo de esta tabla es utilizar su campo en las áreas de colocación, además, de propagar su filtro a la tabla de conexión según el filter context. ①

La tabla de conexión se filtra de acuerdo al género en el filter context, dado que la tabla de filtros intermedia es de búsqueda se propaga con normalidad. ②

Para esta tabla deseamos que los filtros que quedaron en la tabla de conexión después de la propagación de tabla intermedia, se propaguen a la tabla Películas. ¡Pero tal Cosa No es Posible! la propagación de una tabla base a una tabla de búsqueda no se puede. ③

Por los pasos anteriores, esta tabla *(Ventas)* nunca recibe un filtro, quedando completamente intacta. Este es el motivo por el cual en la tabla dinámica de la figura anterior todos los valores son iguales al gran total, pues la tabla nunca se filtró. ④

Figura 12. 27 – La propagación de filtros no se ejecuta de una tabla base a una tabla de búsqueda (No Normalmente)

Propagación Inversa

¿Para qué nos molestamos con lo anterior entonces? - ¡Porque Power Pivot es Increíble! Pues sí, contamos con una forma para que los filtros se propaguen de una tabla Base a una Tabla de Búsqueda, todo lo que hay que hacer es seguir el siguiente Snippet.

[Nombre de Medida para Relación Muchos a Muchos]:=
CALCULATE(ExpresiónDAX; 'Tabla de Conexión')

Snnipets para
Propagación
Inversa

Reajustando la medida *Entradas Adición*, sería:

Ventas[Entradas Adición]:=
        CALCULATE(SUM(Ventas[Entradas]);
                'TablaDeConexión'
)

NOTA

También se puede crear una nueva medida si se desea.

¡Y SMASH!

Etiquetas de fila ▼	Entradas Adición
Acción	20425
Aventuras	5705
Ciencia Ficción	32249
Drama	5948
Suspenso	2893
Total general	**35249**

Figura 12. 28 – Tabla Dinámica con Relación Muchos a Muchos Correcta

Algo mágico paso, y la propagación de la tabla base a la tabla de búsqueda sucedió, por lo tanto, la tabla dinámica se ha calculado correctamente. La magia la hace CALCULATE indicándole como argumento de filtro la tabla de conexión completa.

Snnipet Otra Vez para relación Muchos a Muchos:

Snippets Relación Muchos a Muchos

```
[Relación Muchos a Muchos (Propagación Inversa)]:=
CALCULATE([Medida];'Tabla de Conexión'
```

Pausemos un Momento

No te preocupes por la teoría del porque funciona el Snnipet de Muchos a Muchos, no es necesario sumergirse en ello, en su lugar ya sabes y cuentas con el patrón (Snnipets) para hacer que el filtro se propague de una tabla base a una tabla de búsqueda para las relaciones muchos a muchos.

El Siguiente Paso

Para enriquecer aún más nuestros modelos y crear verdaderas herramientas de seguimiento y análisis con Power Pivot, vamos a hablar de Jerarquías y KPIs, dos funcionalidades de mucha utilidad y fácil aplicación, así que veamos de que se trata.

La Presente Página se ha dejado en Blanco de forma deliberada.

Capítulo 13

Jerarquías

Para construir un modelo de datos más intuitivo y amigable con el usuario final, debemos tener en cuenta que es posible trazar un camino que facilite la búsqueda de un dato dentro de un reporte a través del uso de jerarquías de varios niveles, pues bien, empecemos a estudiar con lupa todo lo relacionado con esta temática.

Esencia de una Jerarquía

¿Qué es una Jerarquía?

Definición

Estimado Lector, una Jerarquía es un camino preestablecido en un reporte, creado a partir de la anidación de varios niveles que están relacionados entre sí, para facilitar la búsqueda y análisis de datos, y así mejorar la experiencia de usuario. ¿Qué tan útil es una jerarquía? Te estarás preguntando, pues bien, todo depende del criterio del creador del reporte, para decidir, que tan conveniente resulta utilizar este recurso en un momento particular.

Cuando crear Jerarquías

No siempre es buena idea utilizar jerarquías en nuestro reporte, por eso debemos tener en cuenta ciertos lineamientos que nos ayudaran a decidir si es apropiado el uso de una jerarquía:

- Es adecuado crear jerarquías si el reporte va a ser compartido, y consultado por varias personas dentro de la organización, y que posiblemente desconozcan como se ha construido ese modelo de datos.

▪ SI los datos tienen un patrón subyacente entre sus diferentes campos, por ejemplo, una tabla con las columnas Año, Mes y Día, en otras palabras, los campos tienen un patrón y una relación.

▪ Hay que tener en cuenta si el número de niveles es apropiado y está en equilibrio, no aporta mucho crear una jerarquía de un nivel o dos, o, por el contrario, una jerarquía de 21 niveles, donde llegar al último nivel, puede terminar siendo una compleja tarea.

Pero te estarás preguntando ¿Por qué debería invertir mi esfuerzo en crear una jerarquía?, pues estas son algunas razones:

▪ Facilita la búsqueda de datos a cualquier usuario que acceda al reporte.

▪ Disminuye el tiempo de búsqueda de información.

▪ Reportes más intuitivos de analizar.

En la siguiente figura puedes visualizar una jerarquía de tres niveles que muestra los ingresos obtenidos en cada año, observa que intuitivamente se establece una ruta de búsqueda que va de un nivel superior (Año) hasta uno inferior (Mes):

Otros ejemplos de jerarquía pueden ser:

Categoría de Producto -> Subcategoría de Producto Tipo de Producto-> Producto ->

País -> Estado -> Ciudad -> Cliente -> Dirección del Cliente.

	A	B	C
1			
2		Fecha ▼	Ingresos
3		⊞ 1999	$8.685,83
4		⊟ 2000	$180.680,24
5		⊞ Tri1	$49.429,52
6		⊞ Tri2	$45.700,64
7		⊟ Tri3	$41.992,30
8		Jul	$15.729,11
9		Aug	$15.056,15
10		Sep	$11.207,04
11		⊟ Tri4	$43.557,78
12		Oct	$14.678,72
13		Nov	$14.862,94
14		Dec	$14.016,11
15		⊟ 2001	$166.860,36

Figura 13. 1– Jerarquía en una Tabla Dinámica

Primero, vamos a construir una jerarquía estándar en el modelo de datos.

Construyendo Jerarquías

Las jerarquías se deben crear en la vista de diagrama del modelo de datos, para construir una jerarquía seleccionamos en el orden correspondiente los campos que representarán los diferentes niveles en la jerarquía, manteniendo presionada la tecla CTRL y con clic izquierdo, posterior a ello damos clic derecho sobre algún campo seleccionado y elegimos la opción Crear Jerarquía. También puedes crear una jerarquía dando clic sobre el comando Crear Jerarquía que aparece en la parte superior derecha de cada tabla en la vista de diagrama.

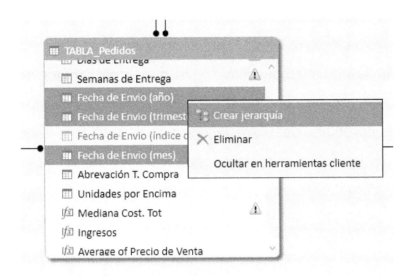

Figura 13. 2– Crear Jerarquía

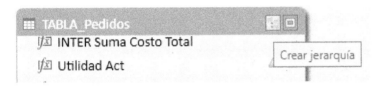

Figura 13. 3– Comando Crear Jerarquía

En la vista de diagrama se puede ver la nueva jerarquía que hemos creado:

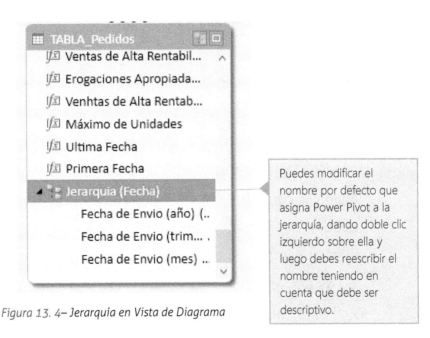

Figura 13. 4– Jerarquía en Vista de Diagrama

Puedes modificar el nombre por defecto que asigna Power Pivot a la jerarquía, dando doble clic izquierdo sobre ella y luego debes reescribir el nombre teniendo en cuenta que debe ser descriptivo.

Modificar y Agregar Nuevo Nivel

Además de modificar el nombre de la jerarquía, podemos cambiar el orden de los niveles, manteniendo presionado el campo dentro de la jerarquía y moviéndolo al nivel que deseemos, para agregar un nuevo nivel, solo debes arrastrar el campo seleccionado a un nivel apropiado dentro de la jerarquía. Si quieres eliminar un nivel de la jerarquía solo tienes que dar clic derecho sobre él, y finalmente, eliges la opción Quitar de la Jerarquía.

¡Toma Nota!

Solo puedes crear jerarquías con campos de la misma tabla, aunque si quisieras construir una jerarquía a partir de varias tablas, lo que puedes hacer es crear columnas calculadas a través del Lenguaje DAX, para así, traer la información de las tablas requeridas y finalmente construir la jerarquía con sus diferentes niveles.

Con la Jerarquía creada en el modelo de datos, vamos a crear un reporte de Tabla Dinámica, ubicando la jerarquía en el área de filas y los ingresos en el área de valores.

Como puedes ver en la figura, en el panel de campos, aparece la jerarquía como si fuera un campo más de la tabla dinámica, lo cual es beneficioso porque a diferencia de crear la jerarquía de la manera clásica (Arrastrando Campos al área de filas de la tabla dinámica, como fue creada la jerarquía de la figura 13.1), puedes replicar esta jerarquía en otras tablas dinámicas sin tener que arrastrar campos en cada ocasión, además, proteges tu reporte de ser modificado por accidente, si por ejemplo, alguien quisiera cambiar de lugar los campos.

Figura 13. 5– Jerarquía en Tabla Dinámica

Los campos de la jerarquía se pueden renombrar u ocultar de la vista del usuario, pero te recomendamos no hacer ninguna de estas dos acciones porque posiblemente te puedas confundir, lo que daría lugar a ambigüedades dentro del modelo, sin embargo, al dar clic derecho sobre los campos de la jerarquía en la vista de diagrama, se presentarán dichas opciones.

Medidas y Jerarquías

Algo realmente útil de crear una jerarquía es que podemos construir medidas utilizando los diferentes niveles de la misma, en el siguiente reporte puedes ver los ingresos obtenidos en cada periodo, pero adicionalmente, hemos creado dos medidas que nos muestran el porcentaje en el que influye cada periodo con respecto al total del nivel anterior de la jerarquía.

Fecha	Ingresos	% del Total(Mes)	% del Total(Trimestre)
⊞ 1999	$8.685,83		
⊟ 2000	$180.680,24		
⊟ Tri1	$49.429,52		27 %
Jan	$13.508,96	27 %	100 %
Feb	$17.592,04	36 %	100 %
Mar	$18.328,51	37 %	100 %
⊟ Tri2	$45.700,64		25 %
Apr	$14.726,52	32 %	100 %
May	$13.507,17	30 %	100 %
Jun	$17.466,96	38 %	100 %
⊞ Tri3	$41.992,30		23 %
⊞ Tri4	$43.557,78		24 %

Figura 13. 6– Medidas y Jerarquías

En este reporte podemos ver el porcentaje en el que influye cada mes, en los ingresos de cada trimestre y a su vez, los ingresos que aporta cada trimestre en los ingresos anuales, de esta forma, podemos comparar que meses y que trimestres han tenido mejores rendimientos a través del tiempo, a continuación, se muestran las medidas.

```
[% del Total(Mes)] :=
IF ( ISFILTERED ( TABLA_Pedidos[Fecha de Envio (mes)] );
[Ingresos] /
(CALCULATE ( [Ingresos];
            ALL ( TABLA_Pedidos[Fecha de Envio (mes)] ) )
        )
    )
```

TABLA_Pedidos[% del Total(Trimestre)]:=

IF (

    ISFILTERED (TABLA_Pedidos[Fecha de Envio (trimestre)]);

    [Ingresos]

    / (CALCULATE ([Ingresos]; ALL (TABLA_Pedidos[Fecha de Envio (trimestre)]))))

Las medidas calculan el % del total respecto al nivel de la jerarquía, para este ejemplo el porcentaje de ingresos que aportan los meses al total de cada trimestre y así mismo, el porcentaje de ingresos que aportan los trimestres a cada año, dependiendo si la tabla es filtrada por trimestre o por mes, se calcula el % de ingresos, dividiendo los ingresos para ese ítem, sobre el total de los ingresos. Para entender la naturaleza de la medida, hagamos una breve pausa para hablar de ISFILTERED.

Función ISFILTERED Definición

La función ISFILTERED retorna verdadero cuando el ColumnName está siendo filtrado directamente, si, por el contrario, no existe ningún filtro o se está filtrando otra columna de la misma tabla o una tabla relacionada está siendo filtrada entonces la función retorna Falso.

Sintaxis

ISFILTERED(<columnName>)

Argumentos

| Tabla 13. 1 | Argumentos Función ISFILTERED |

Argumento	Descripción
ColumName	Nombre de una Columna Existente, no se puede utilizar otra expresión

Con la función ISFILTERED en las dos medidas, evitamos realizar cálculos innecesarios para que no sean mostrados en la tabla dinámica. aunque combinar medidas y jerarquías resulta muy útil debemos tener en cuenta algunas consideraciones.

El anterior reporte se puede crear a través de las funcionalidades comunes de tablas dinámicas, más exactamente con la opción Mostrar Valores Como en la Configuración de Campos, sin embargo, para duplicar el cálculo en otro reporte, debemos repetir el procedimiento en cada tabla dinámica que queramos mostrar dicho cálculo, a diferencia de Power Pivot, que solo se debe arrastra la medida al área de valores.

Un punto a favor del método tradicional es que si cambiamos la jerarquía, el cálculo seguirá realizándose sin ningún problema, por el contrario, de la medida en el lenguaje DAX que no funcionará si se modifica la jerarquía, lamentablemente no podemos crear medidas genéricas para ser usadas en cualquier jerarquía, puesto que es imposible conocer la configuración que tendrá la tabla dinámica, en consecuencia, elegir el método de cálculo depende exclusivamente de las necesidades y requerimientos del reporte.

Jerarquía Padre/Hijo

Definición

Existen dos tipos de jerarquías, las estándar y las de relación Padre/Hijo, la jerarquía creada en el anterior ejemplo, la podemos clasificar en la categoría de jerarquía estándar, a continuación, se muestran una jerarquía de tipo Padre/Hijo.

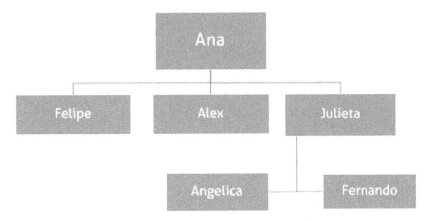

Figura 13. 7– Jerarquía Padre/Hijo

Las jerarquías padres/Hijo tiene las siguientes características:

- El número de niveles en la jerarquía no siempre es el mismo.

- Normalmente se almacena la jerarquía en una tabla, asignando en cada fila, la relación que existe entre Padre e Hijo.

Ahora, vamos a construir un reporte con una jerarquía Padre/Hijo, no obstante, debemos tener en cuenta que en Power Pivot no podemos crear jerarquías de este tipo y por eso debemos utilizar columnas calculadas y otras medidas adicionales así que empecemos la creación de nuestro reporte.

El primer pasó, es indicar en una tabla estructurada las diferentes conexiones que existen entre los elementos que contiene la jerarquía, luego de crear la tabla, debemos agregarla al modelo de datos. En la siguiente figura se muestra la tabla con las conexiones existentes.

ID	Nombre Vendedor	Conexión Padre ID
1 Ana		
2 Felipe		1
3 Alex		1
4 Julieta		1
6 Angelica		4
7 Fernando		4

Figura 13. 8– Conexión Equipo de Vendedores

Para este ejemplo, crearemos un reporte que muestre los ingresos obtenidos por un equipo de vendedores, en la tabla, podemos ver fácilmente las conexiones existentes de la jerarquía, el problema con este modelo es que Power Pivot no permite crear relaciones entre columnas de la misma tabla, y como ya lo dijimos, tampoco es posible crear jerarquías Padre/Hijo, en consecuencia, debemos reestructurar nuestro modelo convirtiendo la jerarquía Padre/Hijo en una estándar. En la siguiente tabla se muestran los ingresos obtenidos por cada Vendedor, no olvides agregarla al modelo de datos.

ID	Nombre	Ingresos
1 Ana		3000
2 Felipe		4000
3 Alex		1000
4 Julieta		7000
6 Angelica		800
7 Fernando		13000

Figura 13. 9– Ingresos obtenidos por cada vendedor

Para construir nuestro reporte, vamos a crear una columna calculada que muestre la conexión entre los vendedores, para posteriormente crear los diferentes niveles de la jerarquía.

A pesar de no poder crear jerarquías de este tipo, Power Pivot tiene un set de funciones diseñado precisamente para manejar jerarquías Padre/Hijo, así que hablemos un poco sobre la función PATH.

La función PATH retorna una cadena de texto con las conexiones existentes para la fila actual, es decir, muestra la relación Padre/Hijo que hay entre los elementos de la tabla.

PATH(<ID_columnName>, <parent_columnName>)

Tabla 13. 2 ▸ Argumentos Función ISFILTERED

Argumento	Descripción
ID_ColumnName	Nombre de una columna existente y que contiene un único identificador, no puede ser una expresión,
Parent_ColumnName	Nombre de una columna existente que contiene el identificador exclusivo para el padre de la fila actual

Teniendo lo anterior en cuenta, vamos a crear una columna calculada con la siguiente expresión.

=

PATH (Jerarquia_Vendedores[ID]; Jerarquia_Vendedores[Conexión Padre ID])

Esta columna calculada únicamente es construida como paso intermedio para obtener los demás niveles de la jerarquía.

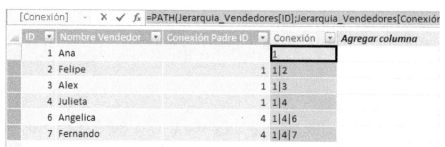

Figura 13. 10– Nueva Columna Calculada

El siguiente paso consiste en construir tres columnas calculadas uno por cada nivel de la jerarquía, si existieran más niveles, necesariamente deberíamos agregar más columnas calculadas, pero primero entendamos el siguiente par de funciones que serán de gran ayuda.

Función LOOKUPVALUE Definición

La función LOOKUPVALUE, retorna el valor de la columna especificada en el argumento Result_ColumnName, para la fila, teniendo en cuenta que se cumplan los criterios especificados en los demás argumentos, si no se satisfacen los criterios de búsqueda, devuelve un valor en blanco.

Sintaxis

LOOKUPVALUE(<result_columnName>; <search_columnName>; <search_value>[; <search_columnName>; <search_value>]...)

Argumentos

Tabla 13. 3   Argumentos Función LOOKUPVALUE

Argumento	Descripción
Result_ColumName	Nombre de una columna existente que contiene el valor que deseamos retornar
Search_ColumnName	Nombre de una columna existente, sobre la cual se realizará la consulta
Search Value	Una expresión escalar, que no se refiere a cualquier columna de la misma tabla en la que se realiza la búsqueda

Función PATHITEM Definición

Retorna un elemento en la posición especificada por nosotros, de una cadena de texto resultante a partir de la función PATH, las posiciones se cuentan de izquierda a derecha

Sintaxis

```
PATHITEM(<path>, <position>[, <type>])
```

Argumentos

Tabla 13. 4 Argumentos Función PATHITEM

Argumento	*Descripción*
Path	*Una cadena de texto con la estructura del resultado arrojado por la función PATH*
Position	*Un número entero, que representa la posición del valor que deseamos retornar*
Type	*Un valor que define el tipo de dato a retornar.*

Teniendo lo anterior en cuenta, creemos los diferentes niveles utilizando las siguientes medidas:

```
Nivel 1=
        LOOKUPVALUE (
          Jerarquia_Vendedores[Nombre Vendedor];
          Jerarquia_Vendedores[ID];              PATHITEM            (
        Jerarquia_Vendedores[Conexión]; 1; 1 )
        )

Nivel 2=
        LOOKUPVALUE (
          Jerarquia_Vendedores[Nombre Vendedor];
```

                    Jerarquia_Vendedores[ID];   PATHITEM   (
                    Jerarquia_Vendedores[Conexión]; 2; 1)
)

Nivel3=
        LOOKUPVALUE (
            Jerarquia_Vendedores[Nombre Vendedor];
            Jerarquia_Vendedores[ID];   PATHITEM   (
            Jerarquia_Vendedores[Conexión]; 3; 1))

Ahora nuestra tabla en el modelo de datos debe lucir de la siguiente manera:

ID	Nombre Vendedor	Conexión Padre ID	Conexión	Nivel 1	Nivel 2	Nivel 3
1	Ana		1	Ana		
2	Felipe	1	1|2	Ana	Felipe	
3	Alex	1	1|3	Ana	Alex	
4	Julieta	1	1|4	Ana	Julieta	
6	Angelica	4	1|4|6	Ana	Julieta	Angelica
7	Fernando	4	1|4|7	Ana	Julieta	Fernando

Figura 13. 11– Columnas Calculadas para cada Nivel

Como puedes ver, existen campos vacíos en algunos niveles, puesto que no hay relación existente en dicho nivel, si creáramos el reporte inmediatamente, habría ciertos problemas de formato en la tabla dinámica porque esos campos en blanco serian visibles. Para resolver este problema vamos a optimizar las columnas calculadas en cada nivel agregando la función PATHLENGTH.

Función PATHLENGTH Definición

La función PATHLENGTH retorna el número de padres que contiene el elemento especificado en la fila, incluyendo el mismo elemento, en otras palabras, calcula el número de niveles que tiene la jerarquía.

PATHLENGTH(<path>)

Tabla 13. 5   Argumentos Función PATHLENGTH

Argumento	Descripción
Path	*Una cadena de texto con la estructura del resultado arrojado por la función PATH*

NOTA

No es necesario re calcular el primer nivel porque todas las filas contienen un nivel.

Ahora bien, las expresiones de las columnas calculadas del segundo y tercer nivel quedarían la siguiente manera:

Nivel 2=

    IF (

      PATHLENGTH (Jerarquia_Vendedores[Conexión]) >= 2;

      LOOKUPVALUE (

        Jerarquia_Vendedores[Nombre Vendedor];

        Jerarquia_Vendedores[ID];   PATHITEM   (

      Jerarquia_Vendedores[Conexión]; 2; 1)

        );

        Jerarquia_Vendedores[Nivel 1]

)

Nivel 3=

      IF (

        PATHLENGTH (Jerarquia_Vendedores[Conexión]) >= 3;

        LOOKUPVALUE (

          Jerarquia_Vendedores[Nombre Vendedor];

          Jerarquia_Vendedores[ID];   PATHITEM   (

      Jerarquia_Vendedores[Conexión]; 3; 1)

          );

```
    Jerarquia_Vendedores[Nivel 2]
)
```

Con las medidas actualizadas, vamos a relacionar la tabla Jerarquia_Vendedores con la tabla de desempeño a través de la columna ID.

Figura 13. 12– Relación entre Tablas

Ahora, creamos una jerarquía estándar, con los tres niveles que hemos creado a partir de las columnas calculadas.

Figura 13. 13– Creación de Jerarquía.

Para finalizar, vamos a crear un reporte de tabla dinámica, agregando en el área de filas la jerarquía que hemos creado, y en el área de valores, añadimos una medida que calcule los ingresos de la tabla de desempeño.

Equipo Vendedores ▼	Ingresos_Vendedor
⊟ Ana	28.800
⊟ Alex	1.000
Alex	1.000
⊟ Ana	3.000
Ana	3.000
⊟ Felipe	4.000
Felipe	4.000
⊟ Julieta	20.800
Angelica	800
Fernando	13.000
Julieta	7.000
Total general	**28.800**

Figura 13. 14– Reporte con Jerarquía padre/Hijo

Con el reporte finalizado, podemos observar cómo se muestran los ingresos obtenidos por cada miembro del equipo de vendedores, adicionalmente, podemos ver el total de ingresos obtenidos en cada nivel, con esto damos por finalizado, la temática de jerarquías, no olvides que su uso es muy importante para facilitar búsquedas y su implementación depende exclusivamente del objetivo y las necesidades del reporte, bueno, ahora abramos paso a otra maravillosa funcionalidad de Power Pivot que al igual que las jerarquías, está enfocada completamente en enriquecer el modelo y hacer reportes más intuitivos, así que bienvenido al mundo de los KPIs.

KPIs: Key Performance Indicators

Ahora, es momento de presentarte una de las funcionalidades más potentes de Power Pivot, porque nos brinda la posibilidad de evaluar un indicador con respecto a una meta establecida por nosotros mismos, y, en consecuencia, entender si la estrategia de negocio es efectiva o no, todo apoyado en elementos visuales que facilitan la lectura por parte del usuario final.

Entendiendo los KPIs

Indicadores

Para entender mejor la funcionalidad de KPIs, hablemos un poco sobre indicadores, un indicador representa en un momento determinado el desempeño de un proceso o actividad dentro de la compañía, para que sea monitoreado y con base en el estado actual del indicador, decidir si la meta se está logrando o no. En esencia, podemos recrear este método de análisis de información a través de las medidas que nosotros definamos en Power Pivot, combinadas con las funcionalidades de KPIs.

Funcionalidad KPIs en Power Pivot

Definición

Un KPI es una representación gráfica de la relación que existe y que podemos definir a través del modelo de datos, entre una medida y un valor fijo, o incluso otra medida establecida, algunos de los beneficiosos de implementar esta herramienta en nuestros reportes son:

- Alta capacidad de análisis de métricas e indicadores, a una velocidad de entendimiento extraordinaria.

- La posibilidad de crear reportes enfocados a análisis de estrategia de negocio.

- Reportes intuitivos y amigables con el usuario final.

- El uso de esta funcionalidad es simple y puede ser aplicado en cualquier escenario.

Hagamos una breve pausa y observemos por un momento el siguiente reporte.

	C	D	E	F
Año		Utilidad ($)	Utilidad Año Anterior ($)	Crecimiento Utilidad (%)
2001		147.998	161.545	-8%
	Enero	13.015	12.118	7%
	Febrero	10.540	16.059	-34%
	Marzo	14.038	16.657	-16%
	Abril	12.965	13.208	-2%
	Mayo	11.680	12.152	-4%
	Junio	15.337	15.623	-2%
	Julio	13.174	14.070	-6%
	Agosto	11.437	13.279	-14%
	Septiembre	12.396	9.624	29%
	Octubre	10.443	13.008	-20%
	Noviembre	10.758	13.317	-19%
	Diciembre	12.213	12.429	-2%
2002		165.375	147.998	12%
	Enero	14.812	13.015	14%
	Febrero	14.142	10.540	34%
	Marzo	14.076	14.038	0%
	Abril	16.086	12.965	24%

Este reporte contiene información de la utilidad, del año 2001 hasta el 2015.

Figura 13. 15– Reporte de Utilidad del año 2001 al 2015

Como puedes ver, el reporte contiene muchos datos útiles para analizar relacionados con la utilidad y el crecimiento de la misma, sin embargo, debemos ser conscientes que extraer información y conclusiones será una tarea difícil de lograr en poco tiempo. Para resolver dicho problema y crear un reporte más robusto e intuitivo nos apoyaremos en la funcionalidad de KPIs, así que primero, entendamos las medidas que contiene el reporte.

Puede que la medida creada para calcular la utilidad no sea muy compleja, ni tampoco útil, para analizar si el rendimiento de la empresa ha mejorado con el tiempo o no. Teniendo eso en cuenta, podemos calcular a través del lenguaje DAX, el crecimiento de la utilidad año a año.

Crecimiento Utilidad (%)= (Utilidad – Utilidad Año Anterior) / (Utilidad Año Anterior)

Todo traducido al lenguaje DAX, queda de la siguiente manera, (recordemos que la medida Utilidad ($) se creó en el capítulo 11).

Utilidad Año Anterior :=
CALCULATE ([Utilidad ($)]; SAMEPERIODLASTYEAR (Calendario[Fecha]))

Crecimiento Utilidad :=
([Utilidad ($)] - [Utilidad Año Anterior])
/ [Utilidad Año Anterior]

Con el indicador, % de crecimiento de la utilidad, podemos aplicar la funcionalidad de KPIs. Los KPIs utilizados en reportes se pueden aplicar en dos escenarios diferentes...

Primer Escenario – Análisis de estado a través de un valor fijo

Es un método que permite comparar una medida o indicador definido por el usuario, con respecto a un valor fijo en forma de porcentaje (Algo así como una regla o un metro). Adicionalmente, podemos agregar niveles de estado para que visualmente se transmita si es "bueno" o "malo" el estado en el que se encuentra el indicador, teniendo esto en mente construyamos el KPI.

Para crear un KPI nos dirigimos a la pestaña Power Pivot en Excel, y en el grupo Cálculos, Damos Clic en el comando KPIs y elegimos la opción Nuevo KPI.

Figura 13. 16– Crear Nuevo KPI

En el cuadro de dialogo Indicador Clave de Rendimiento (KPI) es donde la magia ocurre. Como puedes ver en la figura 13.17, debemos definir tres elementos importantes:

- Campo Base de KPI : Es el indicador o medida a la cual vamos a evaluar y comparar, principalmente, para entender en que estado se encuentra, para este ejemplo, es la medida Crecimiento de Utilidad. Adicionalmente, ten en cuenta que el estado del indicador se mostrara gráficamente en el reporte, a través de un símbolo que representa el nivel en el que se encuentra.

- Definir Valor de Destino: en este sub grupo, debemos establecer el valor con el que va a ser contrastado el estado del indicador, para este ejemplo, Definimos la opción valor Absoluto como 1, teniendo en cuenta que, 1 es igual a 100% , 2 a 200%, y así sucesivamente, dado que la tasa de crecimiento de la utilidad es un porcentaje.

- Definir Umbrales de Estado: Como ya lo dijimos, el valor de destino representa una regla, entonces, los umbrales de estado son los niveles o estados en que el que el Indicador se clasificará y por ende su representación gráfica dentro del reporte tomara un color, para este ejemplo: vamos a definir como valores "Malos" los valores menores a 15%, valores "regulares", entre 15% y 50% y los mayores a 50% se clasificarán como "Buenos".

¡Toma Nota!

Los niveles que representan los umbrales son relativos y, por ende, definir cuál nivel es "bueno" y cual "malo", depende exclusivamente de las necesidades y requerimiento establecidos en la creación del reporte.

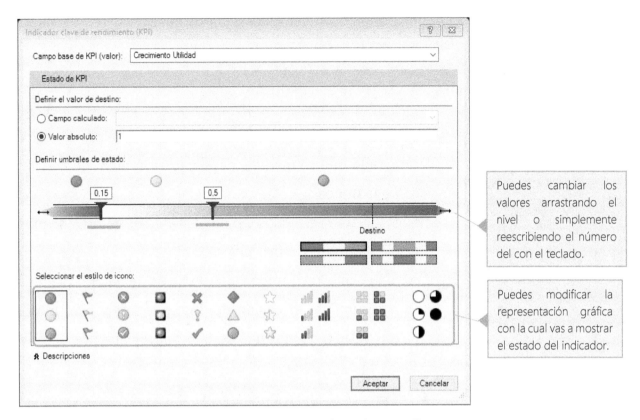

Figura 13. 17– Cuadro de Dialogo Indicador Clave de Rendimiento KPI

Para finalizar, presionamos el botón Aceptar y a continuación en el panel de campos de la tabla dinámica, aparece una nueva carpeta con los elementos del KPI que hemos creado.

Figura 13. 18– KPI en el Panel de Campos

Ahora, podemos arrastrar los campos del KPI al área de valores de la tabla dinámica.

- Si arrastramos el campo Valor al área de valores, en la tabla dinámica se mostrará como valor numérico el cálculo o estado de esa medida, para este caso el % de crecimiento de la utilidad.
- Si llevamos el campo Objetivo al área de valores, se mostrará el valor objetivo que hemos definido.
- Si llevamos el Campo Estado al área de valores, se mostrará gráficamente el estado del indicador, dependiendo de los umbrales o niveles que definimos previamente.

Año	Utilidad ($)	Crecimiento Utilidad	Objetivo Crecimiento Utilidad	Estado Crecimiento Utilidad
⊞ 2001	147.998	-8%	100% ●	
⊟ 2002	165.375	12%	100% ●	
Enero	14.812	14%	100% ●	
Febrero	14.142	34%	100% ○	
Marzo	14.076	0%	100% ●	
Abril	16.086	24%	100% ○	
Mayo	16.095	38%	100% ○	
Junio	13.491	-12%	100% ●	
Julio	15.499	18%	100% ○	
Agosto	13.140	15%	100% ●	
Septiembre	14.629	18%	100% ○	
Octubre	12.780	22%	100% ○	
Noviembre	10.228	-5%	100% ●	
Diciembre	10.398	-15%	100% ●	
⊞ 2003	157.491	-5%	100% ●	

Figura 13. 19– Reporte con KPIs

Como se ve en esta pequeña imagen de la tabla, podemos entender rápidamente que, en ningún mes del año 2002, se obtuvo una tasa de crecimiento en las utilidades mayor al 50 %, y por ende no fue un año muy bueno. Pero no nos detengamos mucho en este año, observemos un momento el año 2015.

2015	292.835	29%	100% ◐
Enero	28.564	55%	100% ◉
Febrero	23.576	24%	100% ○
Marzo	28.307	58%	100% ◉
Abril	27.807	40%	100% ○
Mayo	17.766	-6%	100% ◉
Junio	25.204	42%	100% ○
Julio	31.713	49%	100% ○
Agosto	23.436	11%	100% ◉
Septiembre	23.224	25%	100% ○
Octubre	23.400	17%	100% ○
Noviembre	26.912	58%	100% ◉
Diciembre	12.926	-25%	100% ◉

Figura 13. 20– Reporte con KPIs

Como podemos ver, los símbolos no son del todo precisos, sin embargo, son muy útiles para transmitir información sobre el crecimiento de la utilidad en el año 2015, por ejemplo, sigue siendo mayor el número de meses con un % deficiente, además, sería apropiado, crear estrategias para aumentar el % de crecimiento de la utilidad en el mes de diciembre, puesto que no fue muy rentable a pesar de ser temporada de alto flujo de ventas para el mercado en general, entre otras muchas conclusiones que podemos obtener rápidamente.

Segundo Escenario – Análisis Dinámico

Hay ocasiones en que no es apropiado definir el valor de destino como absoluto, sino que debemos recurrir a medidas para crear una regla de comparación que esté acorde con el escenario, para este ejemplo, vamos a analizar el crecimiento de la utilidad, con respecto al Promedio de la Tasa de crecimiento año a año. Teniendo esto en mente, creemos la medida que calcula el Promedio del crecimiento de la utilidad entre todos los años.

Promedio % Crecimiento Utilidad :=

CALCULATE ([Crecimiento Utilidad]; ALLSELECTED (); VALUES (Calendario[Año]))

Ahora debemos agregar un KPI pero esta vez el valor absoluto será la medida que recién hemos creado.

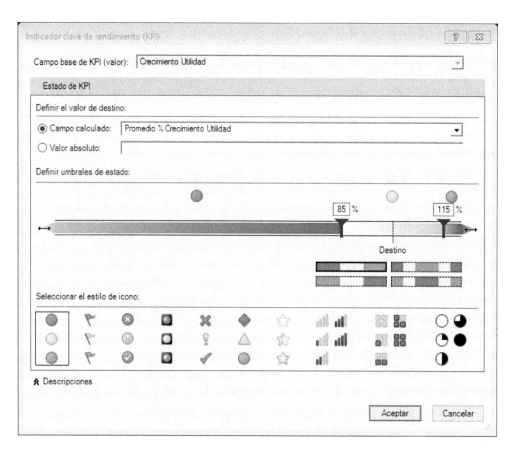

Figura 13. 21– Configuración del Cuadro de Dialogo

Teniendo en cuenta si el indicador se encuentra 15% por debajo del promedio se calificará como malo, y si esta 15 % por encima del promedio se considerara bueno, en la anterior figura se observa como están configurados los umbrales para que se cumpla dicha regla. Para hacer más dinámico el reporte, vamos a agregar un slicer con el campo País de la tabla pedidos, para que podamos insertar un filtro dependiendo de la zona que deseemos analizar.

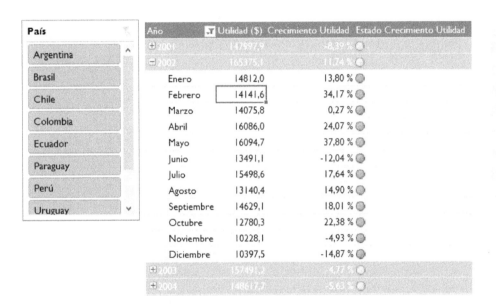

Figura 13. 22– Reporte Dinámico

Con este reporte estaremos en capacidad de medir en qué estado nos encontramos con respecto al promedio del crecimiento de la utilidad, adicionalmente, si seleccionamos algún elemento del slicer, los indicadores cambiaran automáticamente, *¡Dinamita Pura!*

El Siguiente Paso

El siguiente capítulo estudiamos como crear el tipo de relación muchos a muchos en Power Pivot que tenemos pendiente desde el capítulo cinco, además de cómo tratar con múltiples tablas base.

La Presente Página se ha dejado en Blanco de forma deliberada.

Capítulo 14

Introducción

En el desarrollado de todo el libro hemos utilizado DAX para el análisis de datos, es decir, para le creación de fórmulas bien sea básicas o complejas para resumir datos y así poder extraer información que puede ser valiosa para la compañía.

DAX, es un lenguaje poderoso para crear soluciones de inteligencia de negocios, su aplicabilidad precisa depende directamente del área específica del lector: Inventario, Marketing, Finanzas, etc., etc. Por otra parte, el lenguaje DAX también puede ser utilizado como lenguaje de consulta.

El presente capítulo es una breve introducción a lenguaje DAX aplicado para hacer consultas a las tablas de Power Pivot.

¿Por Qué Utilizar DAX como Query?

Poder contar con las tablas directamente en Excel nos da el beneficio de utilizar todas las funcionalidades de la hoja de cálculo, lo cual en algunas ocasiones es más cómodo.

Consultar datos, procesarlos en Excel y volverlos a enviar Power Pivot después de un proceso, es la llave para realizar una cantidad inimaginable de análisis.

Brinda la posibilidad entender cómo operan ciertas funciones detrás de cámaras y poder interiorizarlas de manera correcta, debido a que podemos observar su resultado directamente en una hoja de Excel.

EVALUATE

La función EVALUATE es quién nos permite hacer consultas en las tablas de Power Pivot y ninguna otra. Por ejemplo:

```
EVALUATE(
  FILTER( TABLA_Pedidos;
          TABLA_Pedidos[Categoría de Descuento] = "Non")
```

El ejemplo traería una tabla en Excel con solo aquellos registros que corresponde únicamente con la categoría *Non*.

La función EVALUATE tiene un montón de argumentos, aquí solamente la vamos utilizar en su forma más simple:

$$EVALUATE(<tabla>)$$

Donde el argumento <tabla> es cualquier expresión o función que por definición retorne una tabla, tales como: FILTER, CALCULATETABLE, ALL, etc.

Crear Consulta

Para crear una consulta y verla en la hoja de cálculo de Excel, debemos seguir dos pasos:

1) Importar una Tabla de Power Pivot
2) Editar Consulta

NOTA

La función EVALUATE, es la función para hacer consultas, por ello, no se puede utilizar en ninguno de los tipos de cálculo personalizados: Medidas o Columnas Calculadas, dado que retorna una tabla. Esta se debe empezar en el cuadro de diálogo *edición de consulta*.

Importar Tabla

Para importar una tabla de Power Pivot debemos ir a la pestaña, DATOS, grupo OBTENER DATOS EXISTENTES y clic en el comando CONEXIONES EXISTENTES.

Figura 14. 1 – Comando Conexiones Existentes

Con lo anterior se despliega el cuadro de diálogo CONEXIONES EXISTENTES, en la sección *Conexiones en este libro*, podemos apreciar las tablas que hemos conectado y agregado a Power Pivot.

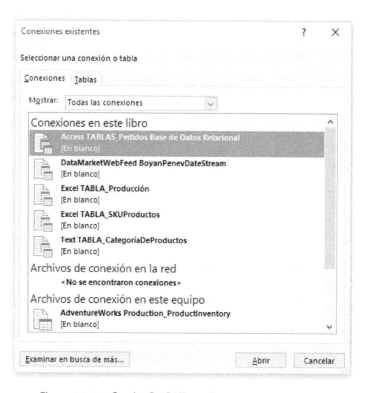

Figura 14. 2 – Cuadro De Diálogo Conexiones Existentes

Seleccionamos cualquier tabla de la sección y clic en el botón
ABRIR, con lo cual surge un nuevo cuadro de diálogo:

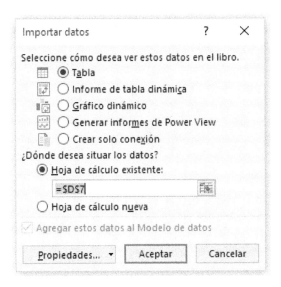

Figura 14. 3 – Cuadro de Diálogo Importar Datos

Dejamos la opción: *Tabla*, seleccionada, y decidimos donde
queremos que aparezca la tabla, en una hoja nueva o a partir de una
celda especifica en la hoja actual; posteriormente pulsar clic en el
botón aceptar. Veremos la tabla importada.

Figura 14. 4 – Tabla Pedidos Importada a Excel

Editar Consulta

Editar la consulta es bien sencillo, solamente dejamos la celda activa dentro de la tabla recién importada y pulsamos CLIC DERECHO, con lo cual se despliega un menú contextual, allí ubicamos las opciones de TABLA y en los comandos que aparecen pulsamos en EDITAR DAX.

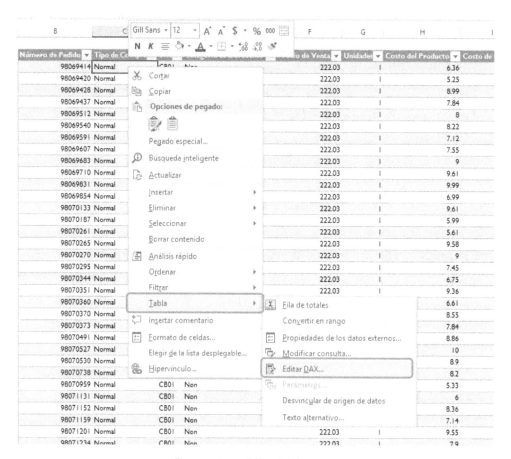

Figura 14. 5 – Editar DAX

Ahora se despliega un nuevo cuadro de diálogo con nombre editar DAX, allí es donde haremos la edición, las consultas DAX para una tabla de Power Pivot.

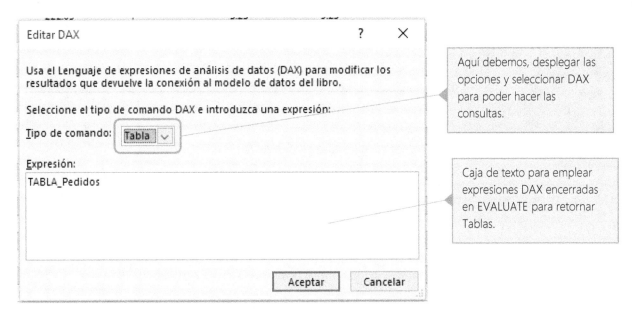

Figura 14. 6 – Cuadro de Diálogo Editar DAX

Aquí podemos pegar la consulta del ejemplo mostrado al principio

Figura 14. 7 – Primera Consulta

¡Toma Nota!

Sin importar la configuración del separador lista de tu computadora, bien sea coma o punto y coma (o cualquier otro) el separador de argumentos en las expresiones DAX escritas en el cuadro de diálogo editar DAX siempre se separan por coma (,).

CALCULATETABLE

Recordemos de capítulos previos que la función CALCULATETABLE retorna una tabla, la cual la hace ideal y potente para consultas.

Por ejemplo, si queremos extraer una porción de la tabla *Pedidos* pero basada en un filtro de una tabla de búsqueda, lo podemos hacer sin ningún problema, en específico:

```
EVALUATE(
CALCULATETABLE (
  TABLA_Pedidos,
  Calendario[Mes Nombre] = "Enero"
  ))
```

Nota que se está filtrando la tabla *Pedidos* de acuerdo a una tabla de búsqueda, en este caso la tabla de *Calendario*, esto se ejecuta sin ningún inconveniente retornando la tabla deseada *(solo el mes de enero).*

ADDCOLUMNS

La función ADDCOLUMNS nunca la hemos tratado en el texto, pues es especialmente útil para consultas.

La función ADDCOLUMNS es un iterador, así como FILTER, retorna una tabla especificada en su primer argumento, enriquecida o expandida con un nuevo conjunta de columnas.

Definición

ADDCOLUMNS(<tabla>;<nombre>;<expresión>; ...)

Sintaxis

La función ADDCOLUMNS tiene un número indefinido de argumentos o parámetros:

Tabla 14. 1 Argumentos de la Función ADDCOLUMNS

Argumentos

Argumento	Descripción
Tabla	La tabla que queremos expandida
Nombre	Nombre de la nueva columna entre comillas dobles
Expresión	Expresión que devuelva une escalar para crear la columna.

Ejemplo:

```
EVALUATE(
        ADDCOLUMNS ( 'TABLA_CategoríaDeProductos', "Número de Productos",
                CALCULATE(COUNTROWS(TABLA_Pedidos)) )
        )
```

Un vistazo a la imagen:

SKU	Precio de Venta	Categoría	Número de Productos
L01	30.75	Libro	1945
L02	40.2	Libro	2408
L03	29.99	Libro	1469
L04	30.1	Libro	993
L05	40.55	Libro	1986
L06	42.55	Libro	729
L07	37.89	Libro	1535
L08	50.99	Libro	
D01	25	DVD	
D02	20	DVD	
D03	60	DVD	
D04	18	DVD	

Figura 14. 8 – Porción del Resultado del Query con ADDCOLUMNS

SUMMARIZE

Definición

La función SUMMARIZE retorna una tabla de resumen sobre un conjunto de grupos.

Sintaxis

SUMMARIZE(<tabla>; <grupo>;...;[<nombre>];[<expresión>])

La función SUMMARIZE es una de las funciones más útiles y utilizadas para consultas en Power Pivot, se pueden hacer cosas sencillas como otras de mayor envergadura.

Tabla 14. 2 Argumentos de la Función SUMMARIZE

Argumento	Descripción
Tabla	Una expresión DAX que retorne una tabla.
Columna	Una columna existente utilizada para crear grupo.
Nombre	Nombre para el total o columna de resumen.
Columna	Una expresión DAX que devuelva un escalar.

Veamos un ejemplo y sus resultados, sabemos que de esta manera
será más claro.

EVALUATE(

      SUMMARIZE (TABLA_Pedidos, TABLA_Pedidos[SKU]))

Retorna:

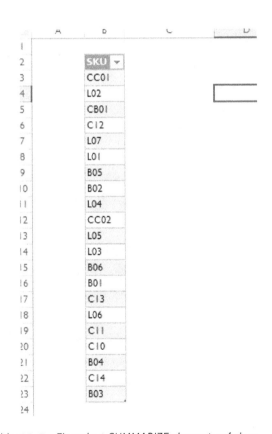

Tabla 14. 3 – Ejemplo 1 SUMMARIZE elementos únicos

Devolvió todos los elementos únicos del campo SKU en la tabla
Pedidos, no obstante, si ese fuera el fin de la historia no sería del
todo potente; como se puede observar en la sintaxis después del
argumento grupo hay puntos suspensivos, quiere decir que
podemos añadir más grupos *(columnas)* observemos que sucede.

```
EVALUATE(
  SUMMARIZE (
            TABLA_Pedidos,
            TABLA_Pedidos[SKU],
            TABLA_Pedidos[Tipo de Compra]
            ))
```

Retorna:

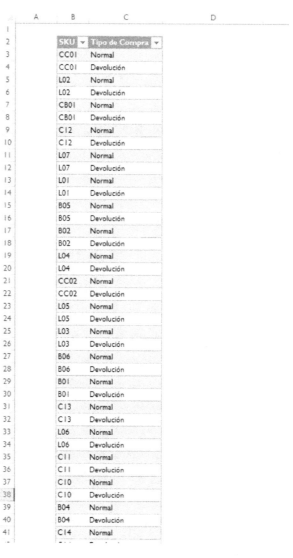

Figura 14. 9 – Segundo Ejemplo con SUMMARIZE

Con lo anterior se puede ver un poco más el potencial de la función SUMMARIZE, vemos que ahora devuelve los elementos de ambas columnas que son comunes a ambos, sin embargo, si tomas las filas completas, veremos que estas no se repiten.

Pausemos un Momento

Fíjate en como los dos ejemplos de la función SUMMARIZE previos pueden ser especialmente útiles cuando queremos construir la tabla de filtros intermedia y la tabla de conexión para realizar una relación muchos a muchos como estudiamos en el capítulo 12.

En la sintaxis de la función SUMMARIZE vemos que los últimos argumentos son opcionales, estos hacen lo mismo que ADDCOLUMNS, indicamos un nombre y una expresión para expandir la tabla, por ejemplo:

```
EVALUATE(
        SUMMARIZE (
                TABLA_Pedidos,
                TABLA_Pedidos[SKU],
                TABLA_Pedidos[Tipo de Compra],
                "Ingreso con Impuesto",
                 SUM ( TABLA_Pedidos[Precio de Venta] ) * 0.16
                )
        )
```

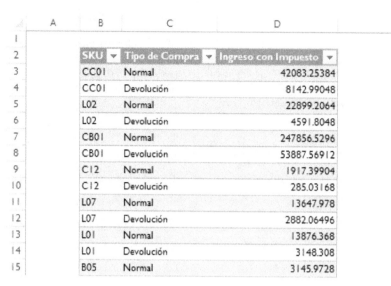

SKU	Tipo de Compra	Ingreso con Impuesto
CC01	Normal	42083.25384
CC01	Devolución	8142.99048
L02	Normal	22899.2064
L02	Devolución	4591.8048
CB01	Normal	247856.5296
CB01	Devolución	53887.56912
C12	Normal	1917.39904
C12	Devolución	285.03168
L07	Normal	13647.978
L07	Devolución	2882.06496
L01	Normal	13876.368
L01	Devolución	3148.308
B05	Normal	3145.9728

Figura 14. 10 – Ejemplo 3 con SUMMARIZE

Hay un buen grupo de funciones para consultas, como: ROOLLUP, GROUPBY, TOPN, RANK, GENERATE, etc. Pero tenemos la seguridad que en el momento que las necesitas podrás consultar sus sintaxis en el MSDN y podrás aprender en un santiamén.

Por lo que damos por finalizado este capítulo y el libro.

¿Quieres más contenido? Y continuar este maravilloso viaje por Microsoft BI. **Tenemos algo que te puede interesar.**

- El ADN de Power View:

Referencia Cruzada

LIBRO: EL ADN de Power View – Miguel Caballero & Fabian Torres. Es vital poder transmitir la información obtenida de manera efectiva, y nada mejor que los gráficos y las representaciones visuales, Power View es un complemento que permite tomar las medidas de Power Pivot y mostrarlas en gráficos como un dashboard, el ADN de Power View explora, estudia y profundiza en Power View y Visualización de Datos.

- El ADN de Power BI (.com) & Desktop.

Referencia Cruzada

LIBRO: EL ADN de Power BI (.com) y Desktop – Miguel Caballero & Fabian Torres. Power BI es lo que te recomendamos de corazón, como tu próxima parada. En esta herramienta tenemos el lenguaje DAX, visualización de datos al cubo y otras cosas súper útiles, en el asumimos que ya has pasado por este libro, por lo que se enfoca en visualización y aplicaciones de BI con DAX + Comunicación de Datos Efectiva.

Comentarios Finales

Mi amigo@ eso ha sido todo, ha sido un viaje largo y en sus momentos complejo, pero divertidísimos *¿No crees?*, nosotros escribiendo una y cada una de las líneas de este texto no dejábamos de sonreír por el hecho de compartir contigo todo este bonito material, esperamos la hallas pasado súper en el desarrollo.

Power Pivot es una herramienta poderosísima, sin embargo, recuerda que el poder está en las personas y lo que puedas hacer con este armamento futurista en tu arsenal, no queremos finalizar sin antes decirte: que sigas practicando, experimentado y por encima de todo aplicando; sácale el máximo provecho *¡Mantente curioso! Y emprende nuevos caminos a otras tecnologías BI.*

¡Un Fuerte y Cálido abrazo!, tus amigos:
- Miguel Caballero
- Fabian Torres

La Presente Página se ha dejado en Blanco de forma deliberada.

Anexos

Anexo A

Glosario de Términos: Para Consulta Rápida

INTRODUCCIÓN

En este anexo puedes encontrar los términos, conceptos claves y críticos que todo crack del lenguaje DAX y creador de modelos de datos debe conocer, y sobre todo entender con la mayor claridad y maestría del mundo, en realidad hay algunos conceptos propios de este texto pero que no dejan de ser vitales; con esto el fin último es que en el proceso de aprendizaje puedas consultar algún concepto de forma rápida para así repasar y avanzar con mayor facilidad a lo largo del libro. Este anexo tiene tres o más conceptos de cada capítulo, por lo que en el proceso de aprendizaje, práctica y experimentación no los entenderás todos, pero una vez finalizado este libro serán supremamente sencillos de entender.

* Aka: También Conocido Como (Also Know As)

Azure Marketplace
Aka: Microsoft Azure Marketplace

Es un mercado On-line que nos permite comprar y vender software como servicios (SaaS) es decir crear programas, alojarlos y mantenerlos en la nube y proveerlos a un cliente; además Azure Marketplace es un mercado de datos en línea global, donde podemos comprar bases de datos, imágenes, datos comerciales y datos públicos acreditados.

Calendario Estándar
Aka: Standard Calendar

Es el calendario en el cual el mes de febrero tiene 28 días o 29 días en años bisiestos, mientras que el resto de meses tienen 30 o 31 días, por lo tanto, el año tiene 365 días o 366 días. Es decir, el calendario estándar el gregoriano, aquel que tenemos en nuestro celular y utilizamos día a día.

Calendario Personalizado
Aka: Custom Calendar

El calendario personalizado es un tipo de calendario ajustado a las necesidades de la empresa o persona con motivo de su ejercicio laboral, por ejemplo: los semestres académicos, las temporadas deportivas, ciclo de proveedores, etc. Etc.

Clave Principal
Aka: Primary Key / Clave Primaria

Columna de una tabla donde no se repite ningún ítem o elemento, por lo tanto, identifica de forma única cada fila de la tabla, es utilizada para crear relaciones.

Clave Externa
Aka: Foreign Key / Primary Foránea / Clave Ajena

Columna de una tabla base donde se repiten los elementos a lo largo de la columna, esta identifica un grupo de columnas en la tabla de búsqueda, se utiliza para relacionar con otra tabla que contenga la clave principal.

Contexto
Aka: Context

Conjunto de filas y columnas restantes después de aplicar uno o más filtros y/o restricciones en las diferentes tablas, donde se evaluará una expresión (fórmula).

Contexto de Consulta
Aka: Query Context

Es el contexto *(conjunto de filas y columnas)* que quedan después de aplicar los filtros que derivan directamente del reporte de tabla dinámica, es decir, los filtros generados por al área de colocación y slicers, puedes pensarlo con el primer contexto puro antes de ser alterado por cualquier restricción.

Contexto de Evaluación
Aka: Evaluation Context

Es el escenario completo y final donde se evalúa una fórmula, se compone por el contexto de filtro que brinda la tabla para su ejecución y el contexto de fila que permite determinar el cálculo fila a fila.

Contexto de Fila
Aka: Row Context

Es la fila actual en la tabla de Power Pivot, en cuyo caso se evalúa una expresión, visto de otro modo, el contexto de fila proporciona el grado de especificación para que se ejecuten las funciones de agregación.

Contexto de Filtro
Aka: Row Context

Es el contexto que *(conjunto de filas y columnas restantes)* surge después de aplicar las restricciones que alteran al contexto de consulta.

Coordenada
Aka: Filtro Virtual / Referencia

Es la especificación de un filtro que se va aplicar a una tabla, por ejemplo: País=*"Colombia"*, pero que aún no se ha aplicado, se puede pensar como el filtro virtual que se convertirá en filtro una vez se aplica a la tabla.

DAX
Aka: Data Analysis Expressions

Son las siglas para: Data Analysis Expressions, que se puede traducir al español de forma aproximada como: Expresiones para Análisis de Datos.

Entretejido de Tablas
Aka: Sistema de Relación de Tablas • Término Propio

Es la configuración de relaciones entre las diversas tablas en el modelo de datos, pensado como la representación de vista de diagrama y su esquema visual de tablas, relaciones y organización la interfaz para su interpretación.

Expresión DAX
Aka: DAX Expression

Es el conjunto de funciones y operadores que en unión tienen como objetivo realizar una tarea específica, es decir, es una fórmula creada con el lenguaje DAX.

Filtro
Aka: Filtro "Virtual" / Referencia

Es el filtro aplicado a una tabla que tiene como fin segmentarla en un conjunto más pequeño de acuerdo a la especificación del mismo.

Inteligencia de Negocios
Aka: Business Intelligence / BI

Es el conjunto de técnicas, herramientas, procesos y métodos enfocadas en extraer, integrar, procesar y analizar datos *(Generalmente cantidades masivas)*, para la creación de información oportuna, de valor, precisa y accionable; que se convierta en conocimiento para la compañía, con ello tomar decisiones que direccionen de forma positiva las acciones para alcanzar los objetivos de negocio.

Iteración
Aka: Loop / Bucle / Ciclo

Es el proceso de ciclo que se repite ejecutando las mismas acciones en diferentes escenarios un número determinado de veces, en las funciones DAX, es recorrer una fila de una tabla una a una ejecutando una acción.

Iteración Múltiple
Aka: "Bucles Anidados"

Es el proceso de ciclo que se repite ejecutando las mismas acciones en diferentes escenarios un número determinado de veces anidado dentro de otro.

Jerarquía
Aka: Hierarchy

Es un camino preestablecido en un reporte, creado a partir de la anidación de varios niveles que están relacionados entre sí, para facilitar la búsqueda y análisis de datos.

Jerarquía Padre/Hijo
Aka: Hierarchy Parent/Child

Son jerarquías que no tienen el mismo número de niveles y existe una relación padre/hijo entre sus elementos, puede visualizarse de manera aproximada como una relación de árbol genealógico.

KPI
Aka: Key Performance Indicators

Es una representación gráfica de la relación que existe y que podemos definir a través del modelo de datos, entre una medida y un valor fijo, o incluso otra medida establecida.

Lenguaje DAX
Aka: Lenguaje Funcional DAX

El lenguaje DAX, es un lenguaje de fórmulas que permite crear cálculos personalizados en tablas de Power Pivot para extraer información útil para las compañías. Además, puede ser utilizado como lenguaje de consulta.

Lenguaje De Consulta
Aka: Query Lenguague

Es un lenguaje informático usado para hacer consultas en bases de datos y sistemas de información.

Medida
Aka: Campo Calculado en Excel 2013 / Measure

Es una fórmula que resume datos numéricos para realizar análisis dinámico

Medida Implícita
Aka: Implicit Mesure

Son aquellas medidas que se crean cuando arrastramos un campo de una tabla, al área de valores de una tabla dinámica. Por lo tanto, pueden ser algunas de las 10 funciones de resumen disponibles por defecto.

Medida Explicita
Aka: Hierarchy

Es una medida creada directamente con el lenguaje DAX, bien sea en el cuadro de dialogo medidas, en la barra de fórmulas DAX o en el área de medidas.

Medidas Hibridas
Aka: Hybird Measure

Es un a medida que se ha creado con base en por lo menos dos medidas o columnas que pertenecen a distintas tablas base *(Fact Table),* por lo anterior, este tipo de medidas solo puede existir en un entretejido de tablas que tengan múltiples bases bien relacionadas.

Modelo de Datos
Aka: Data Model

El Modelo de Datos consiste en el conjunto de tablas, relaciones mediante declaraciones, Medidas, Columnas Calculadas, Jerarquías, KPIs y otros objetos creados en Power Pivot, para realizar análisis de datos orientado a Business Intelligence.

Modelo de Datos Interno
Aka: Internal Data Model

El Modelo de Datos Interno son las posibilidades que tenemos en aquellas versiones de Office que no tiene el complemento de Power Pivot completo, sin embargo, con ello podemos utilizar una pequeña parte de Power Pivot para crear modelos de datos sencillos basados en relaciones uno a muchos principalmente.

Power BI
Aka: Power BI (.com) / Power BI en la Nube / Power BI Desktop / Power BI de Escritorio

Es un software creado específicamente para transformar los datos de una compañía en información rica para la toma de decisiones, une el poder del DAX Engine, Power Query Y Power View al cubo para lograrlo.

Power Map
Aka: Mapas 3D / 3D Maps / Geoflow (Era Conocido así en su versión Beta en el 2012)

Es una funcionalidad de Excel que permite representar datos geográficos de forma bidimensional o tridimensional direcciones, código postal, países, ciudades, vecindarios, calles y todo aquello que pueda geo localizar en un mapa, además, de interacción dinámica con datos temporales.

Power Pivot
Aka: *Gemini (En 2009)*

Es un potente motor de procesamiento de datos, que permite agrupar datos de múltiples fuentes de una manera supremamente sencilla y a una velocidad sorprendente, "como a la velocidad de la luz". Todo ello para obtener información de valor, accionable y oportuna para tomar decisiones en poco tiempo, todo mediante del lenguaje DAX.

Power Query
Aka: *Obtener y Transformar / Data Explorer*

Es una funcionalidad que pone a nuestra disposición las opciones suficientes para tomar Raw Data (*datos no óptimos para llevar acabo análisis acertados*) consolidarlos, transformarlos, enriquecerlos, limpiarlos, estandarizarlos y adaptarlos para que queden de forma óptima y hacer un posterior análisis.

Power View
Aka: *Canvas*

Es una funcionalidad de Excel que permite tomar todo ese procesamiento de datos, donde se ha resumido y hecho los cálculos para derivar información relevante y, presentarlo (Mostrarlo) mediante gráficos, indicadores y distintas ayudas visuales para poder absorber la información de manera sencilla e intuitiva.

Relación
Aka: *Relationship*

Es la conexión creada entre una o más tablas que han sido agregadas al modelo de datos, y se realiza con el objetivo de realizar análisis de datos.

Reporte
Aka: *Report / Informe*

Son informes que clasifican y organizan información clave, extraída de una base de datos

Reporte de Tabla Dinámica

Es un reporte creado a partir de la funcionalidad de tablas dinámicas de Excel, dejando la tabla de forma interactiva para resumir los datos en cuestión de segundos.

Reporte Parametrizable
Aka: Reporte que Recibe Datos de Entrada del Usuario

Es un tipo de reporte de tabla dinámica que permite al usuario suministrar parámetros a una tabla dinámica a través de un Slicer, con lo cual, puedes visualizar la información allí presentada de múltiples maneras.

Restricción
Aka: Constrains

También conocidas como constrains, son alteraciones realizadas al query context a través de diferentes funciones del lenguaje DAX.

Snnipets
Aka: Patterns / Patrón • Término "Propio" Adaptado

Fórmulas del lenguaje DAX reusables para otras situaciones, donde las modificaciones que hay que hacer son mínimas para emplearlas en otros escenarios, este término es usado en programación de computadoras, pero en el texto se extienda a fórmulas DAX. En Power Pivot se les conoce como patrones.

SSAS Tabular
Aka: SQL Server Analysis Services Tabular / Modelado Tabular

Los modelos tabulares son bases de datos "en memoria" de Analysis Services. Gracias a los algoritmos de compresión avanzados y al procesador de consultas multiproceso, el motor analítico en memoria xVelocity (VertiPaq) ofrece un acceso rápido a los objetos y los datos de los modelos tabulares para aplicaciones cliente de informes como Microsoft Excel y Microsoft Power View.

Los modelos tabulares admiten el acceso a los datos mediante dos modos: modo de almacenamiento en caché y modo DirectQuery. En caché, puede integrar datos de varios orígenes como bases de datos relacionales, fuentes de distribución de datos y archivos de texto planos. En DirectQuery, puede omitir el modelo en memoria, lo que permite a las aplicaciones cliente consultar los datos directamente en el origen relacional (SQL Server).

Los modelos tabulares se crean en SQL Server Data Tools (SSDT) mediante las nuevas plantillas de proyectos de modelos tabulares. Puede importar datos de varios orígenes y, a continuación, enriquecer el modelo agregando relaciones, columnas calculadas, medidas, KPI y jerarquías. A continuación, los modelos se pueden implementar en una instancia de Analysis Services que permite a las aplicaciones cliente de informes conectarse con ellos. Los modelos implementados se pueden administrar en SQL Server Management Studio del mismo modo que los modelos multidimensionales. También se pueden crear particiones de los mismos para optimizar el procesamiento y protegerlos en el nivel de fila usando la seguridad basada en roles.

POWER PIVOT TURBO, en Definitiva

Tabla Base
Aka: Tabla Matriz / Tabla de Hechos / Fact Table / Tabla Principal

Es la tabla central de un esquema dimensional y contiene los valores de las medidas de negocio o dicho de otra forma los indicadores de negocio, es la tabla que tiene una o más calves externas.

Tabla de Búsqueda
Aka: Tabla de Dimensión

Son elementos que contienen atributos (o campos) que se utilizan para restringir y agrupar los datos almacenados en una tabla de hechos cuando se realizan consultas sobre dichos datos en un entorno, estas tablas tienen los atributos que identifican de forma única las filas y tiene información acerca de las tablas en general.

Tabla de Calendario
Aka: Tabla de Fechas

Son una especie particular de tablas de búsqueda que tienen como objetivo permitir categorizar nuestros datos de múltiples maneras, esto mediante columnas que segmentan en diversos grupos, como: Años, meses, semestres. Etc.

Tabla de Conexión
Aka: Bridge Table

Es una tabla que conecta la tabla de filtros intermedia con la Pseudo-tabla de búsqueda, cuya finalidad es servir como puente para crear una relación muchos a muchos en Power Pivot.

Tabla Desconectada
Aka: Tabla de Parámetros

Es una tabla que esta agregada en el modelo de datos pero que no se relaciona con ninguna otra tabla, y es utilizada para crear reportes parametrizables.

Tabla De Filtros Intermedia
Aka: Tabla de Categorías

Es el campo por el cual queremos categorizar una tabla dinámica y extraer los valores únicos para construir una tabla que servirá para arrastrar a las áreas de colocación.

Tabla de Pseudo Búsqueda
Aka: *Broken Lookup Table*

Es una tabla que no tiene ninguna columna que pueda servir como clave principal, pero por la naturaleza de sus datos es próxima ser una tabla de búsqueda.

Tablas Intermedias
Aka: *Helper Tables*

Es un tipo de tabla que sirve como apoyo para construir y realizar acciones en otra tabla, principalmente utilizadas como vía para crear relaciones muchos a muchos en Power Pivot.

Tabla Sliers
Aka: *Tabla de Parámetros*

Es un Slicer que contiene los diferentes parámetros a aplicar en un reporte parametrizable y que, a su vez, ha sido creado a partir de una tabla agregada al modelo de datos pero que **NO** ha sido relacionada con ninguna otra dentro del modelo.

Transición de Contexto
Aka: *Transition Context / Cambio de Contexto*

Es el proceso o técnica mediante el cual se trasforma el contexto de fila en contexto de filtro, especialmente útil para KPIS.

OLAP Cubo
Aka: *OnLine Analytical Processing*

Es una base de datos multidimensional, en la cual el almacenamiento físico de los datos se realiza en un vector multidimensional. Los cubos OLAP se pueden considerar como una ampliación de las dos dimensiones de una hoja de cálculo. Esto hace que el acceso a los datos sea supremamente veloz y semi construido.

Anexo B

Snnipets (Patrones) DAX)

INTRODUCCIÓN

En este anexo podrás encontrar algunas medidas reusables de manera directa, a lo que llamamos Snippets en este libro.

Mediana Para Excel 2013

TU_TABLA[Mediana Excel 2013]:=

(

  MINX (

    FILTER (

      VALUES (*TABLA_Pedidos[Precio de Venta]*);

      CALCULATE (

        COUNT (*TABLA_Pedidos[Precio de Venta]*);

        TABLA_Pedidos[Precio de Venta] <= EARLIER (*TABLA_Pedidos[Precio de Venta]*)

)

        > COUNT (*TABLA_Pedidos[Precio de Venta]*) / 2

    );

  TABLA_Pedidos[Precio de Venta]

)

    + MINX (

      FILTER (

        VALUES (*TABLA_Pedidos[Precio de Venta]*);

        CALCULATE (

          COUNT (*TABLA_Pedidos[Precio de Venta]*);

          TABLA_Pedidos[Precio de Venta] <= EARLIER (*TABLA_Pedidos[Precio de Venta]*)

)

          > (COUNT (TABLA_Pedidos[Precio de Venta]) - 1)

            / 2

      );

      TABLA_Pedidos[Precio de Venta]

)

)

  / 2

- **TABLA_Pedidos[Precio de Venta]:** *Donde aparezca esto, debes reemplazarlo por la columna a la cual deseas hallar la mediana.*

Media Móvil para Excel 2016 y 2013

```
TU_TABLA[Media Móvil Siete Días]:=

AVERAGEX (
    FILTER (
        ALL ( Calendario[Fecha]);
        Calendario[Fecha]
            > ( MAX ( Calendario[Fecha] ) - 7 )
            && Calendario[Fecha] <= MAX ( Calendario[Fecha] )
    );
    [Costo Total Ite]
)
```

- **Calendario[Fecha]:** *Donde aparezca esto, debes reemplazarlo por tú columna de fecha en tu tabla de calendario (tabla de fechas)*

- **7:** *Si deseas cambiar el número de días para la media móvil, puedes hacerlo modificando el número siete por el que desees.*

- **[Costo Total Ite]:** *Aquí debes reemplazarlo por la medida que deseas calcular la media móvil.*

Moda para Excel 2016 y 2013

```
[Moda para Excel 2016 y 2013] :=
MINX (
    TOPN (
        1;
        ADDCOLUMNS (
            VALUES ( TABLA_Pedidos[Precio de Venta]),
            "Freciencia"; CALCULATE ( COUNT ( TABLA_Pedidos[Precio de Venta]) )
        );
        [Frecuencia];
        0
    );
    TABLA_Pedidos[Precio de Venta]
)
```

Anexo C

Herramientas y Referencias

INTRODUCCIÓN

Existen diversas herramientas y recursos, tanto de pago como gratuitas que nos ayudan a trabajar con Power Pivot y el lenguaje DAX de manera más amigable, divertida y acertada; donde además podemos lograr tareas que de otro modo tomarían mucho tiempo. En este anexo queremos hacer referencias a tres grandiosas herramientas gratuitas que puedes encontrar y descargar en la web, para empezar a implementar ahora mismo, estas son:

- DAX Formatter
- DAX Studio
- Power Pivot Utilities

HERRAMIENTAS

DAX Formatter

Web: *http://www.daxformatter.com/* ▪ *SQL BI Team*

Cuando se empieza a dominar DAX, aprender a crear fórmulas largas es fácil, de hecho, se empieza a volver común ya que en nuestra labor para extraer insights lo requiere y se vuelve 100% natural para nosotros, es por ello, existen ciertas reglas para darle un formato a las fórmulas DAX, como se mencionó, en el capítulo 6, de tal manera que sea fácilmente interpretable tanto por terceros como para nosotros.

Con esto en mente, el equipo de *SQL BI*, liderado por *Marco Russo* y *Alberto Ferrari* crearon la maravillosa utilidad On-Line llamada *DAX Formatter*.

Ilustración C. 1 – DAX Formatter Utilidad On-Line

Para Acceder a ella solo tienes que ir a esta URL: http://www.daxformatter.com/ **(Es 100% Gratuita)**

- Su uso es bastante sencillo intuitivo, por ejemplo, si tomamos la medida **Erogaciones Apropiadas de Producto** al final creada en el capítulo 8:

```
CALCULATE ( SUM ( TABLA_Pedidos[Precio de Venta] ), FILTER ( TABLA_Pedidos,
        TABLA_Pedidos[Costo del Producto]
            <TABLA_Pedidos[Costo de Envio]+TABLA_Pedidos[Costo Empaque]   )
    )
```

Copiar y pegar la medida en el DAX Formatter.

Ilustración C. II - Añadiendo Fórmula DAX al DAX Formatter

Pulsamos clic en el botón **FORMAT** y listo:

Ilustración C. III – Fórmula DAX bien formateadas con DAX Formatter

Ahora la fórmula queda debidamente formateada, podemos utilizar el botón **COPY** en la parte inferior izquierda para utilizarlo donde necesitamos, el cuadro de diálogo medidas, Power BI, etc.

¡NOTA!

El DAX Formatter reconoce como separador de lista el carácter coma (,) por defecto, si utilizas (;) debes cambiar las opciones de SEPARATOR que se encuentran en la parte superior derecha antes de pegarlo en la utilidad Online, sino saldrán errores. Las reglas que sigue el DAX Formatter son las mencionadas en el capítulo 6, igualmente en la parte inferior de la página se encuentra el link donde los autores las especifican.

DAX Studio
Web: *https://daxstudio.codeplex.com/* • *Codeplex*

DAX Studio es otra herramienta gratuita y fantástica, con ella podemos hacer consultas a las tablas de Power Pivot de manera directa y amigable, cuenta con una interfaz estupenda y una serie de opciones que nos permite llevar acabo ciertas acciones que tarde o temprano necesitaremos y nos ahorraran muchísimo tiempo.

Hay múltiples cosas que podemos conseguir con DAX Studio, a continuación, listamos las más relevantes:

- Extraer lisa de Medidas de tu Modelo de Datos
- Para Ver el Global
- Para Documentación
- Ayuda a Crear Fórmulas DAX Complejas
- Facilidad para Aprender a Crear Consultas

¡NOTA!

DAX Studio siempre retorna una tabla, lo cual es lo opuesto a una medida en Power Pivot que debe ser une escalar para poder mostrarlo en la tabla dinámica, esto es muy importante para analizar partes de fórmulas donde se devuelven tablas y detectar que si es retornando lo que deseamos.

Para **DESCARGARLO**, solamente vista esta web: *https://daxstudio.codeplex.com/* y clic en el botón Download

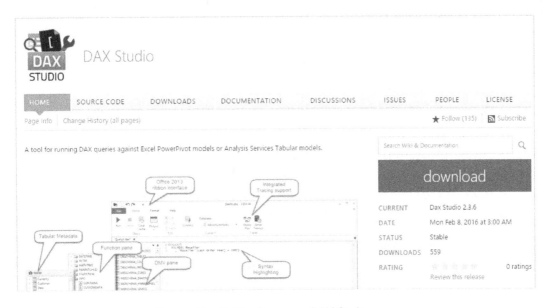

Ilustración C. IV – Descargar DAX Studio

Ejecútalo sigue las instrucciones instalación.

Después de descargarlo e instalar DAX Studio, se debe **ACTIVAR** en complementos COM, son exactamente los mismos pasos que se siguen para activar Power Pivot (Capitulo 3) pero esta vez se selecciona DAX Studio Excel Add-in y aceptar.

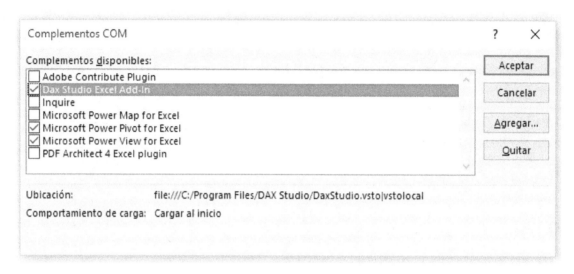

Ilustración C. V – Activar DAX Studio en Complementos COM

Ahora aparcera una pestaña llama DAX Studio, el siguiente paso es ejecutar el comando DAX Studio en dicha pestaño o ejecutarlo desde el acceso directo que generan el escritorio del pc, esto abre una venta que pide conexión, por defecto aparecerá Power Pivot Model con el archivo de Excel actual que tenga modelo de datos.

Connect

Data Source

◉ PowerPivot Model   Anexo B.xlsx

◯ Tabular Server

⌄ Advanced Options

[Connect] [Cancel]

Ilustración C. VI – Interfaz de DAX Studio

Power Pivot Utilities

Web: http://www.sqlbi.com/tools/power-pivot-utilities/ • SQL BI Team

Power Pivot Utilities es un complemento para Excel que ayuda a documentar los modelos de datos en Excel. Es un complemento que se instala y crear una nueva pestaña en la cinta de opciones de Excel, además, este complemento nos brinda acceso a DAX Formatter y DAX Studio.

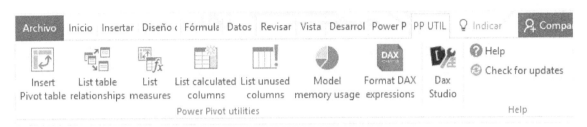

Ilustración C. VII – Pestaña PP UTILITIES

Si pulsamos clic, por ejemplo, en comando List Measures, crea una tabla con todas las medidas en el modelo de datos, tanto sus nombres y fórmulas, como a las tablas las que pertenecen.

TABLE	MEASURE	DAX Expression
Producción	Unidades Proveídas	:=[Cantidades]-[Unidades Ventas]
Producción	Cantidades	:=CALCULATE(SUM('Producción'[Cantidad]),'Producción'[Bodega]="All Out")
SKU Productos	Recuento de SKU 2	:=COUNTA('SKU Productos'[SKU])
TABLA_Pedidos	Tasa Básica de Crecimiento	:=IF(COUNTROWS(VALUES(TABLA_Pedidos[Fecha de Envio (año)]))=1, IF(VALUES(TABLA_Pedidos[Fecha de Envio (año)])="1999", BLANK(), DIVIDE([Ingresos] - [Ingresos Primer Año Completo 2000], [Ingresos Primer Año Completo 2000])), BLANK())
TABLA_Pedidos	Ingresos Típicos	:=CALCULATE([Ingresos],TABLA_Pedidos[Categoría de Descuento]="Non" || TABLA_Pedidos[Categoría de Descuento]="Day Off Full",TABLA_Pedidos[Tipo de Compra]="Normal")
TABLA_Pedidos	% Ingresos Respecto al Total	:=[Ingresos]/ CALCULATE([Ingresos],ALL(TABLA_Pedidos))
TABLA_Pedidos	Ingresos Primer Año Completo 2000	:=CALCULATE([Ingresos],TABLA_Pedidos[Fecha de Envio (año)]="2000")

Ilustración C. VIII – Tabla de Medidas

De la misma forma tenemos comandos para crear una tabla que nos liste las columnas calculadas en uso, las que no están en uso y las relaciones.

TABLE	COLUMN	DAX Expression
SKU Productos	Columna calculada 1	=SUMX('TABLA_CategoríaDeProductos',CALCULATE(SUM(TABLA_Pedidos[Precio de Venta])))
SKU Productos	Suma Agregada Ingresos	=SUM(TABLA_Pedidos[Precio de Venta])
SKU Productos	Suma Agregada Ingresos CALCULATE	=CALCULATE(SUM(TABLA_Pedidos[Precio de Venta]))
TABLA_Pedidos	Semanas de Entrega	=DATEDIFF([Fecha de Envio],[Fecha de Llegada],WEEK)
TABLA_Pedidos	Fecha de Envio (índice de meses)	=MONTH([Fecha de Envio])
TABLA_Pedidos	Fecha de Envio (mes)	=FORMAT([Fecha de Envio], "MMM")
TABLA_Pedidos	Fecha de Envio (trimestre)	=CONCATENATE("Tri", INT((MONTH([Fecha de Envio]) + 2) / 3))
TABLA_Pedidos	Unidades por Encima	=COUNTROWS(FILTER(TABLA_Pedidos, TABLA_Pedidos[Unidades]>EARLIER(TABLA_Pedidos[Unidades])))
TABLA_Pedidos	Fecha de Envio (año)	=FORMAT([Fecha de Envio], "yyyy")
TABLA_Pedidos	Utilidad	=[Precio de Venta]-[Costo Total]
TABLA_Pedidos	Costo Total	=TABLA_Pedidos[Costo del Producto]+[Costo de Envio]+[Costo Empaque]
TABLA_Pedidos	Abrevación T. Compra	=SWITCH([Tipo de Compra], "Normal","N", "Devolucion","D")
TABLA_Pedidos	Días de Entrega	=DATEDIFF([Fecha de Envio],[Fecha de Llegada],DAY)

Ilustración C. IX – Columnas Calculadas

ID	Foreign Key Table	Foreign Key Column	Primary Key Table	Primary Key column	Active
1	TABLA_Pedidos	SKU	SKU Productos	SKU	VERDADERO
2	TABLA_Pedidos	Categoría de Descuento	Descuentos	Categoría de Descuento	VERDADERO
3	TABLA_Pedidos	SKU	TABLA_CategoríaDeProductos	SKU	VERDADERO
4	TABLA_Pedidos	Fecha de Envio	Calendario	Fecha	VERDADERO
5	TABLA_Pedidos	Fecha de Llegada	Calendario	Fecha	FALSO
6	Producción	SKU	TABLA_CategoríaDeProductos	SKU	VERDADERO
7	Producción	SKU	SKU Productos	SKU	VERDADERO
8	Producción	Fecha	Calendario	Fecha	VERDADERO

Ilustración C. X – Tabla de Relaciones

También, centra con comandos para mirar cuánta memoria está utilizando el modelo de datos de cada tabla y un comando para crear una tabla dinámica, especialmente útil para las versiones de Excel 2013.

TABLE	COLUMN	DataType	Memory
TABLA_Categ	__XL_RowN	DBTYPE_I4	0.09
TABLA_Categ	SKU	DBTYPE_W	16.99
TABLA_Categ	Categoría	DBTYPE_W	16.48
TABLA_Categ	Precio de Ve	DBTYPE_R8	0.09
TABLA_Pedid	__XL_RowN	DBTYPE_I4	0.09
TABLA_Pedid	Número de F	DBTYPE_R8	0.09
TABLA_Pedid	Tipo de Com	DBTYPE_W	16.44
TABLA_Pedid	SKU	DBTYPE_W	16.72
TABLA_Pedid	Categoría de	DBTYPE_W	16.53

Etiquetas de fila	Sum of Memory Size (KE
⊞ TABLA_Pedidos	1 257.
⊞ BasicCalendarEnglish	854.
⊞ Calendario	439.
⊞ Producción	56.
⊞ SKU Productos	40.
⊞ TABLA_CategoríaDeProductos	33.
⊞ Descuentos	16.
Total general	2 699.

Ilustración C. XII – Uso de Memoria del Modelo de datos

REFERENCIAS

Nosotros hemos aprendido Power Pivot, construcción de modelos de datos y el lenguaje DAX gracias a la gran variedad de formaciones y recursos que han desarrollado y publicado los mismos creadores de Power Pivot y otros grandes expertos en el área, gracias a sus: Workshops, Webinars, Mentoring y libros; este texto fue posible, donde temáticas de este texto en diversos momentos se basan directamente en contenido de estas grandes personas.

En esta parte te queremos dejar todos los libros que, a lo largo de los últimos años, nosotros lo autores del presente texto hemos adquirido y estudiado para profundizar, interiorizar e indagar en el lenguaje DAX y la construcción de modelos de datos sofisticada. Todos los libros descritos inmediatamente son magia pura y de cada uno de ellos podrás aprender diferentes cosas y utilidades extraordinarias; es importante, advertir que todos ellos están en inglés, pero no dejan de ser obras de la mayor relevancia en todo el mundo.

Agradecemos de todo corazón a:

Rob Collie, Avichal Singh, Bill Jelen, Marco Russo, Alberto Ferrari, Matt Allington, Kasper de Jonge Y Christopher Webb.

Power Pivot and Power BI: The Excel User's Guide for DAX
Rob Collie & Avichal Singh • **En:** *http://goo.gl/qYT2RZ* • *Power Pivot Pro*

Unos de los mejores libros sobre Power Pivot en el mercado, su sencillez y forma amena de abordar las temáticas lo hace fácil de absorber, es un libro que va desde cero hasta aspectos avanzados, una de las mejores guías, referencias y métodos de aprendizaje que nosotros los autores de este texto hemos seguido.

Microsoft Excel 2013 Building Data Models With Power Pivot
Alberto Ferrari & Marco Russo • **En:** *http://goo.gl/031qd8* • *SQL BI*

¡Una obra maestra!, al igual que libro de Rob Collie, empieza desde cero hasta avanzado, justo para encontrar otras temáticas para expandir las posibilidades en la construcción de Modelo de Datos. Otras de las guías imprescindibles para nosotros los autores en aprendizaje práctica y profundización en el lenguaje DAX.

Learn To Write DAX: A Practical Guide To Learning Power Pivot
Matt Allington • **En:** *http://goo.gl/SR9nnr* • *Excelator BI*

Este libro nos sirvió especialmente para ver desde otra perspectiva y con otra narración el lenguaje DAX, así como poner en práctica el lenguaje, ya que trae ejercicios interesantes.

Power Pivot Alchemy: Patterns and Techniques
Rob Collie & Bill Jelen • **En:** *http://goo.gl/TtEivB* • *Power Pivot Pro*

Un excelente libro para dar otro paso, mediante el aprendizaje y utilización de patrones (Snippets), buenas prácticas y técnicas para cuadros de mando, si deseas dar otro paso después del presente texto o los anteriores descritos aquí, esta es buena opción.

DAX Patterns 2015
Alberto Ferrari & Marco Russo • **En:** *http://goo.gl/695jEY* • *SQL BI*

¿Quieres un libro llene de patrones (Snnipets) listos para utilizar?, entonces este tienes que añadirlo a tu librería, cuenta con Snnipets para estadísticas, análisis ABC, Secuencia En el tiempo, inventarios, agregados, etc. Etc.

PowerPivot For Data Analysis
Bill Jelen • **En:** *http://goo.gl/wKDULX* • *Mr Excel*

El primer libro escrito en el mundo sobre PowerPivot, una obra que nos llevó a conocer este maravilloso mundo, y con el cual dimos nuestros primeros pasos, una obra clásica, enriquecedora y de colección.

Dashboarding and Reporting With Power pivot
Kasper de Jonge • **En:** *http://goo.gl/95U65i*

Enfocado a Power Pivot para cuadros de mando, fácil de entender y muy bien escrito.

Registra Este Producto
Descarga Versión PDF
Suscripción a Actualizaciones

CONSIDERE QUE:

*Lo siguiente aplica para las personas que hayan adquirido el libro: **El ADN de Power Pivot** por **Amazon**, de esta manera podrán contar con la versión Optimizada en formato PDF, además de la suscripción al programa de actualización de contenido, lo cual es libre de costo y tiene como fin añadir renovaciones a la versión digital dado los Update de Microsoft. **Las Personas que adquirieron el libro por Click Bank, E-junkie o Bancolombia ya está registrados y cuentan con la versión PDF.***

Cómo Registrar Producto a Actualización y Obtener PDF

Envía un correo a: excelfreebymcs@gmail.com con los siguientes datos:

- Nombre, Apellido, Fecha de Compra y Correo Electrónico
- Envía cual es la quinta palabra del título de la tabla 12.2 en el capítulo 12
- Asunto del Correo: *Registro ADN PwP desde Amazon*

Beneficios del Registro

- Recibirás en menos de 24 horas la versión del libro en PDF
- Suscripción al Programa de Actualización de Contenido
- Descuentos y Regalos Exclusivos
- Webinars Gratuitos Exclusivos

Colección **ADN**
De **EFB**

EL ADN

DE POWER VIEW
Y MAPAS 3D

EL ADN

DE POWER BI
(.com) y DESKTOP

www.excelfreeblog.com

www.ingramcontent.com/pod-product-compliance
Lightning Source LLC
LaVergne TN
LVHW060133070326
832902LV00018B/2770